Contrôle interne

Frédéric Bernard
Rémi Gayraud
Laurent Rousseau

4e édition revue et augmentée

Contrôle interne

**Concepts,
Aspects réglementaires,
Gestion des risques,
Guide d'audit de la fraude,
Mise en place d'un dispositif de contrôle permanent,
Mise en place d'un dispositif de gouvernance efficient,
Référentiels, questionnaires, bonnes pratiques...**

MAXIMA
LAURENT DU MESNIL EDITEUR

Frédéric Bernard est Docteur ès sciences, ancien auditeur IHEST (promotion Desroches Noblecourt), diplômé ESCP, CESA HEC, Mastère Spécialisé de l'École centrale de Marseille. Il est ancien chargé de cours à l'ESG, NEGOSUP et Centrale Marseille ou il a enseigné le marketing achats, la stratégie et le contrôle interne. Il a occupé pendant trois ans le poste de Président et d'enseignant-chercheur au Centre d'Étude et de Recherche Économique de Marseille dans le domaine des sciences de l'information et de la communication. Il est actuellement Directeur Général Délégué au sein de la mutuelle UMC où il est notamment en charge de la supervision du dispositif de contrôle interne. Frédéric Bernard a occupé de nombreuses fonctions de Direction dans les secteurs de la mutualité et de l'assurance ou il a développé des démarches complètes de maîtrise des risques.

Rémi Gayraud, Certified Fraud Examiner, Directeur de la Formation de l'Association des Certified Fraud Examiner en France et intervenant à l'ESCP Europe. Après avoir exercé des responsabilités opérationnelles en finance, en France et à l'étranger en tant qu'Auditeur Interne senior et Directeur Administratif & Financier sur le Moyen-Orient chez SANOFI, il a créé avec 2 associés, CBA Management, cabinet spécialisé en Gouvernance, Risques et Contrôle Interne (GRC), Systèmes d'Information (*Aligner la stratégie des systèmes d'information aux objectifs business*), Performance Opérationnelle et Fraude Interne. CBA Management a rejoint le 6e réseau mondial d'audit et de conseil.

Laurent Rousseau, Diplômé des Arts et Métiers, est spécialisé dans le conseil aux entreprises devant répondre aux nouvelles réglementations (Sarbanes Oxley, Loi de Sécurité Financière, décret du 13 mars 2006, Solvabilité II...). Ancien collaborateur de CBA Management et conseiller indépendant intervenant pour le groupe Ansemble partenaire du réseau Eurus, 3e groupement national de cabinets indépendants d'expertise comptable et d'audit en France. Il a tour à tour occupé des fonctions opérationnelles puis managériales dans le domaine financier (comptabilité, contrôle de gestion et audit) au sein de la Mutualité Fonction Publique Services. Il a notamment assuré la formation au contrôle interne de plus de 400 opérationnels. Il a obtenu le certificat de spécialisation en Gestion de Patrimoine du CESB Paris.

Les auteurs peuvent être contactés à l'adresse suivante : controle-interne@maxima.fr

infos/nouveautés/catalogue : **www.maxima.fr**

MAXIMA
LAURENT DU MESNIL EDITEUR

8, rue Pasquier, 75008 Paris
Tél. : + 33 1 44 39 74 00 - Fax : + 33 1 45 48 46 88

ISBN : 978 2 84001 757 8

SOMMAIRE

PRÉFACE

Alors que le contrôle interne fait l'ouverture des journaux télévisés et la une de la presse économique la plus réputée, c'est avec un grand honneur que j'ai répondu positivement à la demande de Rémi Gayraud et Frédéric Bernard de préfacer la nouvelle édition de ce manuel de contrôle interne.

En effet, les déficiences de contrôle interne, dont l'une des principales banques françaises a été victime, nous conduisent assez logiquement à mettre en avant ce thème trop souvent en retrait au sein de nos entreprises et organisations.

Le trait ne doit pas être forcé mais le constat s'impose : le contrôle interne ne peut plus se limiter à quelques bonnes paroles et engagements de principes relayés dans un rapport sur le contrôle interne trop souvent perçu comme une obligation de communication. L'obligation n'est pas tant d'émettre un rapport que de mettre en place un véritable dispositif permanent de contrôle interne.

Il est vrai que l'exercice se révèle ainsi bien plus difficile que de consigner à travers quelques pages les descriptions de dispositifs de contrôles opérants de façon tout à fait appropriée dans un environnement parfait… pour ne pas dire trop parfait !

Aussi pour mener à bien cet exercice complexe qu'est la mise en place d'un dispositif permanent de contrôle interne dans un monde en profonde mutation, il convient de disposer de références solides et surtout pragmatiques, concrètes et opérationnelles. C'est l'avantage de l'approche retenue par les auteurs de cet ouvrage : donner au lecteur une boîte à outils pour faciliter la mise en place d'un dispositif de contrôle interne.

Cet ouvrage confère ainsi une « assurance raisonnable » de succès aux projets de mise en œuvre de dispositif de contrôle interne avec des exemples concrets et nourris de démarches visant à familiariser l'ensemble des collaborateurs concernant la nécessité de sécurisation et d'amélioration des modes de fonctionnement.

À ce stade, il convient de souligner quelques idées clefs :

- le contrôle interne n'est pas l'affaire de quelques spécialistes, le contrôle interne est l'affaire de chacun,
- le contrôle interne ne doit pas être imposé mais partagé d'un bout à l'autre de la pyramide / hiérarchie de l'entreprise,
- le contrôle interne n'est pas fait que de procédures, il s'agit avant tout d'un état d'esprit et d'un projet commun au service de l'entreprise.

Il faut également garder à l'esprit que la réalisation d'activités de contrôle n'a de sens qu'au terme d'un exercice approfondi, structuré et documenté d'identification et d'évaluation des risques potentiels auxquels l'organisation pourrait être amenée à faire face. Le principe de proportionnalité est donc primordial pour envisager la nécessité de mettre en place des contrôles parfois complexes et jugés bureaucratiques par les opérationnels.

C'est en cela que l'approche psychologique mise en avant par les auteurs se révèle particulièrement intéressante : les facteurs psychologiques, les modes de management et la nécessité de convaincre les acteurs de l'intérêt de la démarche sont au cœur du déploiement de tout projet de contrôle interne. La capacité de l'encadrement et des dirigeants à véhiculer l'idée de nécessité du contrôle, l'abnégation, la capacité d'écoute et l'ouverture au dialogue de ceux qui vont mettre en place le dispositif seront déterminantes dans la réussite de tout projet.

Mon expérience en matière de contrôle interne dans des environnements/secteurs très différents (dans l'industrie pharmaceutique et maintenant au sein d'un groupe d'assurance mutualiste) me conduit au constat suivant : il ne peut y avoir d'environnement propice à un dispositif de contrôle interne sans adhésion des collaborateurs à ce dernier. Ce n'est pas le contrôle interne qui façonne les collaborateurs mais bien l'inverse. La culture et les valeurs de l'entreprise ont une place qui ne saurait être négligée.

L'ouvrage présente donc une vision complète du contrôle interne, de ses facteurs de succès, des risques et des méthodes d'identification, d'évaluation et de traitement à travers notamment des questionnaires et référentiels. Il s'agit là d'une boîte à outils et non d'une recette miracle ou d'une méthode livrée clé en main. Chaque organisation en fonction de son histoire, de sa culture et de ses valeurs fera un usage différencié des outils fournis afin d'être en mesure de maîtriser au mieux ses risques, de répondre de façon appropriée à ses obligations en vue d'en tirer un bénéfice.

Si nous prenons l'exemple d'un assureur mutualiste, le cœur de métier est de fournir un produit/service au plus grand nombre de sociétaires en échange d'une cotisation calculée au plus juste : il s'agit là de l'utilité sociale qui est au centre même de la démarche mutualiste. Le cœur de métier n'est pas de faire du contrôle interne et pour autant ce dernier est primordial car il permet de maîtriser au mieux les processus, de renforcer la compétitivité et au-delà d'apporter un meilleur produit/service aux sociétaires dans un environnement en profonde mutation.

Cette mutation dans le secteur de l'assurance se matérialise aujourd'hui par le projet de directive Solvabilité II qui fait de la maîtrise des risques un facteur différenciant entre acteurs et jouera demain sur la compétitivité même à travers les obligations en matière de solvabilité et donc de fonds propres.

Dans ce contexte, à l'heure où les dispositifs de contrôle interne ne permettent pas de façon absolue d'éviter la réalisation de pertes records, au moment où le principe de précaution est érigé en valeur universelle, à l'instant même où l'aversion au risque se fait de plus en plus grande, ne perdons pas de vue que le risque n'est pas seulement un potentiel événement dommageable, il s'agit aussi au-delà de l'incertitude d'une potentielle opportunité, d'une chance.

N'oublions pas qu'« entreprendre c'est prendre un risque, un risque mesuré, mais un risque tout de même. Et quand on prend un risque, on ne peut pas être gagnant à tous les coups. » … de là à conclure à la nécessité de mettre en place des dispositifs adéquats et adaptés de contrôle interne, il n'y a qu'un pas que je franchis volontiers.

Arnaud BOISSON

Responsable du contrôle interne Groupe MACIF

INTRODUCTION

Pourquoi une nouvelle édition du livre sur le Contrôle Interne et quel est l'intérêt d'une telle démarche pour les entreprises ?

Avec la Loi de Sécurité Financière (LSF) en France et Sarbanes-Oxley aux États-Unis, exigeant un renforcement de la transparence et du contrôle au sein des entreprises, force est de constater qu'il existe un regain d'intérêt pour le Contrôle Interne, et plus particulièrement pour démontrer à tout protagoniste (management, actionnaires, commissaires aux comptes, autorités de bourse) que le dispositif existant est efficace : opérations maîtrisées à tous les niveaux et pour toutes les activités, états financiers fiables et reflétant la réalité économique de l'entreprise.

Ce regain d'intérêt s'appuie sur la mise en place depuis 5 à 6 ans de nouveaux textes réglementaires tels que le décret du 13 mars 2006 dans le domaine de l'assurance, du 19 mai 2008 en mutualité, le Cadre de Référence de l'Autorité des Marchés Financiers du 22 janvier 2007 revu et augmenté en juin 2010, la loi du 3 juillet 2008, l'ordonnance du 8 décembre 2008 et Solvabilité II sans oublier les démarches volontaristes au sein des organisations.

Celles-ci n'ont pas attendu les nouvelles réglementations pour mettre en place les fondements d'un environnement de contrôle. Cette nécessité s'est imposée de manière plus pointue encore lorsqu'il s'agit de groupes dont les organisations et les activités sont de plus en plus complexes.

En effet, dans un contexte de mondialisation croissante, les grands acteurs économiques se doivent aujourd'hui de penser à l'échelle mondiale quand il s'agit d'asseoir leur position dans n'importe quels industries ou secteurs que ce soit. Ce postulat entraîne pour les groupes français de modeler leur organisation de manière flexible et décentralisée afin d'offrir une réelle efficacité lorsqu'il s'agit de gérer des centaines d'entités juridiques à travers le monde et de jongler avec des organisations matricielles de plus en plus complexes impliquant de multiples strates dans les processus de décision.

Une nécessaire subsidiarité, reposant sur la délégation des pouvoirs et la responsabilisation à différents niveaux de l'organisation, s'accompagne systématiquement de mesures et de dispositifs de contrôle pour s'assurer justement que les pouvoirs et les opérations délégués obéissent aux règles et entrent dans un cadre qui a été préalablement fixé.

Cet intérêt pour le contrôle interne est également renforcé à cause du contexte économique actuel et de l'ambiance délétère avec pour conséquence une hausse des actes de fraudes au sein des entreprises : + 19 points entre 2009 et 2011 selon l'étude de PWC « Global Economic Crime Survey 2011 ». L'originalité de ce livre est de proposer une démarche pragmatique et opérationnelle afin de définir un cadre de Contrôle Interne au sein d'une organisation et de le mettre en place sur le terrain.

Ce livre présente plusieurs cas opérationnels vécus :

- la mise en œuvre d'un système de contrôle selon les principes du COSO (Committee of Sponsoring Organization of the Treadway Commission) ;
- des exemples d'application de Solvabilité II ;
- une démarche de mise en place d'une gestion des risques de fraude au sein des organisations et un guide d'audit sur la fraude ;
- un cas de mise en œuvre d'une cartographie des risques et d'un projet de Contrôle Interne au sein d'une entreprise de service ;
- une proposition d'organisation d'une Direction de Contrôle Interne ;
- des propositions de questionnaires de Contrôle Interne associés à des risques et des bonnes pratiques.

Ce livre s'adresse principalement aux opérationnels impliqués dans la mise en place d'une démarche de Contrôle Interne, de Gestion des Risques et d'Audit Interne performante au sein d'une organisation, mais également à tout opérationnel cherchant à mieux comprendre les enjeux et objectifs de cette démarche et ainsi sécuriser son environnement de contrôle.

Les auteurs ont voulu rendre cet ouvrage le plus complet, le plus pragmatique et le plus à jour possible notamment vis-à-vis des nouvelles réglementations. Il se veut également très souple dans son mode d'utilisation :

- Si vous êtes dirigeant ou manager, ce livre vous permettra d'approfondir vos connaissances sur le Contrôle Interne et vous servira de guide pour diagnostiquer les risques de votre organisation voire pour mener à bien un véritable projet de mise en place d'un dispositif de Contrôle Interne et de Gestion des Risques.
- Si vous êtes auditeur, ce livre vous assistera utilement dans la phase d'analyse des risques en identifiant les indicateurs et points de contrôle de certaines fonctions.
- Si vous êtes étudiant, ce livre vous permettra de mieux appréhender l'environnement du Contrôle Interne et de la Gestion des Risques.

Enfin, au fil des chapitres, les lecteurs découvriront toute la méthodologie de construction d'une démarche de Contrôle Interne qui peut être synthétisée par le cercle vertueux suivant :

Identification des risques → Quantification des risques → Stratégie de réponses aux risques → Identification des contrôles → Comparaison risques / contrôles → Mise en place des contrôles → Évaluation des contrôles.

Tout en répondant aux contraintes suivantes :

- maîtriser les coûts,
- ne pas empiler ou juxtaposer les systèmes de contrôle,
- tirer un bénéfice économique du contrôle des risques (meilleure qualité, satisfaction client, meilleure formation...),
- éviter la déresponsabilisation des acteurs opérationnels.

Cette nouvelle édition développe notamment le sujet de la gouvernance d'entreprise, une mise à jour des risques de la fraude avec de nombreux points de contrôle, la communication et les considérations psychologiques liées à une démarche de Contrôle Interne.

Cette méthodologie s'organise autour de 8 grands chapitres.

Dans le **premier chapitre**, nous rappelons les concepts essentiels du Contrôle Interne permanent et notamment les approches dites « classique » et « actuelle » du Contrôle Interne, les modèles COSO & COSO II

« Enterprise Risk Management » qui sont les grandes références mondiales à ce jour, le cadre de référence émis par l'Autorité des Marchés Financiers et l'approche moderne et proactive du Contrôle Interne. Nous identifions ensuite les arguments qui militent en faveur de la mise en place d'un dispositif de Contrôle Interne tout en repositionnant le Contrôle Interne vis-à-vis des fonctions transverses au sein des organisations.

Nous réalisons également un zoom sur les nouvelles réglementations : LSF et Solvabilité II, qui ont de fait suscité un regain d'intérêt pour cette fonction en mentionnant les grandes lignes directrices mais également en proposant des exemples d'application de Solvabilité II.

Le **chapitre 2**, présente les enjeux de la gouvernance d'entreprise dans le cadre du contrôle interne opérationnel. Après avoir fait un tour d'horizon des textes réglementaires nous nous focaliserons plus particulièrement sur les principes de supervision à travers un exemple d'une structure à forme mutualiste.

Le **chapitre 3** débute le cycle vertueux tel que décrit précédemment par l'analyse des risques en suivant la méthodologie de Maîtrise Interne des Risques & Sécurité (dite méthode MIRIS). Les concepts et principes de cette méthode y sont décrits dans la première partie alors que la seconde développe les outils permettant d'identifier, d'évaluer et de hiérarchiser les risques. L'objectif est de réaliser une cartographie des risques destinée à sélectionner les actions correctives à mettre en place.

Le **chapitre 4** met en exergue les risques de fraudes, risques très spécifiques et devant faire nécessairement l'objet d'une démarche particulière. Nous verrons que la fraude est depuis longtemps un concept connu des entreprises et qui est devenu au fil des ans un vrai phénomène de société.

Nous définirons dans une première partie la notion de fraude en nous appuyant sur des statistiques. Nous tenterons de donner une définition de la fraude, de décrire le profil d'un fraudeur, de proposer une méthodologie afin de rentrer dans une démarche efficace et progressive de gestion des risques de fraude et de comprendre comment prévenir les fraudes internes. La fraude informatique est devenue, ces dernières années, le dernier « joujou » des malfaiteurs et fraudeurs en tout genre. Nous préciserons alors les points sensibles à surveiller et les parades à mettre en place.

Dans une deuxième partie, nous développerons la gestion du risque de fraude, de l'identification à la qualification des risques des fraudes internes et les pratiques liées à la détection et l'instruction à travers les processus d'audit qui expliquent et mettent en exergue les causes des montages frauduleux.

Le **chapitre 5** permet de mettre en place une organisation *ad hoc* afin de piloter l'ensemble du cycle vertueux et permettre ainsi aux opérationnels de s'approprier la démarche de Contrôle Interne et de Gestion des Risques.

Le but d'un tel projet est de responsabiliser les opérationnels sur leur environnement de travail : avoir une bibliothèque de procédures, des exigences de bonnes pratiques et des directives dynamiques en temps réel, une auto évaluation de leur environnement de contrôle, l'analyse de leurs risques, et enfin la gestion de leurs axes d'amélioration via des plans d'action. Nous verrons qu'une solution technologique et méthodologique permet d'automatiser la démarche et donc de la rendre plus conviviale.

Le **chapitre 6** détaille la mise en œuvre d'un projet de Contrôle Interne en s'appuyant sur une expérience vécue au sein d'une entreprise de service.

Chaque étape du projet est détaillée depuis la phase de lancement, le champ et les objectifs du projet, les modalités de fonctionnement, les facteurs clés de succès jusqu'à la phase de mise en œuvre opérationnelle du dispositif de Contrôle Interne.

La mise en perspective du Contrôle Interne en tant que démarche de changement est également proposée ; en effet si cette démarche est mal appréhendée et mal gérée tout au long du projet, cela représente un frein majeur dans la mise en place d'un dispositif performant de maîtrise des risques.

Ce chapitre intègre également des applications au facteur management (construction d'un organigramme, réalisation de fiches de postes, mise en place de mesure de temps) afin de répondre à notre approche concrète et opérationnelle.

Le **chapitre 7** aborde un des facteurs clés de succès dans la mise en place d'un dispositif de Contrôle Interne et de Gestion des Risques ; c'est-à-dire la communication et les considérations psychologiques dans tout travail sur le terrain d'identification des risques.

Le Contrôle Interne s'appuie sur deux valeurs fondamentales :

- un état d'esprit : la démarche est participative ;

- des règles éthiques : transparence, rigueur, souplesse, implication et esprit de collaboration.

La mise en place d'un tel dispositif va générer des changements non négligeables en modifiant les habitudes, en entraînant des évolutions dans les méthodes de travail et en demandant davantage de rigueur et de formalisme dans l'exécution des tâches.

Le **chapitre 8** propose des questionnaires opérationnels qui répondent aux objectifs de Contrôle Interne tels que définis par le COSO et la Securities Exchange Commission (SEC) :

- respect des règles et réglementations,
- sécurisation des actifs,
- fiabilité des informations comptables et financières,
- efficacité et optimisation des opérations.

Quelques exemples de questionnaires sont alors déclinés par processus de management :

- les processus opérationnels tels que le processus Achats avec ses risques et ses bonnes pratiques, et le processus ressources humaines,
- les processus de certaines fonctions supports : trésorerie, publication et remontées des informations comptables et financières, organisation Comptable et Financière conformément au Guide d'Application de l'Autorité des Marchés Financiers (AMF) ou systèmes d'information.

Enfin, nous mettrons en exergue tout au long du livre que la mise en place d'un dispositif de Contrôle Interne est essentiellement dictée par la complexité des environnements et des risques auxquels toutes les entreprises doivent faire face :

- des catastrophes, rapidement relayés par les médias, ne peuvent plus passer inaperçues (tunnel du Mont Blanc, Erika, incendie du Crédit Lyonnais…) ;
- des exigences plus précises des parties prenantes à l'entreprise en matière d'accès à une information transparente et complète (actionnaires, banques, CAC…) ;

- des critères de jugement sur les organisations traditionnelles mais aussi sur les organismes publics (sang contaminé, vache folle, comptes truqués, fraudes, grippe aviaire…).

Par conséquent, tous les experts s'accordent à dire que dans les entreprises à forte dispersion géographique, à activités diversifiées, à procédures automatiques de pouvoirs devenant la règle, la mise en place de sécurités permanentes devient une obligation si l'on veut assurer la pérennité des activités. Ce constat extérieur ne peut que nous conforter dans le bien fondé de notre démarche. Le Contrôle Interne ne se compose pas de règles figées, mais doit évoluer comme la vie des activités qu'il sert et accompagne. Il suppose, donc, un entretien permanent qui demande un investissement personnel à tous les niveaux de tâches et de responsabilités. D'où la notion, comme le « kaisen » (perpétuel recommencement) en qualité, de Contrôle Interne *permanent*.

Mais, au-delà des changements, le dispositif de Contrôle Interne va, par une discipline collective de gestion, permettre d'assurer une meilleure efficience des moyens mis en œuvre dans les organisations.

I •

LES CONCEPTS ESSENTIELS DU CONTRÔLE INTERNE PERMANENT

I.1 ÉLÉMENTS DE DÉFINITION DU CONTRÔLE INTERNE

I.1.1 Les approches dites « classique » et « actuelle » du Contrôle Interne

Le terme Contrôle Interne est la traduction littérale de l'expression anglo-saxonne : « Internal Control » (ou Business Control pour les Américains) dans lequel le verbe « to control » signifie conserver la maîtrise de la situation alors qu'en français le mot « contrôle » est davantage compris comme le fait d'exercer une action de surveillance sur quelque chose pour l'évaluer.

Nous vous proposons donc la définition suivante du Contrôle Interne au sens « classique » : le Contrôle Interne est un ensemble de dispositifs ayant pour but, d'un côté d'assurer la protection, la sauvegarde du patrimoine et la qualité de l'information, de l'autre d'assurer l'application des instructions de la Direction et de favoriser l'amélioration des performances.

L'« Internal Control » se traduit dans les faits par deux aspects complémentaires :

- un état d'esprit dont la responsabilité incombe à toute personne exerçant quelque autorité dans l'organisation : planifier les tâches, organiser les responsabilités, conduire les opérations et en contrôler la bonne marche ;
- un ensemble de moyens, mesures et méthodes pour y parvenir.

Deux grandes catégories de contrôles sont reprises au travers de cette approche classique :

- les contrôles administratifs ou opérationnels dont le but est, pour la Direction, de s'assurer de l'atteinte des objectifs fixés à l'aide de pratiques permettant d'accroître l'efficacité dans toutes les fonctions de l'entreprise. Ces pratiques devront être appliquées par du personnel compétent et dont les opérations devront être supervisées et contrôlées ;
- les contrôles comptables ou financiers qui se caractérisent par une organisation et des procédures directement liées à la préservation des actifs et à la fiabilité des états financiers.

À notre avis, l'approche « actuelle » du contrôle interne correspond à la définition proposée par le CNCC (Compagnie Nationale des Commissaires aux Comptes) qui reflète le mieux l'approche actuelle.

« Les procédures de Contrôle Interne impliquent : le respect des politiques de gestion, la sauvegarde des actifs, la prévention et la détection des fraudes, l'exactitude et l'exhaustivité des enregistrements comptables, l'établissement en temps voulu d'informations comptables et financières stables. » (Norme CNCC 2-301 « Évaluation du risque et Contrôle Interne », para 08, Référentiel normatif CNCC, juillet 2003.)

L'approche actuelle est donc plus large que l'approche classique car :

- le Contrôle Interne est abordé en termes de processus et plus seulement en termes de techniques et de dispositifs de sécurité ;
- elle replace l'ensemble du personnel de l'entreprise au cœur du Contrôle Interne.

I.1.2 Le modèle proposé par le COSO

À la suite d'une série de faillites « anormales » aux États-Unis dans les années 80, une commission, sous la responsabilité du sénateur Treadway, entreprend une étude sur un cadre de contrôle. Ce travail aboutit en 1992 au premier instrument de Contrôle Interne : le COSO. La question élémentaire de ce modèle est « comment faire pour maîtriser au mieux ses activités ? ».

Le COSO propose la définition du Contrôle Interne suivante :

Le Contrôle Interne est un processus mis en œuvre par le Conseil d'Administration, les dirigeants et le personnel d'une organisation, destiné à fournir une assurance raisonnable quant à la réalisation des objectifs suivants :

- **la réalisation et l'optimisation des opérations,**
- **la fiabilité des informations financières,**
- **la conformité aux lois et aux réglementations en vigueur.**

Ainsi le Contrôle Interne n'offre pas de garantie absolue car il ne permet pas de réaliser complètement les objectifs fixés par les responsables d'une organisation, mais fournit uniquement « une assurance raisonnable » quant à l'atteinte de ces objectifs.

En ce sens, nous pouvons ajouter que le Contrôle Interne ne rend pas la fraude impossible, ce n'est qu'un moyen préventif de la limiter au maximum ou de la découvrir aussitôt que possible.

Le COSO découpe les éléments du Contrôle Interne en 5 parties :

- environnement de contrôle,
- évaluation des risques,
- activités de contrôle,
- information et communication,
- pilotage.

☞ **Remarque**

Le « COSO 2 » est une étude réalisée aux États-Unis à la suite de Sarbanes-Oxley Act (SOX). Il ne propose pas un référentiel de Contrôle Interne (à l'instar du COSO) mais un modèle de gestion des risques. Il s'appuie sur le COSO comme référentiel de Contrôle Interne.

▸ *Environnement de contrôle*

L'environnement de contrôle constitue la base de la construction du Contrôle Interne COSO. Cette notion d'environnement de contrôle implique une éthique et une politique générale sensibilisée au contrôle.

L'éthique se diffuse grâce à un conseil d'administration et un management conscients de la nécessité de montrer l'exemple (intégrité) et de déployer une culture de l'entreprise valorisant le besoin de contrôle auprès du personnel.

Une politique s'appuie sur des normes et procédures appropriées, sur un code de conduite valorisant l'adhésion aux valeurs de l'organisation, sur une conception des systèmes et une exploitation quotidienne adaptées à l'organisation et sécurisées, et sur des valeurs humaines.

▸ *Évaluation des risques*

L'évaluation des risques réside dans la détection et l'analyse des facteurs susceptibles de perturber la réalisation des objectifs. C'est un processus continu et répétitif.

Les risques couverts sont aussi bien internes qu'externes, avec une attention particulière aux risques spécifiques et aux changements.

La finalité est d'aboutir à une gestion des risques. Cette gestion présuppose la classification en deux grandes catégories : le risque non acceptable et le risque acceptable et résiduel.

L'étape préliminaire et obligatoire à l'évaluation des risques est la définition des objectifs.

▸ *Activités de contrôle*

Les activités de contrôle sont le contrôle de la mise en application des normes et des procédures définies par la direction et le management dans la dynamique de la maîtrise des risques.

On peut décliner les activités de contrôle en plusieurs catégories :

- contrôle détectif / contrôle préventif,
- contrôle informatique / contrôle manuel,
- contrôle hiérarchique / contrôle opérationnel.

Une attention particulière sera apportée aux activités informatiques de contrôle. Un exemple de référentiel de Contrôle Interne sur les systèmes d'information avec la formalisation de points de contrôle, de risques associés et de bonnes pratiques est proposé dans le chapitre VII.7.

▸ *Information et communication*

L'information doit être pertinente, précise, exacte, en temps voulu et diffusée au bon destinataire. Sa circulation doit être multidirectionnelle (descendante, ascendante et transversale), et intégrer les informations externes.

La communication est l'outil indispensable pour la transmission de l'information – notamment les directives de la Direction Générale – et ses caractéristiques essentielles sont l'efficacité et la clarté.

▸ *Pilotage*

Le système de pilotage permet de valider que le Contrôle Interne est efficace. Il doit intégrer le traitement des faiblesses de Contrôle Interne détectées dans le but de renforcer l'atteinte des objectifs.

Ce système permet au management d'assumer son rôle de maître d'œuvre du dispositif de Contrôle Interne.

Cas pratique d'application au sein d'une société industrielle

Une société, acteur majeur sur son marché, « la distribution », a réalisé un diagnostic sur son environnement de Contrôle Interne afin de rédiger son rapport LSF.

Cette société s'appuie sur une organisation décentralisée, une responsabilisation de ses dirigeants et des modes de gestion différents.

Il ressort de ce diagnostic les dysfonctionnements énumérés ci-dessous.

Absence :

- d'acteur fédérateur au siège et de leader du pilotage pour assurer l'harmonie et la cohésion des éléments du Contrôle Interne,

- de cellule dédiée rattachée à la Présidence pour définir et structurer l'environnement de pilotage et de contrôle,
- de répartition des rôles et responsabilités,
- de définitions de poste formalisées,
- de chartes, directives, normes qualité, procédures,
- de délégations de pouvoirs internes et d'engagements formalisés à l'échelle du Groupe,
- de communication sur le Contrôle Interne,
- d'analyse des risques par l'ensemble des fonctions au niveau des entités et du Siège,
- d'un dispositif de détection et de revue régulière des risques liés à l'exploitation.

Aspects à améliorer et/ou à formaliser :

- missions et responsabilités des personnes à clarifier et à formaliser,
- organigrammes avec liens hiérarchiques et fonctionnels à formaliser,
- organigramme juridique du Groupe en cours de mise à jour,
- exhaustivité du périmètre juridique à confirmer,
- non formalisation « strictement nécessaire » de procédures, ne permettant pas de s'assurer que les orientations de la Direction sont mises en œuvre de manière appropriée,
- l'identification et la hiérarchisation des risques pour chaque unité de travail formalisées au sein du Document Unique (décret du 05/11/01) ne sont pas réalisées par chaque entité,
- un processus de recensement formalisé des risques de toute nature susceptibles d'affecter la poursuite de l'activité afin de constituer une première approche de formalisation d'une cartographie globale des risques en vue de :
  - dégager une première hiérarchisation,
  - s'inscrire dans une dynamique de suivi, d'animation et d'évaluation régulière : cartographie, audits terrain…,
  - formaliser les procédures pour servir de référentiel applicable par tous,
  - identifier les risques informatiques et mettre en place une charte spécifique au sein des entités opérationnelles,
- les processus « gestion des hommes », « juridique », « achats » et « assurances groupe » ne sont pas encadrés par des procédures,

- l'information sur les événements du Groupe irrigue tous les niveaux de l'entreprise par l'intermédiaire de comités, ateliers de travail et intranet. Cependant l'information relative aux responsabilités des organisations et des hommes est peu diffusée,
- nécessité de méthodes, référentiels communs Groupe formalisés et partagés par tous selon une communication adéquate,
  - missions et responsabilités des structures en place (siège, fonctions expertes, plate-forme, entités opérationnelles...),
  - bonnes pratiques, contrôle de gestion, juridique, fiscal, achats.

⏩ ⏩ ⏩ ⏩ ⏩ ⏩ ⏩ ⏩ ⏩ ⏩ ⏩ ⏩ ⏩ ⏩ ⏩ ⏩ ⏩ ⏩

L'objectif de ce cas pratique est d'affecter les points de Contrôle Interne en fonction des 5 composantes COSO. La correction proposée est la suivante :

Les cinq éléments suivants doivent être pris en considération pour un dispositif de Contrôle Interne efficace :

- Environnement de contrôle : fondations du dispositif de Contrôle Interne, ce principe fait référence à la sensibilisation du personnel et au besoin de contrôle interne dans l'ensemble de l'organisation du Groupe (éthique, intégrité, conduite, discipline).
- Évaluation des risques : identification et anticipation par le management des facteurs de risques susceptibles d'affecter la poursuite des objectifs.
- Activités de contrôle : définies par l'évaluation des risques, ce principe a trait à l'application des directives, procédures et pratiques permettant de s'assurer que les orientations définies par la Direction sont mises en œuvre de manière appropriée.
- Information et communication : processus permettant de s'assurer que l'information pertinente est identifiée, recueillie et diffusée dans des délais appropriés afin que l'ensemble des organisations du Groupe puisse assumer ses responsabilités.
- Pilotage : outils qui permettent de contrôler et d'évaluer la qualité du Contrôle Interne du Groupe à travers les activités de Supervision exercées par la Direction.

Exemples d'environnement de contrôle déficient :

- missions et responsabilités des personnes à clarifier et à formaliser,
- organigrammes avec liens hiérarchiques et fonctionnels à formaliser,
- organigramme juridique du Groupe en cours de mise à jour,
- exhaustivité du périmètre juridique à confirmer,
- absence/défaut de répartition des rôles & responsabilités,
- absence/défaut de définitions de poste formalisées,
- absence/défaut de délégations de pouvoirs internes et d'engagements formalisées à l'échelle du Groupe.

Exemples d'évaluation des risques déficiente :

- les risques ne sont pas appréhendés par l'ensemble des fonctions au niveau des entités et du Siège dans chaque domaine de compétence,
- un dispositif de détection et de revue régulière des risques liés à l'exploitation n'est pas mis en place,
- l'identification et la hiérarchisation des risques pour chaque unité de travail formalisées au sein du Document Unique (décret du 05/11/01) ne sont pas réalisées par chaque entité,
- un processus de recensement formalisé des risques de toute nature susceptibles d'affecter la poursuite de l'activité n'a pas été initié récemment, qui aurait permis de constituer une première approche de formalisation d'une cartographie globale des risques en vue de : dégager une première hiérarchisation, s'inscrire dans une dynamique de suivi, d'animation et d'évaluation régulière (cartographie, audits terrain...).

Exemples d'activités de contrôle déficientes :

- absence de chartes, directives, normes qualité, procédures,
- non formalisation « strictement nécessaire » de procédures, ne permettant pas de s'assurer que les orientations de la Direction sont mises en œuvre de manière appropriée,
- les procédures existantes ne sont pas suffisamment normées pour servir de référentiel applicable par tous,
- la gestion des systèmes d'information est en cours de mise aux normes avec notamment la mise en place d'une charte informatique et d'un référentiel de Contrôle Interne en cours d'adaptation au sein des entités opérationnelles,
- les processus « gestion des hommes », « juridique », « achats » et « assurances groupe » ne sont pas encadrés par des procédures.

Exemples d'information et de communication déficientes :

Nécessité de méthodes et de référentiels communs formalisés et partagés par tous selon une communication :

- missions et responsabilités des structures en place (siège, fonctions expertes, plateformes, entités opérationnelles...),
- bonnes pratiques,
- contrôle de gestion, juridique, fiscal, achats,
- l'information sur les événements du Groupe irrigue tous les niveaux de l'entreprise par l'intermédiaire de comités, ateliers de travail et intranet. Cependant l'information relative aux responsabilités des organisations et des hommes est peu diffusée.

Exemples de pilotage déficient :

Absence :

- d'acteur siège fédérateur et leader du pilotage pour assurer l'harmonie et la cohésion des éléments du Contrôle Interne,
- de cellule dédiée rattachée directement au Directoire pour définir et structurer l'environnement de pilotage et de contrôle,
- de communication sur le Contrôle Interne.

I.1.3 Le modèle proposé par l'Enterprise Risk Management

L'Enterprise Risk Management, appelé également COSO II, se situe dans le prolongement de l'« Internal Control – Integrated Framework » (COSO).

Comme mentionné précédemment, le référentiel COSO identifie cinq éléments à mettre en place afin de mettre en place un contrôle interne efficace et trois objectifs de contrôle interne :

- réalisation et optimisation des opérations,
- fiabilité des informations financières,
- conformité aux lois et réglementations en vigueur.

L'Enterprise Risk Management ajoute une composante de Gestion des Risques au COSO. En effet, la Gestion des Risques doit s'appuyer sur le Contrôle Interne.

L'Enterprise Risk Management identifie huit éléments et quatre objectifs de contrôle interne :

Les huit éléments sont :

- environnement interne,
- fixation des objectifs,
- identification des événements,
- évaluation des risques,
- traitement des risques,
- activités de contrôle,

- information et communication,
- pilotage.

Les quatre objectifs sont d'ordre :

- stratégiques,
- opérationnels,
- reporting,
- et conformité.

Environnement interne

Il constitue comme dans le référentiel COSO les fondements du contrôle interne et appréhende la Gestion du Risque telle qu'orchestrée par la direction générale, le conseil d'administration ou le conseil de surveillance.

Fixation des objectifs

Les objectifs de l'entreprise doivent être fixés en fonction de l'appétence de l'organisation pour les risques. Ce sont ces objectifs qui déterminent les risques acceptables et en conséquence le dispositif de contrôle interne à mettre en place afin de circonscrire les risques.

Identification des événements

Il s'agit d'identifier l'univers de risques applicable à l'ensemble de l'organisation et de ses activités et de regrouper et classifier de façon matricielle :

- par grandes familles de risques :
  - Stratégique.
  - Financier.
  - Juridique & réglementaire.
  - Opérationnel (processus opérationnels des activités & métiers).
  - Image.
  - Humain & politiques sociétales.

- Environnement.
- Sanitaire.

• par nature de risques :

- Internes (endogènes).
- Externes (exogènes).

▸ ***Évaluation des risques***

Il s'agit d'évaluer de manière « brute » – sans dispositif de maîtrise des risques –, l'exposition de l'organisation à l'univers des risques :

• impact (et sévérité de l'impact) : majeur, significatif, limité,
• quantification (optionnel selon l'historique de sinistralité) : en pourcentage du résultat opérationnel et/ou en valorisation de l'exposition,
• probabilité de survenance : très rare, rare, probable, très probable.

▸ ***Traitement des risques***

Il s'agit de proposer une classification de l'univers de risques selon la nature des risques intrinsèques et inhérents aux processus en adéquation avec la stratégie de réponse aux risques retenue :

• supprimer le risque,
• transférer le risque,
• ou circonscrire en interne les risques.

▸ ***Activités de contrôle / information et Communication / Pilotage reprennent les mêmes définitions que le COSO***

I.1.4 Dispositif de Contrôle Interne : Cadre de Référence de l'Autorité des Marchés Financiers (AMF)

Le nouveau cadre de référence proposé par l'AMF aux sociétés françaises cotées est une édition revue et augmentée du cadre de référence publié en janvier 2007. Il tient compte de l'évolution législative et règlementaire intervenue depuis 2007. La loi du 3 juillet 2008 et l'ordonnance du 8 décembre 2008 ont transposé en droit français les directives européennes qui imposent de nouvelles obligations aux sociétés cotées en matière de gestion des risques et qui prévoient les missions du comité d'audit.

Il est à noter également qu'un guide de mise en œuvre du cadre de référence de 2007 adapté aux valeurs moyennes et petites (VaMPs) a été publié par l'AMF en janvier 2008.

Ce groupe de travail de « place » a formalisé un nouveau cadre de référence de contrôle interne et de gestion des risques qui comprend :

- des principes généraux de contrôle interne et de gestion des risques ;
- deux questionnaires de portée générale, l'un relatif au contrôle interne comptable et financier, l'autre afférent à l'analyse et à la maîtrise des risques, composante essentielle de tout dispositif de contrôle interne ;
- un guide d'application relatif au contrôle interne et à la gestion des risques de l'information comptable et financière publiée par les émetteurs.

▸ *Des principes généraux de gestion des risques*

« La gestion des risques est l'affaire de tous les acteurs de la société. Elle vise à être globale et doit couvrir l'ensemble des activités, processus et actifs de la société.

La gestion des risques est un dispositif dynamique de la société, défini et mis en œuvre sous sa responsabilité.

La gestion des risques comprend un ensemble de moyens, de comportements, de procédures et d'actions adaptés aux caractéristiques de chaque société qui permet aux dirigeants de maintenir les risques à un niveau acceptable pour la société.

Le risque représente la possibilité qu'un événement survienne et dont les conséquences seraient susceptibles d'affecter les personnes, les actifs, l'environnement, les objectifs de la société ou sa réputation.

La gestion des risques est un levier de management de la société qui contribue à :

- **créer et préserver la valeur, les actifs et la réputation de la société,**
- **sécuriser la prise de décision et les processus de la société pour favoriser l'atteinte des objectifs,**
- **favoriser la cohérence des actions avec les valeurs de la société,**

- **mobiliser les collaborateurs de la société autour d'une vision commune des principaux risques et les sensibiliser aux risques inhérents à leur activité. »**

(Cf. document : Les Dispositifs de gestion des risques et de contrôle interne : cadre de référence 2010.)

Des principes généraux de contrôle interne

« Le contrôle interne est un dispositif de la société, défini et mis en œuvre sous sa responsabilité.

Il comprend un ensemble de moyens, de comportements, de procédures et d'actions adaptés aux caractéristiques propres de chaque société qui :

- **contribue à la maîtrise de ses activités, à l'efficacité de ses opérations et à l'utilisation efficiente de ses ressources, et**
- **doit lui permettre de prendre en compte de manière appropriée les risques significatifs, qu'ils soient opérationnels, financiers ou de conformité.**

Le dispositif vise plus particulièrement à assurer :

- **la conformité aux lois et règlements ;**
- **l'application des instructions et des orientations fixées par la direction générale ou le directoire ;**
- **le bon fonctionnement des processus internes de la société, notamment ceux concourant à la sauvegarde de ses actifs ;**
- **la fiabilité des informations financières.**

Le contrôle interne ne se limite donc pas à un ensemble de procédures ni aux seuls processus comptables et financiers.

La définition du contrôle interne ne recouvre pas toutes les initiatives prises par les organes dirigeants ou le management comme par exemple la définition de la stratégie de la société, la détermination des objectifs, les décisions de gestion, le traitement des risques ou le suivi des performances. »

(Cf. document : Les Dispositifs de gestion des risques et de contrôle interne : cadre de référence 2010.)

- *Périmètre du contrôle interne*

Il appartient à chaque société de mettre en place un dispositif de Contrôle Interne adapté à sa situation.

Dans le cadre d'un groupe, la société mère veille à l'existence de dispositifs de Contrôle Interne au sein de ses filiales. Ces dispositifs devraient être adaptés à leurs caractéristiques propres et aux relations entre la société mère et les filiales.

- *Composantes du dispositif de Contrôle Interne*

La Direction Générale ou le Directoire conçoivent le dispositif de Contrôle Interne. Celui-ci fait l'objet d'une communication adéquate en vue de sa mise en œuvre par le personnel.

Le niveau d'implication des Conseils d'Administration ou de Surveillance en matière de Contrôle Interne varie d'une société à l'autre. Il appartient à la Direction Générale ou au Directoire de rendre compte au Conseil (ou à son comité d'audit lorsqu'il existe) des caractéristiques essentielles du dispositif de Contrôle Interne. En tant que de besoin, le Conseil peut faire usage de ses pouvoirs généraux pour faire procéder par la suite aux contrôles et vérifications qu'il juge opportuns ou prendre toute autre initiative qu'il estimerait appropriée en la matière.

Le Contrôle Interne est d'autant plus pertinent qu'il est fondé sur des règles de conduite et d'intégrité portées par les organes de gouvernance et communiquées à tous les collaborateurs. Il ne saurait en effet se réduire à un dispositif purement formel en marge duquel pourraient survenir des manquements graves à l'éthique des affaires.

Le dispositif de Contrôle Interne, qui est adapté aux caractéristiques de chaque société, doit prévoir :

- **une organisation** comportant une définition claire des responsabilités, disposant des ressources et des compétences adéquates et s'appuyant sur des procédures, des systèmes d'information, des outils et des pratiques appropriés ;
- **la diffusion en interne d'informations pertinentes**, fiables, dont la connaissance permet à chacun d'exercer ses responsabilités ;
- **un système** visant à recenser et analyser les principaux risques identifiables au regard des objectifs de la société et à s'assurer de l'existence de procédures de gestion de ces risques ;

- **des activités de contrôle** proportionnées aux enjeux propres à chaque processus et conçues pour réduire les risques susceptibles d'affecter la réalisation des objectifs de la société ;
- **une surveillance permanente** du dispositif de Contrôle Interne ainsi qu'un examen régulier de son fonctionnement. Cette surveillance, qui peut utilement s'appuyer sur la fonction d'audit interne de la société lorsqu'elle existe, conduit, le cas échéant, à l'adaptation du dispositif de Contrôle Interne.

La Direction Générale ou le Directoire apprécient les conditions dans lesquelles ils informent le Conseil des principaux résultats des surveillances et examens ainsi exercés. (Source : Le Dispositif de Contrôle Interne : Cadre de référence.)

➤ Un guide d'application relatif au contrôle interne de l'information comptable et financière :

Les processus traités dans ce guide peuvent être synthétisés comme suit :

1. Processus de pilotage de l'organisation comptable et financière		**2. Processus concourant à l'élaboration de l'information comptable et financière publiée**	
1.1 Principes et points clés d'analyse	1.1.1 Organisation générale 1.1.2 Gestion des ressources 1.1.3 Application des règles comptables 1.1.4 Maîtrise des règles comptables 1.1.5 Organisation et sécurité des systèmes d'information	2.1 Critères de qualité	2.3.1 Investissements / Désinvestissements / Recherche et Développement
1.2 Rôle de la Direction Générale	1.2.1 Organisation, compétences et moyens 1.2.2 Pilotage et contrôle 1.2.3 Préparation de l'arrêté des comptes 1.2.4 Prise en considération des travaux des 1.2.5 Commissaires aux Comptes	2.2 Identification des risques affectant l'élaboration de l'information financière et comptable publiée	2.3.2 Immobilisations incorporelles, corporelles et goodwills 2.3.3 Immobilisations financières 2.3.4 Achats / Fournisseurs et assimilés 2.3.5 Coûts de revient / Stocks et encours / Contrats à long terme ou de construction 2.3.6 Produits des activités ordinaires / Clients et assimilés
1.3 Rôle du Conseil d'Administration ou du Conseil de surveillance	1.3.1 Contrôles et vérifications 1.3.2 Arrêté des comptes 1.3.3 Relations avec les CAC	2.3 Principes et points clés d'analyse	2.3.7 Trésorerie / Financement et instruments financiers 2.3.8 Avantages accordés au personnel 2.3.9 Impôts, taxes et assimilés 2.3.10 Opérations sur le capital 2.3.11 Provisions et engagements 2.3.12 Consolidation 2.3.13 Information de gestion nécessaires à l'élaboration* des informations comptables et financières publiées 2.3.14 Gestion de l'information financière externe

➤ Deux questionnaires de portée générale, l'un relatif au contrôle interne comptable et financier, l'autre à l'analyse et à la maîtrise des risques :

Quelques questions relatives au contrôle interne comptable et financier sont présentées ci-dessous :

- *Système d'information comptable et financier*

- Les procédures et les systèmes d'information sont-ils développés avec pour objectif de satisfaire aux exigences de fiabilité, de disponibilité et de pertinence de l'information comptable et financière ?
- Les systèmes d'information relatifs à l'information financière et comptable font-ils l'objet d'adaptations pour évoluer avec les besoins de la société ?
- La Direction Générale s'est-elle assurée que les obligations de conservation des informations, données et traitements informatiques concourant directement ou indirectement à la formation des états comptables et financiers étaient respectées ?

Vous trouverez ci-après d'autres exemples de questions relatives à l'analyse et à la maîtrise des risques :

- *Analyse des principaux risques*

- Pour les principaux risques identifiés, l'entreprise réalise-t-elle une analyse des incidences potentielles (chiffrées ou non, financière ou non financière), et du degré de maîtrise estimé ?
- L'analyse des risques tient-elle compte des évolutions internes ou externes à la société ?
- Ces analyses donnent-elles lieu à des actions spécifiques ? La responsabilité de ces actions est-elle définie ? Le cas échéant, la mise en œuvre de ces actions est-elle suivie ? (Source : Le Dispositif de Contrôle Interne : Cadre de référence.)

I.1.5 L'approche moderne et proactive du Contrôle Interne

Notre vision du Contrôle Interne s'inscrit bien évidemment dans le cadre général énoncé par les approches précédentes mais nous voudrions montrer qu'une autre voie à dominante plus opérationnelle est également possible. C'est pourquoi, nous préférons recentrer notre définition sur la maîtrise permanente des activités dans une acceptation très large grâce à une méthodologie rigoureuse d'évaluation des risques.

> **Nous vous proposons donc la définition suivante : « Le Contrôle Interne est une démarche de détermination des risques ayant pour objectif la maîtrise permanente des activités. »**

De facto, il convient tout d'abord de quantifier, d'évaluer et de hiérarchiser les différents risques identifiés en utilisant une méthodologie rigoureuse. Ce travail est mené à l'aide d'une méthodologie de **M**aîtrise **I**nterne des **RI**sques et **S**écurité dite méthode MIRIS qui est très largement développée dans le chapitre II ci-après.

Sur un plan purement théorique, elle se caractérise également par trois aspects : une finalité, des objectifs à atteindre et des principes d'organisation.

▸ *Les caractéristiques du Contrôle Interne*

- **Permanence** : le Contrôle Interne s'inscrit dans la continuité et la pérennité de l'organisme, il doit s'adapter à l'évolution de l'environnement de l'organisation.
- **Universalité** : le Contrôle Interne concerne l'ensemble des activités de l'entreprise et doit être mis en œuvre par l'ensemble du personnel.
- **Indépendance** : les objectifs du Contrôle Interne doivent être respectés quels que soient les moyens et les méthodes de l'entreprise.
- **Harmonie** : le Contrôle Interne doit être adapté aux caractéristiques de l'entreprise et à son environnement.

▸ *Les objectifs du Contrôle Interne*

- **Existence** : vérifier la réalité des données saisies, transmises et traitées.

- **Exhaustivité** : enregistrement de toutes les données justifiées et seulement celles-là.
- **Intégrité des données** : vérifier que les données sont exactes et correctement évaluées.
- **Autorisation** : s'assurer que les tâches sont effectuées par les personnes habilitées.

Les principes d'organisation

- **Séparation des tâches** : faire intervenir plusieurs secteurs ou plusieurs personnes dans les phases successives de réalisation.
- **Supervision** : obtenir la garantie de la qualité des tâches exécutées.
- **Dispositif** : ensemble des mesures prises, des moyens mis en œuvre dans le but d'atteindre les objectifs de Contrôle Interne.

De plus, certains facteurs de base peuvent également être considérés comme essentiels au bon fonctionnement du processus de Contrôle Interne :

- une organisation logique qui établit clairement les responsabilités et sépare nettement les différentes fonctions au sein de l'entreprise. En effet, l'un des concepts de base du Contrôle Interne est qu'une même personne ne doit pas avoir la responsabilité, à tous les stades, d'une transaction de son origine à son aboutissement.
- une structure adéquate, un manuel de procédures décrivant dans le détail les schémas des circuits des informations. L'uniformité de traitement de l'information est une condition nécessaire à la fiabilité des documents comptables. Cette homogénéité ne pourra cependant être obtenue que si la manière de traiter les informations est connue des employés chargés de l'appliquer. Le moyen le plus efficace reste l'écrit.

I.2 L'INTÉRÊT GÉNÉRAL D'UNE DÉMARCHE DE CONTRÔLE INTERNE

I.2.1 Rôles et valeur ajoutée du Contrôle Interne

Comme énoncé précédemment, le Contrôle Interne est un processus mis en œuvre par le conseil d'administration, les dirigeants et le personnel d'une organisation, destiné à fournir une assurance raisonnable quant à la réalisation des objectifs suivants :

- permettre la réalisation et l'amélioration des opérations,
- garantir l'intégrité, la pertinence et la permanence des informations,
- assurer la protection et la sauvegarde du patrimoine,
- assurer l'application des lois, des réglementations en vigueur et des instructions de la Direction Générale.

On ne peut donc plus considérer le Contrôle Interne comme une démarche isolée. Le Contrôle Interne est un ensemble d'actions/décisions qui se doit d'être pris en compte dans toutes les activités de l'organisation. Il est ainsi intégré aux procédures. Par conséquent, le Contrôle Interne est un moyen pour arriver à des fins ; il n'est pas une fin en soi.

Le Contrôle Interne est un processus transversal mis en œuvre par le Conseil d'Administration, les dirigeants, le personnel et notamment les « process owners » (propriétaires de processus). Dans le même temps, de nouveaux acteurs interviennent dans le processus de Contrôle Interne tels que le législateur et les autorités de tutelle, les organisations professionnelles et le comité d'audit. Ces nouveaux acteurs donnent au Contrôle Interne une dimension obligatoire et incontournable instaurant de nouvelles contraintes pour les entreprises.

Quelles sont les principales limites de l'apport d'un dispositif de Contrôle Interne ?

Tout d'abord, un système de Contrôle Interne, si perfectionné soit-il, n'est pas systématiquement respecté :

- une intention de nuire peut enrayer le processus,
- les risques ne sont jamais mis sous contrôle dans leur intégralité,
- un processus de Contrôle Interne ne prévient pas des erreurs de jugements,
- le Contrôle Interne ne prévient pas des évolutions externes à l'organisation.

Ensuite, les objectifs sont souvent distincts les uns des autres mais ils doivent se recouper de manière homogène dans l'organisation générale, ce qui n'est pas forcément le cas si ces objectifs deviennent contradictoires.

Par exemple, un objectif de séparation des tâches répondant à une problématique purement Contrôle Interne mais nécessitant des moyens supplémentaires peut être arbitré avec un objectif d'amélioration de la performance conduisant à restreindre les moyens.

I.2.2 Positionnement du Contrôle Interne vis-à-vis des fonctions transverses (audit, qualité, contrôle de gestion, déontologie...)

Le Contrôle Interne et l'Audit Interne

Le dispositif de Contrôle Interne est complété par la fonction d'Audit Interne, organe indépendant au sein de l'organisation, rattaché de préférence à la Direction Générale et véritable pierre angulaire de l'édifice. Ces missions sont d'être garantes du respect et de la bonne application des règles du Groupe et d'évaluer l'efficacité de règles locales qui ont été édictées et mises en œuvre sur le terrain.

L'Audit Interne (ou le Contrôle Interne de second degré) évalue le degré de maîtrise des opérations au sein d'une organisation, lui apporte ses conseils pour les améliorer, et contribue à créer de la valeur ajoutée.

L'Institut de l'Audit Interne (IFACI) précise, quant à lui, que : « L'Audit Interne est une activité indépendante et objective qui donne à une organisation une assurance sur le degré de maîtrise de ses opérations, lui apporte ses conseils pour les améliorer, et contribue à créer de la valeur ajoutée.

Il aide cette organisation à atteindre ses objectifs en évaluant, par une approche systématique et méthodique, ses processus de management des risques, de contrôle, et de gouvernement d'entreprise, et en faisant des propositions pour renforcer leur efficacité. »

(Définition approuvée le 21 mars 2000 par le Conseil d'Administration de l'IFACI. Traduction de la définition internationale approuvée par l'IIA le 29 juin 1999.)

L'Audit Interne évalue donc la maîtrise du processus de Contrôle Interne.

▸ *Le Contrôle Interne et la qualité*

Le système de management par la qualité est l'élément du système de management de l'organisme qui se concentre sur l'obtention des résultats, en s'appuyant sur les objectifs qualité, pour satisfaire, selon les cas, les besoins, les attentes ou exigences des parties intéressées.

Il repose en général sur 8 grands principes :

- orientation client,
- leadership,
- implication du personnel,
- approche par processus,
- management par approche système,
- amélioration continue,
- approche factuelle pour la prise de décision,
- relation mutuellement bénéfique avec les fournisseurs.

→ Le système de management de la qualité apparaît comme une composante du système de Contrôle Interne focalisée sur la dimension « respect des objectifs qualité » et ciblée sur les attentes des clients et des autres parties intéressées.

▸ *Le Contrôle Interne et la Gestion des Risques*

La Gestion des Risques est une politique d'entreprise qui permet d'assurer la continuité de l'activité coûte que coûte. Il lui est nécessaire d'avoir une vision globale de l'activité dans son actualité et par rapport à des situations extrêmes afin de pouvoir apporter des solutions concrètes.

La Gestion des Risques repose sur une auto-identification des risques afin de bâtir une autoprévention de ces risques.

→ Le Contrôle Interne versus la Gestion des Risques est alors un outil indispensable dans l'élaboration d'une politique de contrôle des risques.

▸ *Le Contrôle Interne et la déontologie*

Le contrôle éthique et déontologique se porte garant que l'organisation (et ses collaborateurs) se conforme à la lettre et à l'esprit de tous les codes, lois, règlements, normes et bonnes pratiques professionnelles. Cette fonction garantie que l'activité est exercée avec intégrité et professionnalisme.

Son responsable devra précisément identifier les points de contrôle déontologiques.

→ Le Contrôle Interne se doit d'intégrer la définition des règles et le cadre de référence de la fonction déontologie dans la mise en place des procédures.

Le déontologue doit donner un avis sur une situation. La tendance actuelle dans les organisations est la nomination d'un déontologue qui se porte garant de tout manquement significatif, vis-à-vis des régulateurs extérieurs.

▸ *Le Contrôle Interne et le contrôle de gestion*

Le contrôle de gestion est un processus visant à mieux connaître et mieux comprendre l'activité de l'entreprise. Ses actions prennent place tant en prévisions et travaux préalables qu'en constatations postérieures, tant en réflexions, analyses et conseils qu'en production de tableaux de bord et de commentaires.

Il intègre les données comptables mais aussi les éléments commerciaux, techniques, qualitatifs et humains.

Il se doit de donner une meilleure visibilité générale afin de permettre à l'organisation une réactivité accrue par rapport aux risques et opportunités.

→ Le Contrôle Interne est un outil pour garantir au contrôle de gestion la fiabilité des informations traitées et pour améliorer la réalisation des objectifs.

I.2.3 Zoom sur les aspects réglementaires : Loi de Sécurité Financière, travaux de la Communauté européenne et Solvabilité II

▸ *La loi de Sécurité Financière*

- *Les principes fondateurs*

À l'instar de la loi Sarbanes-Oxley, la LSF se veut « une réponse, à la fois politique et technique, à la crise de confiance dans les mécanismes du marché et aux insuffisances de régulation dont le monde économique et financier a pris conscience [1] » suite à divers scandales financiers et à l'effondrement de grandes entreprises multinationales.

Pour les pouvoirs publics, il convenait de « réguler le capitalisme [2] », de rétablir le « pacte de confiance dans l'économie de marché [3] » et de faire de cette crise boursière une opportunité pour progresser.

La LSF, votée le 1er août 2003, impose au Président du Conseil d'Administration ou de Surveillance de toute société anonyme de rendre compte :

- des conditions de préparation et d'organisation des travaux du Conseil,
- des procédures de Contrôle Interne mises en place au sein de la société.

Trois articles majeurs au sein de ce texte de loi concernent particulièrement les sociétés anonymes :

- Art 117 (texte original) : le Président du Conseil (d'Administration des sociétés anonymes et des sociétés faisant appel public à l'épargne ; le Président de leur Conseil de Surveillance) doit rendre compte dans un rapport présenté à l'Assemblée Générale, des conditions de préparation et d'organisation des travaux du Conseil ainsi que des procédures de Contrôle Interne mises en place par la société.
- Art 120 (texte original) : le commissaire aux comptes doit vérifier la sincérité des informations et déclarations contenues dans le rapport du Président pour ce qui est des procédures de Contrôle Interne relatives à l'élaboration et au traitement de l'information comptable et financière et présenter ses observations dans son rapport annuel.
- Art 122 (texte original) : instauration de l'AMF (Autorité des Marchés Financiers) qui se substitue à la COB (Commission des Opérations de Bourse) et au CMF (Conseil des Marchés Financiers) et qui devra établir chaque année un rapport sur la base des informations qui auront été publiées.

Le Sénat revient sur la loi, un an après sa promulgation, et fait un bilan de sa mise en œuvre dans un *rapport d'information n° 431 (2003-2004), de*

1. Communication de F. Mer au Conseil des ministres du 5 février 2003.
2. Entretien avec M. Prada, président de l'AMF.
3. Discours de F. Mer devant l'Assemblée Nationale, le 29 avril 2003.

M. Philippe MARINI, Sénateur de l'Oise, au nom de la commission des finances du Sénat.

Il en ressort que les acteurs de la vie financière se sont rapidement appropriés la loi, avec notamment la création rapide de l'AMF dès novembre 2003.

Il en ressort également que l'ensemble des entreprises est maintenant sensibilisé au renforcement des obligations en matière d'information sur le Contrôle Interne et sur l'organisation des travaux du Conseil, mais que subsistent des difficultés d'interprétation et d'application avec notamment le « faux-débat » sur la sémantique « rendre compte » : description ou évaluation du Contrôle Interne ?

> Extraits :
>
> « III. **FIABILISER LA CHAÎNE DE VALEUR DE L'INFORMATION FINANCIÈRE**
>
> A. LE RENFORCEMENT DES OBLIGATIONS EN MATIÈRE D'INFORMATION SUR LE CONTRÔLE INTERNE ET SUR L'ORGANISATION DES TRAVAUX DU CONSEIL
>
> **Des difficultés d'application et d'interprétation**
>
> Description ou évaluation : un faux débat.
>
> « Sans doute faut-il relativiser le débat entre description et évaluation qui est souvent présenté de manière trop caricaturale. Il ne s'agit naturellement pas de demander à l'entreprise de procéder à une autocritique qui pourrait avoir des effets destructeurs. Il s'agit d'encourager l'adoption d'une perspective dynamique orientée vers le progrès, plutôt que figée sur l'existant. Le consensus en faveur d'une démarche descriptive ne doit pas constituer un prétexte à l'adoption d'une démarche superficielle qui constituerait alors une formalité supplémentaire à la charge des entreprises, sans véritablement induire en contrepartie de conséquences sur leurs comportements et leurs méthodes. »
>
> « L'exigence d'une analyse suffisamment fine et d'une perspective dynamique devrait permettre de dépasser le débat stérile entre description et évaluation. »

Néanmoins cette loi pose une question d'interprétation fondamentale : qu'entend-on par Procédure de Contrôle Interne ?

Plusieurs définitions existent. On peut reprendre celle de la CNCC ou du COSO, ou encore celle du MEDEF (Mouvement des Entreprises Française) qui en a restreint le champ :

« Les procédures de Contrôle Interne veillent à ce que les actes de gestion ou de réalisation des opérations ainsi que les comportements des personnels, s'inscrivent dans le cadre défini par les orientations données aux activités de l'entreprise par les organes sociaux, par les lois et les règlements applicables, et par les valeurs, normes et règles internes de l'entreprise.

Par ailleurs, elles permettent de vérifier que les informations comptables, financières et de gestion communiquées aux organes sociaux de la société reflètent avec sincérité l'activité et la situation de l'entreprise. »

D'autre part, il est intéressant de noter que le champ d'application de la LSF a été limité aux sociétés anonymes faisant appel public à l'épargne (APE) dans le cadre de la loi Breton du 26 juillet 2005.

- *La LSF et son rapport*

La LSF impose de produire un rapport joint au rapport de gestion des sociétés conformément aux dispositions des articles L. 225-37 et L. 225-68 du Code du commerce au titre des exercices ouverts à partir du 1er janvier 2003.

Sous la responsabilité du Conseil d'Administration (ou de Surveillance), il revient à la Direction Générale / Directoire de définir et de mettre en œuvre des procédures de Contrôle Interne adéquates et efficaces.

Il appartient au Président du Conseil d'Administration ou de Surveillance d'en rendre compte dans son rapport.

La responsabilité civile collective des administrateurs / membres du Conseil de Surveillance peut être engagée, sans occulter celle du Directeur Général / Directoire, pour toute faute commise dans l'exécution de leur mandat (notamment défaut de Contrôle Interne).

- *La LSF et la diffusion de son rapport*

Aux termes des articles L. 225-37 et L. 225-68 du Code de Commerce, le rapport du Président doit être joint au rapport de gestion du Conseil d'Administration (ou de Surveillance). Dans le cas d'une société tête de Groupe, il est également joint au rapport sur l'activité du Groupe.

En conséquence, il va suivre les règles de publicité suivantes :

- envoi aux actionnaires sur leur demande ou mise à leur disposition (art. 135 du décret du 23 mars 1967),
- présentation (et non lecture) à l'Assemblée Générale ordinaire annuelle des actionnaires (art. L. 225-100),
- dépôt au greffe du Tribunal de commerce (art. L. 232-23).

Le Conseil d'Administration (ou de Surveillance) doit-il formellement prendre connaissance du rapport ?

La loi reste muette sur ce point. Néanmoins, il serait préférable que le rapport soit officiellement présenté au Conseil d'Administration (ou de Surveillance) et, plus précisément, à l'occasion de l'arrêté des comptes annuels.

L'art. L. 621-18-3 du Code monétaire et financier prévoit que les sociétés cotées rendent publiques les informations dans les conditions fixées par le règlement général de l'AMF (Autorité des Marchés Financiers) : mise à disposition sous format électronique sur le site de l'AMF, et sur le site de l'émetteur lorsqu'il dispose d'un tel site.

- *La LSF et le rôle des commissaires aux comptes*

Les Commissaires aux Comptes (CAC) doivent faire part de leurs propres observations sur le rapport du Président « pour celles des procédures de Contrôle Interne qui sont relatives à l'élaboration et au traitement de l'information comptable et financière » (article L. 225-235 du Code de Commerce et art. 120 de LSF) :

- le CAC doit lui aussi rédiger un rapport spécial, lequel sera joint à son rapport général. Dans ce cadre, il est nécessaire que le CAC dispose des informations utiles à son établissement (la CNCC précise que le contenu du rapport du président doit être suffisamment documenté afin de permettre aux CAC de mettre en œuvre leurs diligences),
- selon l'ANSA (Association Nationale des Sociétés Anonymes), « le CAC n'a pas à porter de jugement sur l'efficacité du Contrôle Interne et doit se borner à vérifier l'exactitude factuelle des informations contenues dans le rapport ; en cas d'inexactitude, il doit la signaler ».

S'agissant de la publicité attachée au rapport spécial du CAC, ce dernier étant généralement joint au rapport général, suivra les mêmes règles de publicité :

- envoi aux actionnaires sur leur demande ou mise à leur disposition (art. 135 du décret du 23 mars 1967),
- présentation à l'Assemblée Générale ordinaire annuelle des actionnaires (art. L. 225-100),
- dépôt au greffe du Tribunal de commerce (art. L. 232-23).

- *La LSF et les sanctions*

Comme beaucoup de dispositifs mis en place ces dernières années par le législateur, le non établissement du rapport sur les procédures de Contrôle Interne n'entraîne pas de sanction particulière, mais uniquement une mention de carence portée dans le rapport spécial du Commissaire aux Comptes, et une éventuelle responsabilité civile du Président si un tiers intéressé s'estime lésé par une telle carence ou, éventuellement, par la production d'un rapport fallacieux.

Pour ce qui concerne les sociétés cotées, en revanche, outre la sanction du marché, seront éventuellement applicables les sanctions prévues dans le cadre de la diffusion de fausses informations de nature à modifier le fonctionnement du marché, infraction sanctionnée à la fois par une ordonnance du 28 septembre 1967 et un règlement COB – loi du 2 août 1989 –, revêtant ainsi une double qualification : pénale et administrative.

Néanmoins, l'intérêt est également en interne dans la mesure où le dispositif doit automatiquement entraîner les entreprises à s'interroger sur la pertinence de leur Contrôle Interne, à en vérifier l'efficacité et donc à améliorer leur sécurité juridique. C'est une opportunité à saisir pour un Groupe afin de s'assurer de la maîtrise de ces risques et de sensibiliser les opérationnels à leur environnement de contrôle et aux notions de Contrôle Interne.

▸ Ordonnance du 8 décembre 2009

Cf. Annexe n° 1.

Solvabilité II

Depuis 2005, le monde des assurances est entré – comme l'on déjà fait les bancassureurs avec le projet Bâle II – dans une logique de renforcement des exigences en matière de suivi des risques et de Contrôle Interne. Plus particulièrement, c'est l'analyse même de la solvabilité des entreprises d'assurance [1] qui va connaître de profondes mutations. Ces mutations touchent autant les aspects qualitatifs relatifs à la Gouvernance et au Contrôle Interne (Pilier 2), que les méthodes et règles d'analyse quantitatives de la solvabilité (Pilier 1).

Le présent document propose une synthèse des travaux en cours sur ces points.

Rappel des principales caractéristiques de Solvabilité I

L'analyse de la solvabilité telle que requise par les autorités de contrôle françaises, en application des Directives Européennes « Solvabilité 1 » des années 1970 (mises à jour en 2002 et 2003) repose sur les principes suivants :

- *Justesse du provisionnement*

Il s'agit de s'assurer que les engagements pris par l'organisme d'assurance sont bien identifiés et que les provisions constituées sont « bonnes ». Cela nécessite, sur ce dernier point, de disposer de données fiables, d'utiliser des méthodes actuarielles usuelles et de retenir des hypothèses prudentes.

- *Respect de règles quantitatives et qualitatives sur les actifs admis en représentation des engagements*

Les actifs (incorporels, immobiliers, mobiliers, réassurance, etc.) doivent répondre à des règles stricts d'investissement (règles de dispersion, de diversification, de congruence, etc.).

1. Les trois familles d'assureurs sont visées par les réformes en cours : mutuelles (Code de la Mutualité), Institutions de Prévoyance (Code de la Sécurité Sociale), Compagnies d'Assurances (Code des Assurances).

• *Respect des exigences de marge de Solvablité*

L'entreprise d'assurance doit faire état d'une bonne couverture des exigences de marge de solvabilité à court, moyen et long termes. En d'autres termes, les Fonds Propres (et d'autres éléments tels que les titres subordonnés, la réserve de capitalisation et aussi, ce qui est plus discutable, les plus-values latentes) doivent être significativement supérieurs à l'exigence de marge de solvabilité.

Cette dernière correspond, suivant les activités, à un pourcentage des provisions en Vie, des cotisations ou de la charge de sinistres en Non Vie (cf. état ministériel C6).

Ces dispositions ont été enrichies en 2003 avec la mise en place du test d'exigibilité (cf. état ministériel C6 bis). En cas de risque de liquidité avéré, les autorités de contrôle peuvent demander des compléments de fonds propres.

L'ensemble de ces éléments doit être détaillé dans le rapport de solvabilité annuel.

L'approche « Solvabilité 1 », qui n'a pas failli à ce jour en France, présente néanmoins des limites indéniables :

- Le système des ratios utilisé pour calculer l'exigence de marge de solvabilité s'applique à des grandeurs comptables telles que les provisions, alors même que cette notion n'est pas homogène à travers l'Europe. Plus généralement, les systèmes comptables ne sont pas encore comparables (malgré les normes IFRS pour les comptes consolidés des entreprises faisant appel public à l'épargne), ne serait-ce par exemple qu'au niveau du traitement des actifs (valeur comptable vs valeur historique).
- Les risques ne sont pas toujours appréhendés dans le détail et de manière explicite mais au travers de méthodes et d'hypothèses « prudentes ».
- L'approche Solvabilité 1 ne pénalise pas systématiquement les entreprises qui sous-provisionnent ou qui sous-tarifient les risques, mais pénalise en revanche les entreprises qui tarifient ou provisionnent avec des marges de prudence importantes.

La Commission Européenne a donc annoncé son intention de présenter une directive [1] en matière d'assurance « Solvabilité II » dont les effets sont présentés comme pouvant modifier en profondeur le contexte de l'exercice de l'activité d'assurance.

Le Comité Européen des Contrôleurs des Assurances et des Pensions professionnelles (CEIOPS), au sein duquel l'ACP (Autorité de Contrôle Prudentiel) est le représentant français, est régulièrement consulté par la Commission Européenne pour lui apporter avis et éclairages durant la phase de préparation de cette directive. Le CEIOPS a ainsi été mandaté pour mener des études quantitatives d'impact (QIS Quantitative Impact Studies) auprès des compagnies d'assurance, des mutuelles et des institutions de prévoyance.

La quatrième étude QIS4 se déroulera d'avril à juillet 2008. Un pré-cahier des charges est disponible depuis fin décembre 2007.

▸ *Les principes de Solvabilité II*

Le projet Solvabilité II offre avant tout un cadre formel pour la gestion des risques au sein des entreprises d'assurance, tant sur le plan quantitatif que sur le plan qualitatif. Les principes d'analyse sont les suivants :

- *L'ensemble des risques devra être étudié*

La directive propose sa classification des risques et distingue les risques techniques et financiers d'une part et les risques opérationnels d'autre part (cf. figure 1). Ces derniers constituent ce que l'on nomme le Pilier 2 de la future Directive.

Nous ne présenterons pas dans ce qui suit l'exhaustivité du contenu du pilier 2 car il concerne essentiellement la maîtrise des activités et la mise en place d'un dispositif de contrôle interne (partie largement développée dans l'ensemble de l'ouvrage).

Néanmoins, en synthèse, le pilier 2 impose une connaissance exhaustive et une maîtrise totale des risques et aborde cette maîtrise en imposant la mise

1. Cf. projet de Directive proposé par la Commission Européenne proposée le 10 juillet 2007.

Fig. 1 – Les risques à analyser en Solvabilité II

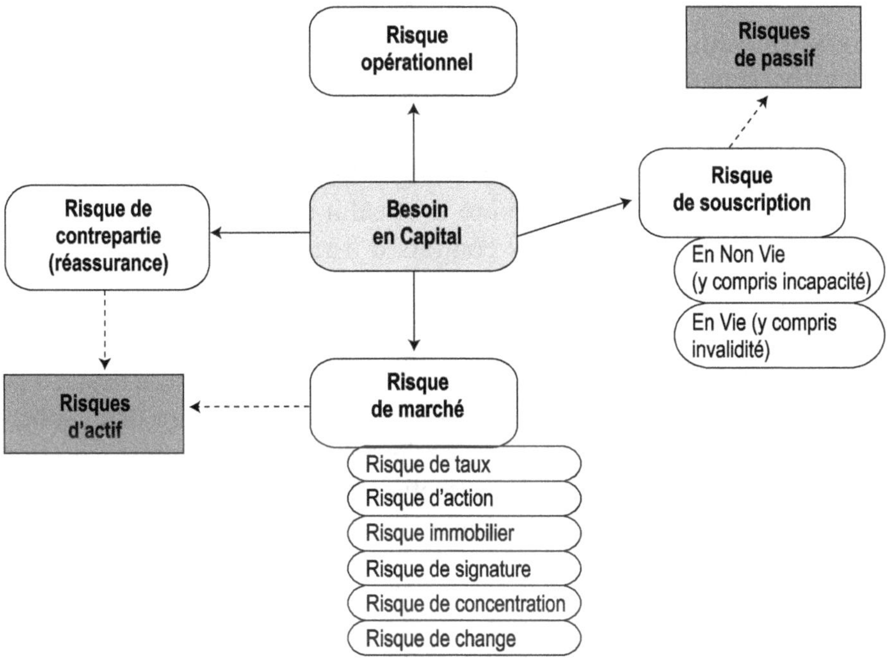

en œuvre de procédures de Contrôle Interne et de gestion des risques opérationnels : processus, personnes, systèmes d'information, sécurité physique, événements externes…

Les principaux thèmes mis en avant dans le cadre de l'évolution des règles de solvabilité sont :

- la gouvernance des organismes d'assurance,
- le contrôle et la gestion des procédures, des risques et des aspects financiers,
- la mise en place de modèles internes de gestion des risques.

- *Les risques devront être étudiés de manière prospective*

Il s'agira d'appréhender les conséquences sur la situation nette de l'entreprise de la survenance des risques analysés.

- *La richesse économique de l'organisme d'assurance devra être supérieure à une exigence extra-comptable*

La norme Solvabilité II propose une refonte complète du cadre comptable, qui devient davantage économique.

La richesse de l'assureur correspondra à la différence entre les actifs et les passifs (en valeur de marché). Malgré une volonté de convergence entre le cadre comptable Solvabilité II et celui des normes IFRS (encore en cours de discussion pour les contrats d'assurances), des divergences pourraient subsister dans les modalités de calcul de la valeur des passifs principalement.

D'autres éléments seront pris en compte dans la mesure de la richesse, s'ils sont effectivement mobilisables en cas de problèmes (certains titres subordonnés notamment). Certains éléments de richesse moins « sûrs » a priori (comme par exemple la faculté d'effectuer des rappels de cotisations en cas de forte sinistralité) pourront également être pris en compte, dans des proportions moindres.

II •

ORIGINE ET ENJEUX DE LA GOUVERNANCE

II.1 HISTORIQUE DU CONCEPT

L'origine du mot est grecque *kubernân*, il signifie piloter un navire ou un char. Il fut utilisé pour la première fois par Platon pour désigner le fait de gouverner les hommes. Il a donné naissance au verbe latin *gubernare*. Le mot latin a engendré en Français les notions de gouverner, gouvernement, gouvernance, etc.

Le mot anglais « governance » est apparu dans les années 1990 par des économistes dans le cadre des dérives du système boursier.

Il est également utilisé à cette période par certaines institutions internationales (ONU, Banque mondiale et FMI). Il s'agit de désigner « l'art ou la manière de gouverner », mais avec le souhait de séparer le terme du gouvernement en tant qu'institution, la gouvernance dépasse dans cette optique le simple gouvernement ou président ou chambre des députés… En utilisant restaurant un vocable peu usité, on souhaite promouvoir un nouveau mode de gestion des affaires publiques fondé sur la participation de la société civile à tous les niveaux (national, mais aussi local, régional et international).

Le concept s'inscrit dans une constellation d'idées liées à la mondialisation. Ce serait un processus d'organisation et d'administration des sociétés humaines, dans le respect et l'épanouissement de leurs diversités.

À cette notion s'ajoute celle de « développement durable » apparue dans les années 70. La gouvernance allant au delà du simple gouvernement a pour objectif de promouvoir cette démarche globalisante, intégrant dans les calculs ce qui est oublié (détérioration d'éléments vitaux comme les espèces) et donc contraignant chacun à assumer une juste part du fardeau. Le développement doit intégrer l'idée des générations futures.

II.2 LA GOUVERNANCE D'ENTREPRISE

La gouvernance d'entreprise est l'ensemble des organes et règles de décision, d'information, de transparence et de surveillance permettant aux ayants droit et partenaires d'une institution, de voir leurs intérêts respectés et leurs voix entendues dans le fonctionnement de celle-ci.

En France, c'est la loi du 3 juillet 2008 portant diverses dispositions d'adaptation du droit des sociétés au droit communautaire (dite « loi DDAC ») vient renforcer les lois NRE et sécurité financière. Elle augmente les obligations de transparence des sociétés en matière de gouvernement d'entreprise et de contrôle interne. Ainsi, les articles L. 225-37 et L. 225-68 du Code de commerce prévoient que le président de conseil d'administration ou du conseil de surveillance, de sociétés faisant appel public à l'épargne, doit établir un rapport rendu public précisant :

- la composition, les conditions de préparation et d'organisation des travaux du conseil et les procédures de contrôle interne ;
- le code de gouvernement d'entreprise auquel la société a choisi de se référer ou, à défaut, les règles retenues par cette société en complément des exigences requises par la loi ;
- les modalités particulières relatives à la participation des actionnaires à l'assemblée générale.

La gouvernance d'entreprise est donc basée sur une transparence accrue des décisions, des qualités de chacun, des acteurs de la décision et des comptes eux-mêmes.

II.3 LA GOUVERNANCE IMPOSÉE PAR LES LOIS ET LES RÉGLEMENTATIONS

Dans un contexte de globalisation croissante, les grands acteurs économiques se doivent aujourd'hui de penser à l'échelle mondiale quand il s'agit d'asseoir leur position dans n'importe quels industries ou secteurs que ce soit. Ce postulat entraîne pour les groupes français de modeler leur organisation de manière flexible et décentralisée afin d'offrir une réelle efficacité lorsqu'il s'agit de gérer des centaines d'entités juridiques à travers le monde et de jongler avec des organisations matricielles de plus en plus complexes impliquant de multiples strates dans les processus de décision.

Une nécessaire subsidiarité, reposant sur la délégation des pouvoirs et la responsabilisation à différents niveaux de l'organisation, s'accompagne systématiquement de mesures et de dispositifs de contrôle pour s'assurer justement que les pouvoirs et les opérations délégués obéissent aux règles et entrent dans un cadre qui a été préalablement fixé.

Dans le cadre de la gouvernance, le législateur qu'il soit américain ou européen a depuis la fin des années 1990 cherché à définir les règles et principes qui régissent la gestion d'entreprise.

La « corporate governance » (cf. *supra*), concept défini par les anglo-saxons et qui vise le rééquilibrage du pouvoir entre l'actionnariat et le management, fait donc son apparition après les grands scandales financiers : Enron, Worldcom ou Parmalat en Italie.

Plusieurs lois, règlements et rapports ont été élaborés pour éviter la fraude et les malversations des dirigeants d'entreprise afin de protéger les actionnaires tels que :

1. le Sarbanes-Oxley Act (SOX) – cf. chapitre précédent,
2. la loi de sécurité financière – cf. chapitre précédent,
3. les rapports Viénot et Bouton avec les 4 recommandations suivantes :
   - une indépendance des Conseils d'Administration (en matière de pouvoir et de contrôle),
   - la transparence de l'information financière vis-à-vis des actionnaires avec la création de comités spécialisés au sein du Conseil d'Administration,
   - la diffusion de toute information significative aux administrateurs avec approbation formalisée par le Conseil d'Administration.

4. la Loi NRE (Nouvelle réglementation Économique) sur le fonctionnement des instances dirigeantes et la limitation du cumul des mandats des administrateurs.
5. la Commission Européenne avec notamment la 8e directive,
6. l'Institut Montaigne avec son rapport de mars 2003 sur « mieux gouverner l'entreprise »,
7. IFA (Institut Français des Administrateurs) et notamment son rapport IFA sur la dissociation des instances de gouvernances : les critères de décisions (janvier 2013)
8. Les publications de l' Organisation de Coopération et de Développement Économiques sur les principes de gouvernement d'entreprise
9. Le rapport de l'AMF, dit groupe « de Place »
10. Les spécificités sectoriels : exemple l'assurance et la mutualité :
    a. Le projet Solvabilité 2 (cf. chapitre précédent) avec notamment les articles 42, 43, 47 et 48 :

       Les articles 42 et 43 de la Directive sur l'honorabilité et les compétences des personnes, demandent que les organismes s'assurent par des procédures spécifiques que les dirigeants élus ou administratifs (mais également des personnes clés comme l'actuariat et l'audit interne) possèdent un niveau de compétence, de qualification et de réputation irréprochables. Une obligation leur est faite pour communiquer tout changement dans la gouvernance à l'autorité de contrôle.

       Les articles 47 et 48 qui sont le véritable outil de supervision du dispositif de gouvernance, indiquent que la fonction actuarielle et la fonction d'audit interne émettent un avis d'expert sur le système de contrôle interne et le pilotage technique de l'organisme.
11. Les recommandations de l'autorité de contrôle des assurances et notamment l'équilibre des pouvoirs entre le Conseil d'Administration et la Direction Générale. Là encore, l'autorité de contrôle recommande que le Conseil d'Administration définisse une liste de décisions stratégiques qui ne peuvent pas être déléguées au Directeur Générale.

12. Les décrets spécifiques pour les secteurs de l'assurance et les mutuelles :

– **Le décret n° 2005-7 du 3 janvier 2005**

Ce décret impose la rédaction par le président du Conseil d'Administration de la mutuelle d'un rapport annuel sur le contrôle interne mis en place.

– **Le décret n° 2006-287 du 13 mars 2006**

Il modifie le Code des Assurances et impose aux sociétés d'assurances :

- La mise en place d'un dispositif de contrôle interne conforme aux dispositions imposées par ce décret ;
- Un rapport annuel sur les dispositifs de contrôle interne à destination de l'autorité de tutelle et validé par le Conseil d'Administration ou de surveillance.

– **Le décret n° 2008-468 du 19 mai 2008**

Il faut attendre le décret du 19 mai 2008 pour que l'obligation de mettre en place un dispositif de contrôle interne s'étende aux mutuelles. Elles doivent également rendre annuellement à l'Autorité de Contrôle Prudentiel (ACP) un rapport de contrôle interne.

II.4 LES COMPOSANTES OPÉRATIONNELLES DE LA GOUVERNANCE

II.4.1 Les principes de supervision opérationnelle

Un exemple : réflexion sur la dualité des structures élu-administratif en mutualité.

Les mutuelles ont la particularité d'avoir une structure dite politique et une structure dite administrative.

La finalité de la présente réflexion est d'étudier – avant toute investigation sur la gouvernance de ce type de structure – les risques qui pourraient résulter du simple fait de l'existence de cette dualité de structure.

Son objectif intermédiaire est d'identifier les bonnes questions à se poser en vue de déterminer aisément ces risques.

➤ <u>Différence d'essence entre ces deux structures</u> :

La structure administrative (avec ou sans Directeur Général) consiste à exploiter opérationnellement un outil de travail en vue d'atteindre les objectifs fixés par les élus. Elle a une obligation de résultats.

La structure politique consiste à représenter le pouvoir de maîtrise des adhérents sur les résultats de cet outil de travail. Cette structure représente la maîtrise d'ouvrage. Elle donc une obligation :

- de contrôle de l'adéquation des moyens à fournir au maître d'œuvre,
- de contrôle des résultats du maître d'œuvre.

➤ <u>Différence d'activité entre ces deux structures</u> :

L'intérêt de différencier les activités est d'en déduire la différence exacte des responsabilités afin d'éviter les risques qui pourraient naître de toute ambiguïté. Un principe fondamental de la hiérarchie des responsabilités repose sur l'unicité de responsable pour une activité donnée (on ne peut pas être dirigé dans deux directions en même temps).

On peut donc proposer une déclinaison des activités de chaque structure de la manière suivante.

STRUCTURE ADMINISTRATIVE = maîtrise d'œuvre = **ASSUMER = RENDRE COMPTE**

STRUCTURE POLITIQUE = maîtrise d'ouvrage = **RESPONSABILITÉ PLEINE ET ENTIÈRE DU POUVOIR**

* Pour un hiérarchique de la structure « H » : **<u>Principe de l'ODEFIACA</u>**

Le « H » rend compte hiérarchiquement à son propre H (qui peut être un élu ou une structure ayant le pouvoir).

Il y a trois types d'activité à envisager :

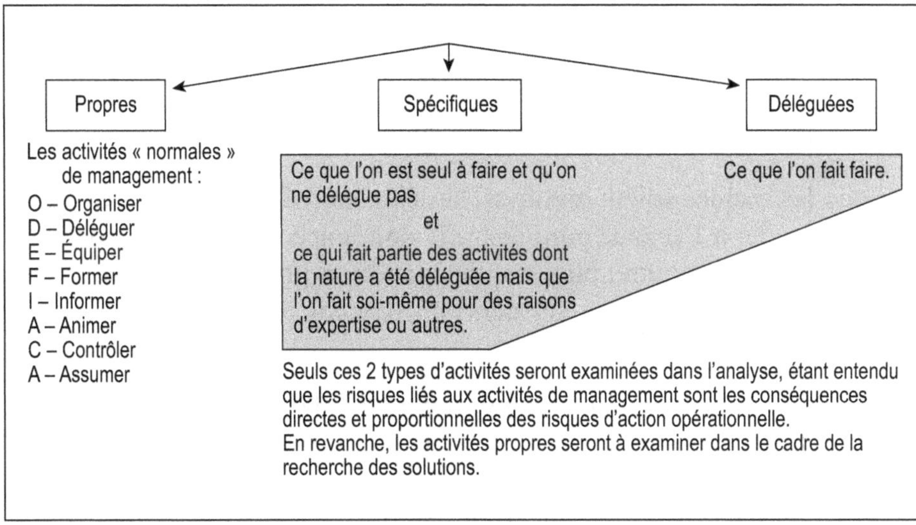

* Pour un opérationnel « O » : **Principe du RICA**

Dans la situation **d'un agent opérationnel**, il y a un seul type d'activité à envisager :

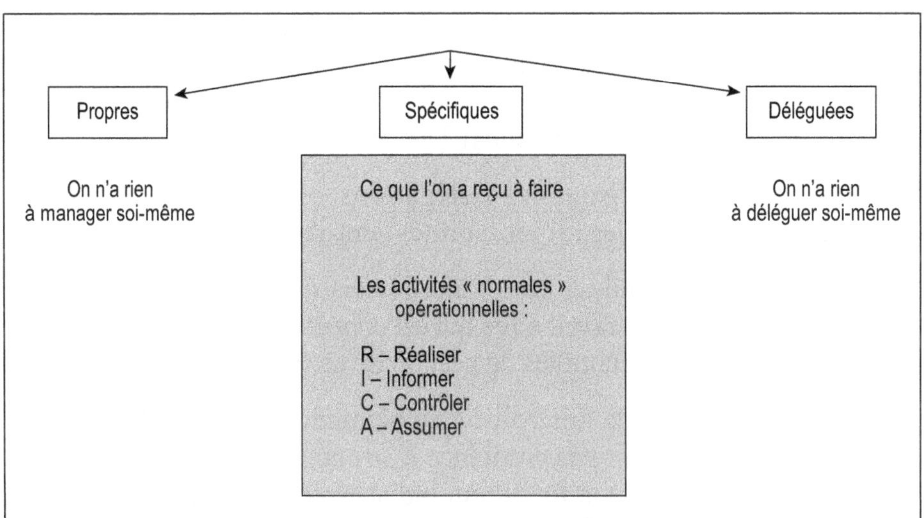

Pour un politique « P », dans sa relation avec la filière administrative, la règle d'identification des rôles est : **Principe du COCRA** = Communiquer (stratégie, relais adhérents) / Observer (capteur des résultats obtenus par la structure administrative) / Conseiller (influence sous forme d'avis, la structure administrative dans le sens des intérêts des adhérents) / Réaliser (en co-responsabilité avec la structure administrative : payer et conventionner) / Assumer (reporting auprès de l'organe qui lui a confié le pouvoir : CA, groupement d'adhérents etc.).

Pour que les risques soient minimes, la délégation du pouvoir du CA aux élus et des élus à l'organe administratif doit s'accompagner de contrôle (la supervision). En outre, plus une délégation se prolonge sur une filière hiérarchique, plus la valeur du contrôle devient ténue (d'où le besoin d'audit).

Les activités de management (ou principe d'ODEFIACA) :

Nous allons aborder maintenant plus finement le Contrôle Interne sous l'angle des activités de management que nous avons résumées sous le sigle **ODEFIACA** : Organiser, Déléguer, Équiper, Former, Informer, Animer, Contrôler et Assumer.

Pour sécuriser le management, il faut s'assurer que les questions ci-dessous trouvent des réponses claires au sein de l'organisation :

➡ **O : défaut d'Organisation** – Les structures sont-elles floues ? La planification incertaine ? Les dérapages incontrôlés, non corrigés ?, etc. La loi « diviser pour mieux régner » s'applique-t-elle ? Est-elle nécessaire pour maîtriser les rapports de forces (pouvoir – contre pouvoir / stratégie d'entreprise – stratégies personnelles) ?

➡ **D : manque de précision des Délégations** – Les missions sont-elles claires ? Les objectifs et les responsabilités sont-ils quantifiés ?

- Combien de fois entend-on dire « moi je sais déléguer », sous-entendu « moi je sais répartir le travail » (ce qui est concevable à partir du moment où on sait assumer les contrôles de gestion de ce que l'on délègue).
- *A contrario*, combien de fois voit-on un hiérarchique succomber sous la tâche parce qu'il ne fait pas confiance à ses collaborateurs (parce qu'il ne sait pas leur apporter la formation indispensable ? Parce qu'il ne sait pas construire le dispositif de contrôle qui lui en donnera la maîtrise ? Parce qu'il ne sait pas animer son équipe ?).
- Incapacité (ou impossibilité si le système lui-même est pollué) de valoriser les compétences de ses collaborateurs par des tâches à la hauteur de celles-ci ?

➤ *D'ailleurs, un artifice souvent employé est aussi le changement régulier de fonctions : cette technique non seulement permet de compenser quelquefois le peu d'intérêt de certaines tâches, mais il évite aussi au collaborateur de s'installer plus ou moins consciemment dans une monotonie dont les effets pervers pollueront non seulement ses capacités de production mais celles du service (l'être humain a besoin de « challenge » pour se valoriser, or la monotonie laisse trop de temps à un individu de se préoccuper, par défaut et excessivement, de petits problèmes qu'il aura tendance à grossir malgré lui « pour s'occuper ») – donc quel est mon programme de rotation dans mon équipe ? Comment je le gère ? (notamment : comment je communique sur ce sujet ?).*

- Enfin, non respect des pouvoirs délégués (« manipulation » par le niveau hiérarchique supérieur des pouvoirs délégués sans négociation avec le détenteur : contacts directs avec les collaborateurs du délégué, usage des équipements accordés au délégué, de « ses » budgets, etc.). *Attention, il n'est bien entendu pas question de « déposséder » le niveau hiérarchique supérieur de ses prérogatives de décision, mais de s'imposer une hygiène de respect des programmes et prévisions (les dérogations ultérieures doivent rester des cas exceptionnels et doivent être « négociées » pour tenir compte des désorganisations de management entraînées par le délégué).*

▶ **É : défaut d'Équipement** – Manque de temps ? Mauvais chronométrage ? Insuffisance en nombre ou en qualité des moyens ? Des ressources humaines ? Des budgets ? Donc défaut de communication sur les moyens :

- Le chronométrage des tâches avant leur délégation demande soit une parfaite maîtrise de la technique du métier dans lequel on délègue, soit le recours à des spécialistes (service d'organisation par exemple). Une absence de-chronométrage laisse supposer un manque de professionnalisme non pas dans le métier où l'on délègue mais dans celui du management. Dans ce cas, la réaction caricaturale au non chronométrage est « je ne veux pas le savoir ! ».
- Quels sont mes outils de mesure du temps d'occupation (et non de présence) de mes collaborateurs ?
  - Ai-je des comptes-rendus d'activité mettant notamment en évidence le taux d'occupation de mes collaborateurs ? Comment et quand me les communiquent-ils ?

– Ai-je des procédures de recherche de nouvelles affectations en cas d'insuffisance d'occupation ? Le sous-emploi est également un facteur à haut risque de démobilisation).

- Les moyens fournis sont-ils adéquats aux objectifs ? Cette adéquation figure-t-elle dans les objectifs fixés dans la lettre de délégation ? La communication ascendante est-elle assez efficace pour le savoir ?

➡ **F : défaut de compétence professionnelle et Formation** – En quantité et/ou en qualité ?

- La formation n'est pas une récompense, mais un besoin évident. C'est aussi un acte économique qui vise au meilleur retour sur investissement pour la production dans le métier de base de l'entreprise, et non pour un autre métier (logistique pure, management pur, etc.). En conséquence tout acte de formation doit se traduire par une amélioration (directe ou indirecte) des performances de l'organisation. Une action de formation doit donc se traduire par une série de mesures opérationnelles qui révèlent ce retour d'investissement. Ce résultat économique se mesure soit en quantité de production (dans le métier de base), soit en qualité directe sur les produits. Le contrôle de cette mesure revient au hiérarchique direct de l'intéressé (est-ce qu'en tant que manager j'exerce ce contrôle avec scrupule ? Quels sont mes outils de mesure ? Quelles sont mes réactions possibles en fonction des résultats ?). En principe, un acte individuel de formation doit aussi se traduire en retour, quand cela est possible, par une retransmission en interne du bénéfice obtenu, en vue d'en démultiplier les effets. Aucun acte de formation ne devrait rester un apport individuel sans qu'au moins la hiérarchie n'en demande ne serait-ce qu'un reporting (donc une communication).
- Ai-je l'art de valoriser les compétences de chacun en leur donnant les moyens de progresser dans leur domaine de compétence ?

➡ **I : défaut d'Information** – Trop ? Pas assez ? Pas adéquate ?

- À chaque niveau de management, quel est le processus rationnel qui conduit à décider de la transmission de telle ou telle information ? Quelles sont les procédures de vérification que cette information est convenablement exploitée ? Il serait inadmissible de dépenser des ressources en temps et financières pour diffuser une information dont on ne se serait même pas préoccupé à l'avance de l'intérêt qu'elle peut présenter et sans vérifier l'usage qui en est fait, ni l'accroissement de productivité ou de qualité qu'elle apporte. La caricature la plus fréquente de non communication sur la qualité de l'information se mesure à la taille de la corbeille à papier du collaborateur.

- L'information que je transmets est-elle élaborée suivant des méthodes de structuration de ma pensée qui rendent la construction de ma communication efficace.

■ **A : défaut d'Animation** – Insuffisance de reconnaissance ? De communication ?

- Quels sont mes comportements en terme d'animation (donc de communication) :
  - Quelle est l'image de soi (++, +-, -+, ou --) ? Quelles sont mes chances d'être un manager professionnel si je ne suis pas majoritairement du type ++ ?

➤ Si j'identifie des difficultés dans ce domaine, comment puis-je y remédier ? Chacun a « son truc » (relaxation, yoga, sport, hobby, etc.). Dans tous les cas il s'agit de trouver un dérivatif : quel est le mien ? Est-il efficace ? Sinon quelle nouvelle solution pourrais-je chercher ? (dans tous les cas, je ne peux rester dans une position qui ne soit pas ++ car, en tant que hiérarchique, je suis en partie « payé pour savoir être cela »).

➤ Remarque : il est évident que le fait de vivre dans des milieux de travail gais ou tristes influence notre comportement. Le décor compte donc, bien qu'il n'y ait pas de relation directe avec ce que l'on fait. De la même façon le « décor » psychologique individuel peut avoir une influence, et décider chaque jour de « vouloir être heureux et positif », quelles que soient les conditions réelles dans lesquelles on vivra cette journée, conditionne vraisemblablement à la longue le fait d'y parvenir, même si ce comportement paraît parfois cocasse vu de l'extérieur. Le problème n'est plus vraiment d'y croire ou pas, car ces techniques ont maintenant fait leur preuve. La difficulté la plus courante tient généralement à la peur du ridicule. L'essentiel est de ne pas se sentir ridicule soi-même à partir du moment où cette technique permet de relativiser avec bon sens. En cas de doute sur sa capacité à y parvenir, il suffit quelquefois de dresser le bilan objectif de ce qui fait que l'on a des raisons d'être satisfait et de ce qui fait qu'on en a de ne pas l'être.

- Quelle attention je porte à l'information que je transmets pour déterminer si je dois l'accompagner d'une démarche personnelle (individuelle ou collective) ou pas ?
- Quel est mon mode de communication dominant ? (quel est mon « égogramme » en Analyse Transactionnelle ? Suis-je installé dans une symbiose hiérarchie <-> collaborateurs ? ou service <-> service ? Quelle est ma capacité à maîtriser mes émotions ?)

• Quels sont mes comportements en termes de jugement des activités de mes collaborateurs ?
  - Est-ce que je pense toujours à préciser avec exactitude ce que je reproche ?
  - Est-ce que je pense toujours à préciser avec exactitude ce qui a été bien fait ?
  - Est-ce que j'évite toujours de juger la personne, pour ne juger que ce qu'elle a fait ? (sauf situation exceptionnelle)
  - Est-ce que je suis capable de temps en temps de complimenter spontanément et sincèrement sans autre raison que le plaisir partagé d'une relation agréable ?

• Quels sont mes comportements en termes de pédagogie ?
  - Est-ce que je me contente de dire « mais je leur ai déjà dit ! », ou bien est-ce que je répète, autant de fois qu'il le faudra, avec patience, jusqu'à obtention du résultat attendu ?
  - Quelle est ma capacité d'écoute ? Comment je la mesure ?
  - Quelle est ma capacité à pratiquer l'autosuggestion ?
  - Quels sont les instruments de motivation que j'emploie pour faire resurgir les suggestions de mes collaborateurs ? (analyse des besoins par la pyramide de Maslow, facteurs moteurs d'Herzberg...).

C : défaut de Contrôle Interne hiérarchique et opérationnel
– Sentiment d'abandon ? De laisser-aller ? De manque d'attention ? De considération de ce qui est fait ? Méconnaissance du rôle complémentaire des contrôles de gestion par rapport aux contrôles opérationnels ? Confusion des rôles entre les couches de l'organigramme ?

- Ai-je fait l'analyse des activités que j'ai déléguées pour en déterminer l'importance relative (en termes de production, de qualité et de sécurité), les hiérarchiser et identifier celle(s) qui mérite(nt) un contrôle particulier ?
- Ai-je su faire participer mes collaborateurs en les mettant en condition psychologique adéquate à l'analyse des risques liés à leurs activités (attention au besoin naturel de confiance, à écarter momentanément) ?
- Ai-je construit l'organisation correspondante en termes à la fois de contrôles opérationnels et de gestion ? Ma communication sur ce sujet est-elle bien comprise par mes collaborateurs ?
- Ai-je moi-même songé à suggérer à ma hiérarchie de construire de tels dispositifs de maîtrise, lorsque les enjeux m'en paraissent le justifier et qu'elle n'y a pas pensé spontanément ?

➔ **A : incapacité d'Assumer** – Confusion avec le contrôle ? Résultat de ce qui précède ?

- Ai-je fait l'analyse des risques liés à mes propres activités ?
- Ai-je négocié mes propres responsabilités ?
- Est-ce que je connais les limites précises de mes responsabilités par rapport à ma hiérarchie et par rapport à mes pairs ?
- Ai-je eu la même démarche de communication sur ce point avec mes collaborateurs ?
- Est-ce que moi-même je rends compte de ma capacité à « odéfiaquer » ? Comment suis-je moi-même « odéfiaqué » ? Si personne ne me demande des comptes sur mes activités de management (situation d'une Direction Générale par exemple), comment puis-je en dresser spontanément le bilan ? Avec quelle périodicité ?

II.4.2 L'organigramme des responsabilités

La construction de l'organigramme se décompose alors en deux parties :

La première partie doit représenter les responsabilités hiérarchiques de l'équipe de Direction sur les principales activités des fonctions qu'ils encadrent ; c'est à dire l'ODEFIACA. Lorsque l'encadrement exerce des activités de manière opérationnelles, celles-ci peuvent être précisées en y en mentionnant le terme RICA.

La seconde partie de l'organigramme a pour objectif de compléter la première partie en mentionnant « le qui fait quoi » sur un plan plus opérationnel. Pour ce faire, on utilise un tableau à double entrée qui présente en lignes les principales activités et en colonnes tous les salariés avec leurs initiales (encadrement compris). Pour remplir les cases de ce tableau, on utilise trois notations :

- R pour indiquer le responsable hiérarchique de l'activité (simple report de la première partie),
- T pour indiquer l'activité principale exercée au quotidien par un agent (ou bien les activités principales lorsqu'elles sont multiples),
- P pour mentionner l'activité exercée en polyvalence c'est à dire une activité exercée occasionnellement en remplacement de l'agent titulaire.

La lecture de ce tableau présente un double avantage : en colonne, il indique les tâches de chacun et en lignes le potentiel sur chaque activité (par exemple pour répondre à un besoin éventuel de polyvalence).

Sur le plan de la fonction :

- Décrire l'ODEFIACA (encadrement de la fonction) en donnant le degré d'importance et le degré de risque.
- Décrire le RICA (opérationnel de la fonction) en donnant également le degré d'importance et de risque.
- Décrire le relationnel interne et externe.

▸ ***Sur le plan du poste :***

- Décrire les contours des responsabilités : Qui s'occupe de quoi ? Qui décide et jusqu'où ? Avec qui ? En informant qui ?
- Décrire les attributions : polyfonction et rôle dans l'organigramme
- Décrire les substitutions : polyvalence interne et externe
- Décrire les délégations : En fonctionnement normal et en fonctionnement dégradé
- Décrire les liaisons : Qui doit être informé (a posteriori et à priori) ? Qui doit être associé à la décision ?

Quelle gouvernance pour une petite et moyenne mutuelle ?

Suite à nos différents propos *supra*, la problématique de gouvernance que ce soit pour une grande ou une petite structure mutualiste repose sur le respect des grands principes de délégation et de supervision. Les questions à se poser et à examiner sont de savoir :

- dans quelle mesure les structures se sentent concernées l'une par l'autre,
- et donc, dans quelle mesure la structure administrative doit s'impliquer dans la vie politique, et comment,
- réciproquement, dans quelle mesure la structure politique doit s'intéresser au mode de fonctionnement de la vie administrative.

Le tout étant de faire en sorte que le « mandataire » puisse avoir un droit de regard sur le « mandant », en recevant par exemple la bonne information, seulement celle utile et au bon moment (ce qui suppose que la liste des informations à transmettre ait fait l'objet d'une négociation préalable et d'un accord contractuel sur les conditions de transmission), sans mettre en péril le fonctionnement de ce dernier (exemple : en déstabilisant son autorité administrative auprès de son personnel, par l'exercice d'un ODEFIACA qui serait assimilable à de l'ingérence).

Le modèle organisationnel pourrait être le suivant :

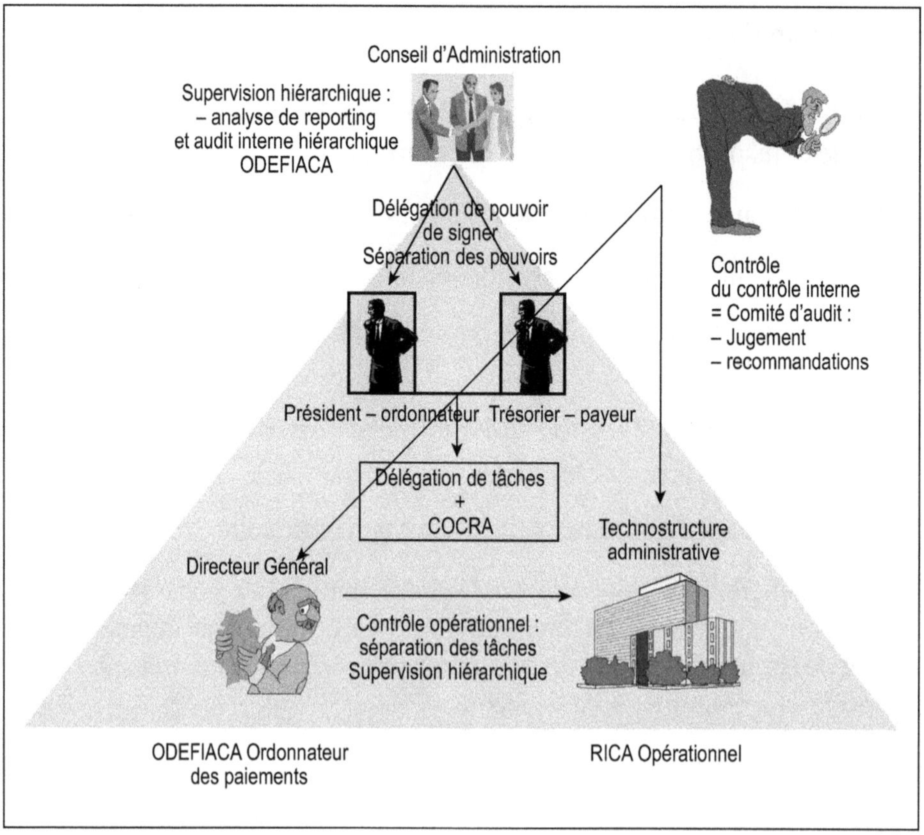

Le Conseil d'administration : En plus des dispositions légales, le règlement intérieur doit préciser :

1 - Ce que le CA ne délègue pas (le « C » de l'ODEFIA*C*A) = Supervision = Tableau de bord de l'audit hiérarchique. Pour contrôler, le Conseil d'administration est obligé de constituer un Comité d'audit composé d'administrateurs (connaissent la Mutuelle) et d'un expert ou un indépendant (pour la protection des intérêts des adhérents).

2 - Ce que délègue le CA au Président (ordonnateur) et au Trésorier (payeur) :

- Les responsabilités (marge de manœuvre à décrire).
- Les objectifs à atteindre.
- La gestion, l'administration et les moyens du développement.

Le Président et le Trésorier se retrouvent investis des pouvoirs de l'ODEFIACA du CA. C'est-à-dire :

L'organisation de la mutuelle (organigramme, structure, missions...), la responsabilité concernant l'engagement de la mutuelle vis-à-vis des tiers, le contrôle de ce qui est fait opérationnellement, l'animation et le développement des équipes, la transmission des informations, la formation et l'équipement en moyens.

3 - Ce que le CA souhaite faire lui-même = prendre les DÉCISIONS en ayant les informations utiles et complètes à tout moment de la vie de la mutuelle. C'est l'analyse du reporting représenté dans notre schéma. Le CA doit vérifier régulièrement que tout est mis en œuvre pour lui donner les éléments dont il a besoin pour prendre ses décisions.

Le Président et le Trésorier de la Mutuelle : Ils ont reçu une délégation de pouvoir de type ordonnateur ou payeur afin de respecter la séparation des pouvoirs. Ils ont l'autorité (et donc la responsabilité pénale et civile) pour gérer la mutuelle. Dans le cadre d'une petite ou moyenne mutuelle, on pourrait très bien s'arrêter sur cet ligne hiérarchique car les principes de gouvernance sont respectés : séparation du « Faire » (dans ce cas, il y a aussi délégation de tâches), supervision hiérarchique du CA par son Comité d'audit.

Dans le cas, où la mutuelle a un Directeur Générale, une subdélégation de pouvoir peut être transmise par le Président et lui donne ainsi sa « Capacité de faire » mais doit à son tour comme pour le CA assumer ses propres responsabilités et donc contrôler régulièrement les actions entreprises par le Directeur Général en mettant en place un processus d'audit interne. Pour la filière payeur, le Trésorier ne peut déléguer ses pouvoirs qu'à la filière financière, c'est-à-dire la Direction Financière.

Néanmoins, une petite mutuelle ne possède pas toujours un Directeur Général en son sein, ne serait-ce que pour des problématiques budgétaires. Aussi, nous pouvons revenir sur la réflexion concernant la séparation entre les administratifs et les élus développés plus haut. Il suffit tout d'abord de nommer une personne qui aura la qualité d'ordonnateur et une autre la qualité de payeur (par exemple, le comptable de l'entreprise, un centre agréé de gestion, un expert-comptable, etc.). Ensuite, le Président comme le Trésorier font une délégation dite « technique ou fonctionnelle ». Les opérationnels suivent le principe de RICA (cf. schéma) :

Réaliser les tâches, Informer la hiérarchie en cas de dysfonctionnements, s'auto-contrôle et doit le prouver par des tableaux de bord de production et Assume ses responsabilités sur les tâches confiées. Régulièrement, les élus doivent appliquer aussi dans ce cas de figure le principe du COCRA : Communiquer toutes les informations utiles pour réaliser les tâches administratives, Observe par des états de reporting si les objectifs sont suivis, Conseille la technostructure et reporte au CA des activités réalisées.

Le fait d'avoir plusieurs ramifications ODEFIACA-RICA doit amener plus de vigilance car les risques de gouvernance se posent de manières plus prégnantes.

Chaque niveau hiérarchique doit avoir des tableaux de bord de supervision. L'audit interne doit lui être capable de fournir au Président, au Directeur Général et plus globalement à tous les responsables hiérarchiques l'assurance que l'organisation maîtrise l'ensemble des risques opérationnels.

III •

L'ANALYSE DES RISQUES

III.1 QU'EST-CE QU'UN RISQUE ?

Dans le chapitre I, nous avons donné au Contrôle Interne la définition suivante :

« Le Contrôle Interne est une démarche permanente de détermination des risques ayant pour objectif la maîtrise permanente des activités. »

Il s'agit donc d'identifier les risques auxquels sont confrontées les organisations pour être en mesure de les gérer.

D'une façon théorique la notion de risque peut se décrire de la façon suivante :

Le risque est la possibilité qu'un événement se produise et ait une incidence défavorable sur la poursuite et/ou l'atteinte des objectifs et/ou sur les actifs de l'entreprise.

L'événement doit être potentiel et sa potentialité de survenance doit être évaluée.

La gestion des risques suit quatre phases :

- l'identification des menaces,
- la hiérarchisation des risques identifiés,
- le traitement des risques,
- la mise en adéquation de la responsabilité de leur gestion.

III.1.1 Typologie des risques

L'éventualité de survenue d'un risque repose sur l'existence de causes potentielles qui pèsent de fait sur les organisations. Comme l'indique la figure « Typologie des risques » à la page suivante, nous avons choisi dans notre méthodologie de classer ces menaces/risques selon deux origines et trois grandes catégories :

- celles dues au hasard : aléas naturels,
- celles dues à l'homme : erreurs et malveillance (externe et interne).

III.1.2 Niveaux de risque

Les risques peuvent être de différents niveaux :

Fig. 1 – Échelle de risques

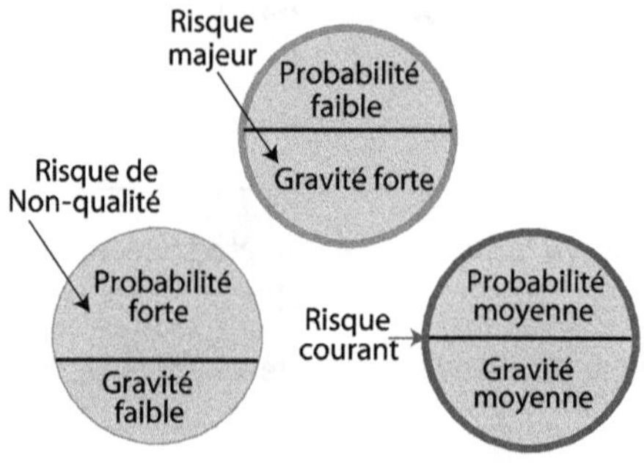

III.1.3 La méthode de classement des risques en risques majeurs, courants et de non-qualité

La prise en compte de ces menaces permet d'identifier avec les acteurs concernés des scénarios de risques. En effet, nous verrons un peu plus loin que la découverte des risques et des scénarios associés se fait à l'aide des séances dite de créativité avec les collaborateurs de chaque entité étudiée. L'objectif, comme nous l'avons déjà explicité, est de faire en sorte que

Typologie des risques d'après leurs causes

Les aléas naturels	Les erreurs	La malveillance
Catastrophes naturelles : – éruption volcanique, – tremblement de terre, – inondation, avalanche, – glissement de terrain, – orage (perturbations – électromagnétiques, foudre), – cyclone, raz de marée, – pollution naturelle (organique, biologique, etc.). **Accidents :** – de travail, – de transport (terrestre, maritime, aérien, fluvial), – incendie, – dégât des eaux, – chute, – court-circuit, – explosion, – bris de machine, d'outillage, – de climatisation, de chauffage, **Pannes :** – franche de matériel, – latente (dysfonctionnements), – de fluide (alimentation, conversion), – de réseau (téléphone, télécom, etc.), – dégradation rapide des performances (temps de réponse, taux d'interruptions, etc.), – vice caché, – « bogue » de constructeur de logiciel, – suite modification des normes techniques. **Aléas conjoncturels :** – baisse de la demande, – hausse imprévue de la demande. **Défaillances en matière de personnel :** – maladie contagieuse (incapacité temporaire), – décès, – intoxication (alimentaire, chimique, etc.), – démission, départ en retraite de personnel ou stratégique (unitaire, massif).	– Erreurs de saisie (mauvaise saisie, oubli, etc.). – Erreurs de transmission (courrier, télécom, etc.). – Erreurs d'application de la réglementation. – Erreurs de manipulations.	**Sabotages :** – de biens matériels (immeubles, mobilier, informatique, etc.), – des données (dossiers manuels ou informatiques, etc.), – des programmes informatiques, – gaspillages (temps perdu, fournitures, etc.). **Agressions :** – verbales envers le personnel, – physiques du personnel en vue de voler des valeurs. **Vols :** – vols de biens matériels, – fraudes par accumulation progressive ou gros détournement. **Atteintes à la confidentialité :** – vol de données, – consultation illicite d'informations, – copie illicite de données, – piratage informatique.

chacun des acteurs soit capable de gérer ses propres risques, là où il est, pour ce qui le concerne et en toutes circonstances.

Enfin, les risques issus des scénarios recensés sont évalués et classés en trois catégories (majeurs, courants et non-qualité) sur la base de deux critères traditionnels en analyse de risque :

- la gravité du risque qui mesure les conséquences pour l'entreprise,
- la probabilité de réalisation du risque qui détermine le taux d'occurrence,

Le résultat du produit « gravité x probabilité » donne ce que l'on nomme l'espérance mathématique de la gravité (ou criticité). La criticité d'un risque est donc un indicateur de l'acuité du risque.

Comme l'indiquent les tableaux suivants, une échelle à quatre niveaux est utilisée pour chaque critère (gravité et probabilité), qui permet le classement des risques dans les trois catégories énoncées (cf. Fig. 3) :

- risques majeurs,
- risques courants,
- risques mineurs ou de non-qualité.

Échelle de cotation de la gravité du risque

4	Inadmissible	Met l'équilibre de l'entreprise en cause, voire sa survie.
3	Vraiment grave	Ne met pas vraiment l'entreprise en péril complet mais très grave et doit impérativement être traité.
2	Relativement grave	Ne peut être toléré que dans un premier temps, à titre provisoire.
1	Gênant	Porte à conséquence, mais reste tolérable.
0	Insignifiant	Sans aucune conséquence remarquable.

Une fois les risques identifiés en fonction de leur enjeu, nous pouvons ensuite les classer et les prioriser à travers la matrice de vulnérabilité qui reprend les critères de gravité et de fréquence. On obtient le graphique ci-après.

Échelle d'évaluation de la probabilité de réalisation du risque

4	C'est très possible	Cela arrivera sûrement à court ou moyen terme.
3	C'est bien possible	Cela arrivera certainement un jour ou l'autre.
2	On ne peut pas dire que ce soit raisonnablement impossible	Techniquement possible.
1	Raisonnablement impossible	Il est possible que cela puisse se produire un jour.
0	Strictement impossible	Cela n'arrivera jamais.

Fig. 2 – Exemple de matrice de vulnérabilité

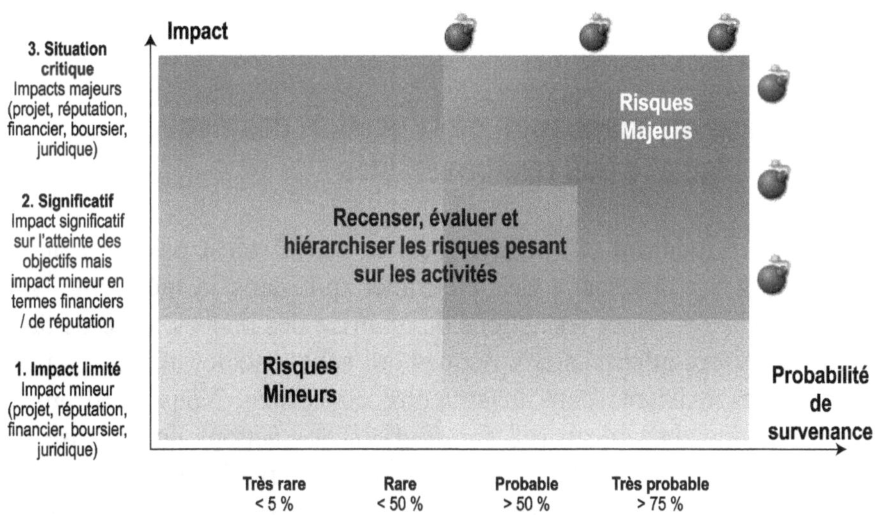

III.1.4 Le traitement du risque

L'intérêt du rappel de la définition du « risque » est de montrer la continuité quasi insécable dans les processus d'analyse.

Il est purement artificiel de ne s'intéresser qu'à une seule catégorie de risques, car cela reviendrait à poser comme acquis la classification hiérarchique des risques qui résulte justement de cette analyse. On ne peut pas rationnellement juger d'un risque sur la base d'à priori.

À cette morphologie du risque, on associe plusieurs grands types d'actions :

- agir sur la probabilité et mettre en place des actions de **Prévention**,
- diminuer l'impact du risque (la gravité) en mettant en place des actions de **Protection**,
- agir à la fois sur la probabilité et la gravité,
- supprimer le risque et donc annuler la probabilité d'occurrence,
- financer le risque par une assurance (transfert du risque à un tiers).

L'objectif est de réduire les menaces « brutes » pour arriver à un risque résiduel le plus faible possible.

III.1.5 La mise en adéquation de la gestion des risques avec l'échelle des responsabilités

Lorsque les risques ont été hiérarchisés, le travail n'est pas pour autant terminé car il est nécessaire de déterminer qui, dans la hiérarchie, sera chargé de mettre en place les actions de maîtrise des risques. Pour ce faire, ce sont les enjeux inhérents aux risques qui sont associés aux niveaux de responsabilités existants dans la structure concernée. Nous illustrons ce principe à l'aide du tableau (cf. figure 4) où les actions de maîtrise des risques majeurs de niveau 4 sont initiées et pilotées par la Direction et ainsi de suite jusqu'aux risques de non qualité de niveau 1 qui peuvent être gérés par les employés directement. Bien entendu, il s'agit d'une technique à adapter dans chaque entreprise en fonction de l'organisation adoptée.

III.1.6 La distinction Risque Brut / Risque Net / Risque Résiduel

Dans toute démarche d'analyse des risques et pour chaque typologie d'organisation, la qualification du risque doit être précisée afin d'éviter tout contre sens.

Le **risque brut ou risque inhérent** correspond à un risque évalué avant tout dispositif de maîtrise des risques -, et correspond à l'exposition de l'organisation à son univers des risques intrinsèques à ses activités.

Fig. 3 – Correspondance entre l'échelle de gravité des risques et celle des responsabilités

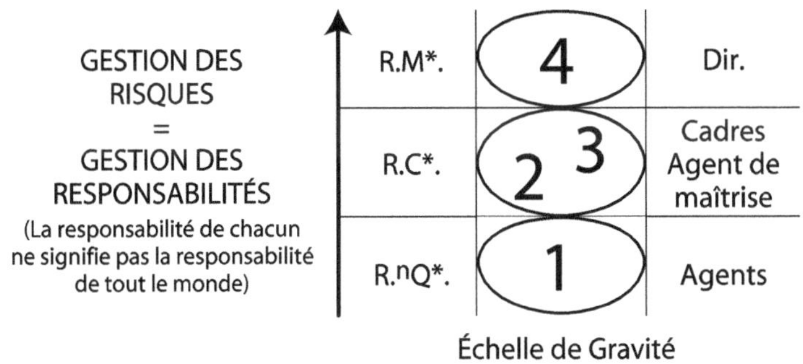

(*) RM : risque majeur / RC : risque courant / R^nQ : risque de non-qualité

Le **risque net ou risque résiduel** correspond à un risque évalué après avoir apprécié le dispositif de réponses aux risques maîtrisables.

À partir de l'univers des risques cibles à circonscrire, il s'agit d'identifier les processus opérationnels, processus de prises de décision correspondants et d'évaluer le niveau d'efficacité des activités de contrôle en place, c'est-à-dire l'efficacité du dispositif de réponse aux risques adéquat.

Il peut se matérialiser comme suit :

Fig. 4 – Cartographie des risques nets

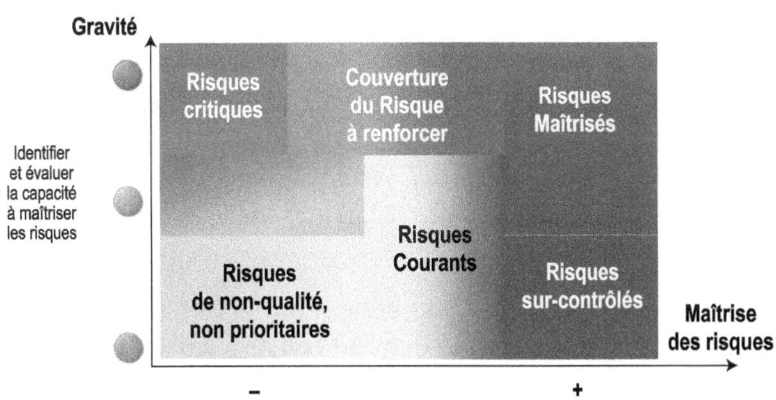

Le **risque acceptable ou le seuil de tolérance au risque** correspond aux risques acceptables dans l'atteinte des objectifs définis par la Direction Générale. Ce sont ces objectifs qui déterminent les risques acceptables et en conséquence le dispositif de contrôle interne à mettre en place afin de circonscrire les risques.

Il peut se matérialiser comme suit :

Fig. 5 – Cartographie des risques bruts, nets & acceptables

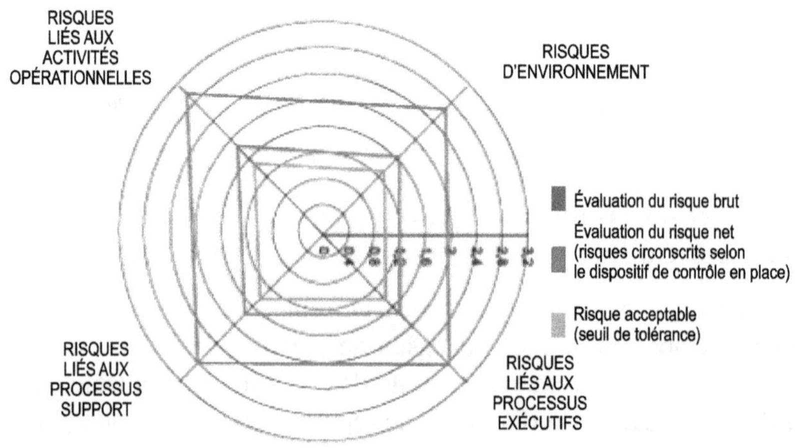

III.2 L'IDENTIFICATION ET L'ÉVALUATION DES RISQUES

La méthode d'identification et d'évaluation des risques utilise une boîte à outils diversifiés comportant à la fois des critères d'analyse des risques, des entretiens dénommés séances de créativité, la réalisation de questionnaires de Contrôle Interne destinés à visualiser la gravité des risques dans les différentes entités et des plans d'actions de Contrôle Interne pour maîtriser les risques.

Il faut également préciser que cette boîte à outils est utilisée indistinctement dans les deux grandes étapes du projet de mise en œuvre du Contrôle Interne :

- La phase d'analyse de l'existant et de conception des nouveaux outils,

• La phase de mise en œuvre du dispositif et notamment lors de la formation des opérationnels.

III.2.1 Les trois critères d'analyse des risques

La méthode d'identification des risques et de recueil des scénarios repose, outre sur la connaissance de la typologie des risques, sur l'analyse détaillée des différentes activités en utilisant trois critères principaux : la disponibilité, l'intégrité et la confidentialité :

Fig. 6 – Les trois critères d'analyse des risques

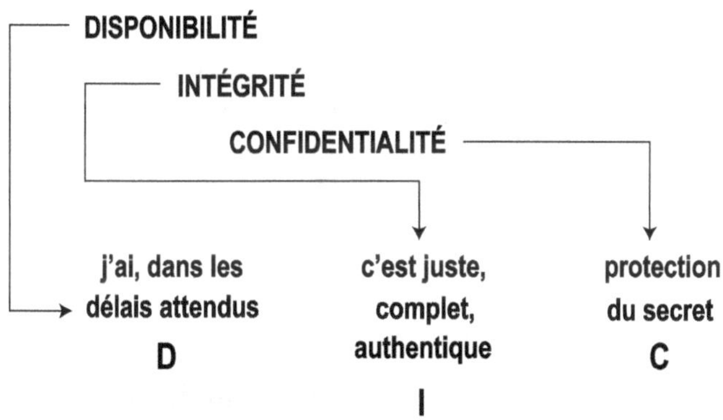

Chaque critère est ensuite croisé avec la nature de l'activité analysée. Par exemple, le critère de confidentialité sera décliné pour une activité d'accueil à la fois pour l'accueil physique du public mais également pour l'accueil au téléphone. Cela nous amène directement au paragraphe suivant consacré aux entretiens qui vont permettre de détecter les risques.

III.2.2 Les entretiens dits séances de créativité

Afin de préparer ces entretiens dans de bonnes conditions, l'équipe en charge du projet a pris connaissance des activités à mettre sous contrôle et a recensé l'ensemble des procédures et informations correspondantes pour réaliser une première ébauche des risques associés en appliquant la méthode MIRIS : analyse des causes potentielles puis identification des risques. La méthode MIRIS est détaillée en II.3.

Ce n'est que sur cette première base de travail que l'analyse des activités peut véritablement commencer avec les opérationnels et les managers des activités étudiées.

Le premier travail du groupe consiste à décrire chronologiquement chacune des tâches qui composent l'activité analysée.

Il s'agit ensuite d'imaginer collectivement les causes qui vont permettre de détecter les risques pesant sur ces tâches.

Chaque scénario de risque est ensuite évalué et classé (risque majeur, risque courant ou risque de non qualité) en appliquant des barèmes de gravité et de probabilité de la méthode MIRIS, ce qui revient à s'interroger sur les conséquences et les chances de survenue de ces risques.

Pour chaque scénario, le groupe examine ensuite, et le cas échéant, les parades ou actions de Contrôle Interne déjà existantes en appréciant leur degré de pertinence et d'efficacité. S'il n'existe pas encore de parades mises en place, le groupe recherche alors les actions de préventions et/ou de protections qui pourraient être mises en œuvre pour diminuer l'exposition aux risques.

C'est l'exposition résiduelle (risque – parades mises en place ou risque net) qui est appelée vulnérabilité de l'organisation au risque identifié.

Pour conclure sur ce point, ces séances de créativité, et donc la détection des risques, se font selon une approche participative de type latine. Dans une séance de créativité, ce ne sont pas les hommes que l'on juge, mais les situations. L'objectif recherché est l'amélioration continue et l'éradication des dysfonctionnements et défauts d'une organisation. Ces séances de créativité sont d'autant plus fondamentales que le crédit des promoteurs de la maxime « pour progresser, il faut savoir identifier ses faiblesses » dépend de leur capacité à s'appliquer à eux-mêmes le principe fondamental de leur démarche.

Cette logique ne se conçoit évidemment que dans le cadre d'une entreprise sachant gérer ce type de situation sans mettre en porte à faux les collaborateurs « jouant le jeu » de bonne foi. Bien entendu, dans le cadre d'une structure importante où l'exploitation plus étendue d'une telle franchise de pensée devient inimaginable, il est au moins indispensable que les participants aux séances de créativité réalisent entre eux avec sincérité cet examen des bons et des mauvais fonctionnements, et puissent au moins en discuter librement entre eux et avec leur hiérarchie immédiate.

III.2.3 Les questionnaires de Contrôle Interne

Les questionnaires de Contrôle Interne sont des outils d'évaluation de la vulnérabilité de l'organisation. Ils ont été élaborés par l'équipe projet lors de la phase d'analyse de l'existant et sont enrichis par la matière issue des séances de créativité.

Ils sont également un « prétexte à réflexion » destiné à identifier les principales mesures de sécurité, réellement efficaces et déjà mises en œuvre.

Pour chaque activité métier recensée dans les unités étudiées, un questionnaire est donc élaboré. Celui-ci se décline en trois parties : une partie consacrée à la fonction en général, une partie concernant des questions spécifiques à l'activité (classées selon les grandes étapes puis les tâches de l'activité) et une partie audit.

En outre, il existe également pour chaque unité étudiée un questionnaire transversal dit « de management », ainsi que d'autres questionnaires qui font appel à des connaissances plus techniques, pas forcément répandues dans les unités étudiées. Par exemples, le contrôle d'accès physique, les risques IARD…

Le but est de coter et d'expliquer la vulnérabilité (en utilisant une partie commentaire destinée à traduire le mode de maîtrise du risque par l'entité) pour chaque question posée sur un risque connu, à l'aide d'une échelle à 5 niveaux :

4 : Quand la réponse indique que l'on a conscience du risque, et que celui-ci est inadmissible ou inacceptable (éventuellement pour une question de principe). Y remédier est vraiment une action prioritaire.
→ **à faire d'urgence.**

3 : Quand la réponse indique que l'on a conscience du risque et que celui-ci est grave, des actions correctives sont à mettre en place à moyen terme.
→ **à faire** / insuffisant.

2 : Quand la réponse indique que l'on a conscience du risque et que des protections suffisantes existent déjà. Les actions à mettre en œuvre ne sont pas prioritaires. Elles peuvent être envisagées à plus long terme.
→ **fait / non formalisé / non systématique / satisfaisant.**

1 : Les actions déjà existantes permettent de maîtriser les risques identifiés. Les dispositifs en place doivent être suivis et entretenus.
➔ **fait / formalisé / systématique / très satisfaisant.**

0 : Quand la réponse indique que les risques sont bien gérés, par des contrôles exhaustifs, pertinents et récurrents.
➔ **non concerné.**

La cotation de la vulnérabilité résiduelle pour chaque risque connu va permettre, non seulement d'élaborer la cartographie des risques de l'organisation étudiée en identifiant les zones de faiblesse, mais également de lister les actions à mettre en place pour renforcer le niveau de maîtrise du Contrôle Interne.

III.2.4 La démarche de construction d'une cartographie des risques

La cartographie des risques est une composante essentielle du processus de gestion des risques. Il s'agit d'une démarche complexe, visant à relier à chaque niveau opérationnel et décisionnel, pour chaque entité et pour chaque processus clé :

- Une série de risques identifiés ;
- Leurs causes ;
- Leurs impacts ;
- Les leviers d'actions possibles ;
- Les retours d'expérience sur les sinistres antérieurs.

Pour faire de la cartographie des risques un outil de pilotage, il est nécessaire d'analyser chaque risque suivant les deux dimensions que sont le risque brut (il permet d'analyser l'exposition absolue de l'entité au risque en l'absence de tout élément de maîtrise) et le risque net (il consiste quant à lui à analyser l'exposition actuelle de l'entité, en tenant compte de l'ensemble des éléments de maîtrise mis en place au regard de ce risque).

La cartographie des risques doit permettre de :

- Recenser les risques de la manière la plus exhaustive possible et de les classifier ;
- Identifier les risques critiques pour la mise en place de dispositifs de maitrise adaptés ;
- Décrire les risques majeurs auxquels l'organisation est confrontée, le plus précisément possible ;
- Intégrer l'analyse approfondie des processus et capitaliser l'expertise opérationnelle ;
- Adapter les actions de réduction des risques les plus efficaces (cf. prévention et protection) ;
- Initier une démarche de quantification des besoins de financement après actions de réduction des risques ;
- Accompagner chaque décideur (au niveau groupe, par métier, par entité, par établissement) dans l'évaluation et la réduction de ses vulnérabilités significatives et majeures.

Il existe plusieurs méthodes pour réaliser une cartographie des risques. Nous proposons dans cet ouvrage de suivre une méthode qui peut être scindée en trois phases distinctes, disposant chacune d'objectifs et de contraintes différentes :

- Initialisation, construction du cadre de référence et sensibilisation des opérationnels ;
- Construction de la cartographie des risques ;
- Renforcement de la culture « risques » et partage des bonnes pratiques.

▸ *Phase 1 : Initialisation, construction du cadre de référence et sensibilisation des opérationnels*

Comme nous l'avons indiqué ci-dessus, la réalisation d'une cartographie des risques est un exercice complexe à bien des égards. En effet, par nature l'être humain n'a pas une appétence à évoquer les problèmes et les risques liés à son périmètre d'activité opérationnelle. L'objectif de la cartographie des risques est d'identifier les risques. Par conséquent, la plus grande difficulté lors de la réalisation d'une cartographie est d'obtenir un ensemble exhaustif d'informations conduisant à prendre des mesures pertinentes. La conduite du changement et l'accompagnement auprès des opérationnels et des décideurs lors de la cartographie des risques est un facteur clés de succès décisif.

Au cours de cette première phase, dont l'objectif principal est de construire le cadre de référence, de sensibiliser les opérationnels, il est essentiel de réaliser les actions suivantes :

- Définir le périmètre exact de la cartographie des risques ;
- Analyser la documentation disponible en interne sur le périmètre ciblé (exercice similaire déjà réalisé, description des processus et des entités juridiques et/ou opérationnelles, etc.) ;
- Réaliser une conférence de lancement, présentant les objectifs de la démarche, la méthodologie retenue pour, les référentiels, les jalons de la démarche

▸ *Phase 2 : Construction de la cartographie des risques*

La construction de la cartographie des risques est réalisée de manière itérative. Elle peut être décomposée en quatre étapes :

- L'identification ;
- Le recensement des dispositifs de maîtrise ;
- L'évaluation ;
- Le reporting.

Chaque étape possède ses contraintes, ses objectifs et ses livrables. À chaque étape, il est nécessaire de construire et de mettre à jour les éléments de reporting permettant la vision synthétique et détaillée des travaux réalisés, ainsi que leur traçabilité.

L'identification des risques : c'est la première de ces étapes. Il s'agit, en s'appuyant sur les entretiens réalisés avec les *sachants*, d'être en mesure de déterminer les risques de l'organisation en rapport avec le périmètre défini. Les risques élémentaires sont identifiés pour chacun des processus de l'entité. Une nomenclature des risques ou BRM (Business Risk Model), est proposée comme support à cette identification. Chaque risque est décrit précisément selon *n* attributs tels que :

- La classe de risques (ex. : image, social, santé, information, opérationnel, etc.) ;
- L'origine des causes (ex. : naturelles, humaines, techniques, économiques, etc.) ;
- Les conséquences induites (ex. : pertes d'exploitations, atteintes aux personnes, etc.) ;
- Les ressources affectées (ex. : humaines, techniques, financières, etc.).

Il est primordial de compléter cette approche par deux axes de travail complémentaires. Il s'agit d'identifier l'environnement général de l'entreprise (cf. approche par entités organisationnelles) et d'identifier les principaux processus métiers (cf. approche par processus).

Le recensement des dispositifs de maitrise : c'est la seconde étape du processus de cartographie des risques. Elle doit être réalisée de manière itérative avec l'étape précédente. Il s'agit de recenser et l'ensemble des moyens de dispositifs de maîtrise déployés par les opérationnels et d'en déterminer l'efficience (conventionnellement il est admis que les actions en prévention mises en œuvre vont atténuer l'occurrence du risque tandis que les actions en protection vont atténuer les conséquences des sinistres).

En plus de *n* attributs qualifiant le risque, la description d'un risque contient donc également celle de chaque élément de maîtrise correspondant. L'efficience du dispositif est évaluée au regard de la pertinence de sa conception et de la performance de sa mise en œuvre opérationnelle.

En ce sens, l'efficience d'un dispositif de maîtrise est la résultante de la combinaison de deux axes d'analyse sa pertinence et sa performance. Chacun de ces deux axes fait l'objet d'une évaluation globale, qui peut s'inspirer des critères définis ci-dessous.

1. La pertinence constitue l'aptitude d'un dispositif de maîtrise (au moment de sa conception) à réduire la fréquence de survenance et/ou l'impact du risque (avec un rapport coût / bénéfice favorable). L'échelle d'évaluation ci-dessous peut être retenue :

- Approprié ;
- Perfectible ;
- Inadéquat.

2. La performance correspond à la qualité de l'application opérationnelle d'un dispositif de maîtrise donné. L'échelle d'évaluation ci-dessous peut être retenue :

- Appliqué ;
- Partiellement appliqué ;
- Non appliqué.

Dans le cas où l'évaluation de l'efficience du dispositif de maîtrise révèlerait des insuffisances, un plan d'actions correctives ou de mitigation doit également être formalisé afin de ramener l'impact ou la fréquence du risque dans des proportions acceptables pour l'entité concernée.

L'évaluation des risques : troisième étape du processus de cartographie des risques, elle est délicate puisqu'elle nécessite le recours à un référentiel commun permettant d'interpréter de manière pertinente les résultats obtenus.

Cette évaluation des risques peut être réalisée de différentes manières lors d'entretiens individuels (démarche chronophage mais qui assurent une plus grande liberté de parole pour les personnes interviewées) ou lors de revues générales (travail de groupe qui présente l'avantage du gain de temps mais qui présente l'ensemble des inconvénients liés à la perte de confidentialité).

Le risque élémentaire est évalué en fonction de son impact et de sa probabilité d'occurrence. Les cartographies produites s'attachent à restituer le *risque net* (car il est difficile voir impossible pour un opérationnel de différentier un risque des dispositifs de maîtrise déjà mis en œuvre). Une évaluation complémentaire du risque brut devra toutefois être formalisée pour chaque risque identifié. À l'issue de ces étapes, l'entité dispose donc de la liste complète de ses risques.

L'évaluation des risques sélectionnés peut être effectuée selon plusieurs critères qui varieront en fonction des spécificités de l'organisation et de la problématique traitée. À titre d'exemple, chaque risque sélectionné pourrait être évalué de la manière suivante :

- L'occurrence ;
- La gravité ;

- La nature des conséquences (ex. : financier, humain, image) ;
- Le niveau de maitrise ;
- La vraisemblance de l'évaluation.

Le reporting : c'est la dernière étape – et non la moindre – du processus de cartographie des risques. Une fois l'ensemble des informations sur les risques recensées et formalisées, elles doivent être remontées au niveau pertinent de management en fonction des spécifications, du formalisme et de la fréquence retenue.

▸ *Phase 3 : renforcement de la culture et partage des bonnes pratiques*

La construction de la cartographie des risques ne constitue pas la finalité de ce type de démarche. Il s'agit comme il l'a été mentionné par ailleurs, d'une démarche itérative, récurrente dont l'entreprise doit impérativement se servir pour renforcer la culture du risque et le partage des bonnes pratiques au sein de son établissement.

L'organisation doit réaliser un certain nombre d'actions postérieurement à la réalisation de la cartographie des risques :

- Tirer les leçons du diagnostic organisationnel (cf. moyens, procédures, processus, etc.) ;
- Formaliser les dispositifs décidés, les suivre et les ajuster de manière itérative ;
- Former les collaborateurs ;
- Communique en interne et en externe sur les vulnérabilités de l'entreprise.

Il est préférable de privilégier une approche à 360 degrés en s'attachant à analyser la totalité du périmètre :

- Tout d'abord, pour bien cerner l'ensemble des facteurs de risques de l'entreprise ;
- Ensuite, pour apprécier l'adéquation des démarches de réduction des risques (cf. dispositif de prévention, de protection, PCA, etc.).

- Enfin, pour adapter des dispositifs pertinents de financement des risques par l'assurance (programmes dommages aux biens et aux personnes, clauses contractuelles, etc.).

Plus l'entreprise aura acquis de l'expérience en matière de cartographie de ses risques, plus le phénomène d'apprentissage permettra d'affiner les évaluations, du qualitatif au quantitatif, de la mesure simple de type occurrence versus gravité à la modélisation des risques d'une activité et de leurs liens de causalité.

Le schéma suivant illustre, dans le domaine de l'Assurance Maladie, cette représentation graphique et présente notamment un intérêt pédagogique évident de prise de conscience des résultats.

Fig. 7 – Exemple de cartographie des risques nets (domaine de l'Assurance Maladie)

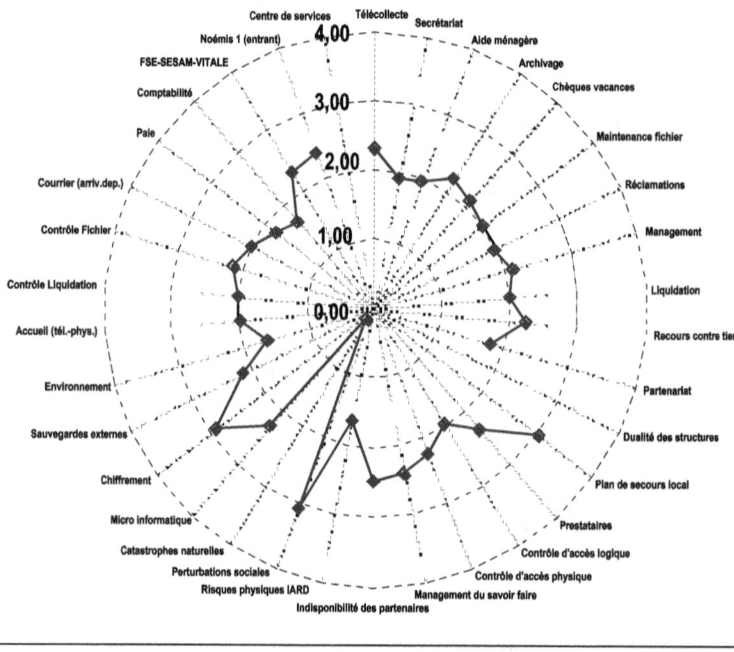

Bien entendu, cette cartographie est également un outil de pilotage « vivant » qui doit permettre de mesurer régulièrement la progression de l'entité dans son niveau de maîtrise des risques.

III.2.5 La mise en place de plans d'actions de maîtrise des risques

Les réponses apportées aux questionnaires de Contrôle Interne permettent d'identifier les risques pour lesquels le degré de maîtrise par l'entité doit être amélioré par la mise en place d'actions qui sont numérotées pour chaque activité. L'avantage de définir une vulnérabilité dans le questionnaire est de fixer un horizon temporel pour la mise en place des actions en fonction de l'urgence : court, moyen ou long terme.

Exemple de modélisation d'un tableau de bord de pilotage des actions de Contrôle Interne à court terme

Désignation de l'action	Rappel de l'enjeu	Qui fait ?	Qui supervise ?	Charge en Jours ou Heures X homme	Coûts des moyens éventuels (en KEuros)	Délai maximum de mise en place	Méthode employée
Activité métier. Action numéro 4	4	X	M. X	1/2J	10 k€	Semaine 35	Recenser les habilitations
Comptabilité action numéro 3	3	Comptable	M. Y	1/4H	0	Immédiat	Écrire la nouvelle procédure
Etc.	–	–	–	–	–	–	–

Pour terminer, rappelons que pour bien mener une démarche de changement en matière de Contrôle Interne, il faut » sans trop intellectualiser la méthode » qu'elle soit délocalisée et partagée par tout le monde. Pour être délocalisée, elle ne doit s'intéresser qu'à ce qui préoccupe les collaborateurs, c'est-à-dire s'intéresser uniquement à leurs activités.

Il s'agit donc avant tout :

- **de délocaliser le Contrôle Interne pour bien montrer la volonté de report d'attention aux réalités sur le terrain d'exécution,**
- **de démultiplier le processus itératif de la démarche pour bien indiquer la volonté d'instaurer une dynamique locale,**
- **d'avoir une approche consensuelle pour bien rehausser la volonté de concertation dans le cadre d'une négociation participative,**

- **d'analyser les activités exercées et les risques associés pour souligner que la méthode repose sur l'acquisition d'une meilleure connaissance de ses activités,**
- **de créer une culture de Contrôle Interne pour bien faire comprendre qu'il ne s'agit plus de se préoccuper seulement de moyens techniques, mais beaucoup plus d'une part d'évolution du savoir de l'entreprise, en intégrant de nouvelles méthodes d'analyse, et d'autre part d'une phase de changement car les nouveaux savoirs mis en œuvre influencent les comportements humains.**

III.3 UNE DÉMARCHE PRAGMATIQUE D'ANALYSE DES RISQUES : LA MÉTHODE MIRIS® (Maîtrise Interne des Risques et Sécurité)

III.3.1 Une démarche tournée vers la maîtrise de toutes les activités avec un retour sur investissement

Nous avons vu dans le chapitre précédent que c'est pour prévenir les risques financiers qui peuvent impacter les actionnaires des entreprises cotées que le législateur a cadré les règles de gouvernance. Cependant, le Contrôle Interne demeure une démarche d'analyse de *tous* les risques de l'entreprise (financiers, humains, techniques…) et son objectif est la sécurisation de l'ensemble du patrimoine de l'entreprise (matériel et immatériel : les compétences et les savoir-faire, les brevets, les informations) et la maîtrise de tous les processus.

▸ *Pourquoi une telle démarche ?*

Force est de constater que depuis plusieurs années une entreprise soumise à la concurrence n'est jamais en état « stable » et requiert une veille technologique et méthodologique permanente sous peine d'appauvrissement rapide. Toute entreprise se doit donc, naturellement de repérer les évolutions qui constituent pour elle une opportunité, et modifier éventuellement ses « règles du jeu » pour s'y adapter. Or, les entreprises ont aujourd'hui plus que jamais besoin de rechercher les moyens d'améliorer leurs performances tout en réduisant leurs charges. Il ne s'agit plus de simple compétitivité mais de survie. Les premiers moyens qui viennent à l'esprit sont bien entendu la réduction des charges en comprimant les effectifs et les budgets. Ce réflexe naturel a ses limites évidentes si l'on veut conserver les ressources nécessaires et suffisantes pour assurer les missions de l'entreprise.

En complément, les entreprises ont à leur disposition un autre axe d'économie, souvent méconnu, d'autant plus rentable qu'il n'affaiblit en rien ses ressources. Il s'agit des économies réalisées à moyens constants :

- d'une part en réduisant le manque à gagner dû aux pertes (accidents, erreurs ou même malveillance externe ou interne) par l'analyse des risques dits aléatoires ;
- d'autre part en réduisant les pertes dues à des défauts d'organisation (insuffisance d'information, inadéquation de la réponse, dues le plus souvent aux confusions entretenues sur les partages de responsabilité dans l'entreprise).

Contrairement aux risques aléatoires, ces derniers relèvent directement de la responsabilité de gestion et non du hasard. Par ailleurs, il ne s'agit plus seulement de manques à perdre, mais de gains directs obtenus par une meilleure organisation. Or, les moyens d'y parvenir, appartenant aux disciplines de la sécurité, prennent souvent dans l'esprit des dirigeants un air de contrainte et de solution purement technique, ce qui les fait apparaître à leurs yeux comme une gêne et non comme un soutien à la production (obligation de satisfaire aux lois, etc.).

Il s'avère en effet qu'on ne sait pas toujours distinguer les deux types d'actions sécuritaires : celles imposées par les normes et les lois, et celles, spontanées, relatives au bon fonctionnement de l'entreprise. Cet état d'esprit empêche bien souvent les décideurs de prendre conscience que :

> **L'analyse des risques et leur gestion, indépendamment de toute contrainte de toutes sortes, est largement susceptible d'apporter des gains non négligeables.**

En outre, cette réduction des pertes par accident, erreur et malveillance, repose essentiellement sur les changements des comportements, beaucoup plus que sur une escalade technique de recherche compensatoire à des cultures inadéquates. Cet état de la culture des collaborateurs tient lui-même à trois facteurs principaux :

- le manque de vulgarisation d'une méthodologie rationalisée d'analyse et de gestion des risques (en dehors de quelques spécialistes) ;
- la situation de ne devoir vraiment jamais rendre compte des efforts en sécurité (de fonctionnement) au profit de résultats à obtenir le plus souvent « à tout prix », c'est-à-dire aux dépens de la sécurité ;
- l'insuffisante implication directe des acteurs (ce sont des groupes de travail qui « réfléchissent » pour eux).

Une action de Contrôle Interne (au sens élargi de gestion des risque et de maîtrise de pilotage du patrimoine de l'entreprise) s'assimile donc complètement aujourd'hui à une action de PROJET d'entreprise, visant à changer sa culture.

Il ne s'agit pas de dire « perdez moins » mais « sachez gagner plus, en profitant de votre richesse potentielle méconnue ».

III.3.2 Une démarche avant tout pragmatique

Tout Contrôle Interne « professionnel » exige une méthode qui s'appuie sur des instructions et des procédures opérationnelles conçues dans le but d'éviter les dysfonctionnements (et donc de garder la maîtrise).

Mais chacun sait qu'il ne suffit pas de donner une instruction, y compris de contrôle, pour que celle-ci soit exécutée.

Le Contrôle Interne fait donc intervenir le concept de **Supervision** (le contrôle du contrôle par le hiérarchique).

Cependant, la réserve précédente pourrait s'appliquer aussi à l'instruction de Supervision elle-même. Il faudrait donc une Supervision de la Supervision...

Pour savoir quand s'arrête cette cascade, il faut être capable de discerner une échelle de mise en corrélation entre l'enjeu du risque contrôlé et le niveau de responsabilité où doit s'arrêter le contrôle. Il faut donc de nouveau une méthode appropriée (cf. II.2 sur les risques).

La méthode MIRIS apporte la solution à la recherche d'adéquation : Enjeux – Responsabilités.

Or MIRIS n'est ni une démarche de sécurité, ni une démarche de qualité, ni une démarche de quelque technique que ce soit, **car MIRIS s'intéresse avant tout aux activités sans aucun a priori sur les risques qu'elles comportent**.

Toute organisation repose sur la bonne foi et la bonne volonté des hommes qui la composent. La culture d'entreprise joue donc un rôle fondamental dans la réussite de cette organisation.

MIRIS est une démarche de changement :

- en changeant la confiance souvent un peu aveugle envers le monde dans lequel on travaille : ce document est-il authentique ? cette personne est-elle tout à fait honnête ?
- en changeant les savoir-faire par l'apport d'une méthodologie d'analyse professionnelle des risques,
- en instituant une culture de partage (des connaissances, des savoir-faire),
- en créant une synergie de groupe collaborant à une œuvre commune (le « Référentiel de Contrôle Interne »),
- en habituant tous les acteurs à prendre leurs responsabilités, dans une culture d'autogestion, sans attendre le concours du « spécialiste » dans les cas d'urgence, parce qu'on aura appris avant à gérer ces cas par des simulations.

MIRIS est donc un puissant levier de motivation, dans la mesure où chacun se reconnaît mieux dans un travail qu'il fait mieux.

MIRIS est aussi une démarche efficiente du fait qu'elle privilégiera toujours en premier les actions de communication et de formation, avant d'envisager en second lieu les solutions organisationnelles, et en tout dernier lieu les moyens techniques.

Enfin, à travers MIRIS, **le Contrôle Interne devient un outil de management et de stratégie d'entreprise** pour les raisons suivantes :

- MIRIS amène à créer les structures de gestion des risques appropriées à une bonne circulation des flux d'information et de leur traitement apportant ainsi une grande plus-value à ces informations souvent dispersées autrefois (relais locaux de Contrôle Interne, observatoire Central des

Risques, équivalent du « Contrôle de gestion » pour la gestion des risques : suivi des évolutions, des coûts, des performances, etc.) ;

- cette plus-value se traduit essentiellement en instruments complémentaires d'aide à la décision pour soutenir la Direction dans ses orientations stratégiques et ses choix politiques (MIRIS est d'ailleurs un instrument de construction de projets de politiques en matière de Contrôle Interne).

En effet, il ne peut y avoir de choix technique viable sans orientations politiques claires :

- En identifiant les grands facteurs de risques, au niveau de l'entreprise, le Contrôle Interne est aussi un vecteur de conseil pour offrir à la Direction des hypothèses de grands axes de progrès.

III.3.3 Une méthodologie axée sur l'auto-suggestion

MIRIS est essentiellement basée sur :

- la technique de l'autosuggestion,
- l'acquisition d'une meilleure connaissance des risques liés aux activités exercées (avec par exemple le découpage suivant : questionnaire de management, questionnaires sur les différents métiers et questionnaires sur les autres risques : incidents, accidents, risques divers),
- la recherche en commun de solutions adaptées.

En effet, quelle que soit la force d'une vérité, et même son évidence, celle-ci ne sera intégrée que si c'est la personne concernée elle-même qui l'énonce. C'est pour cette raison qu'une telle démarche est nécessairement délocalisée, et surtout pas confiée à un groupe de « sages », quelle que soit sa compétence. Cela ne signifie pas « plus jamais d'autocratie », du siège d'un groupe ou d'ailleurs, car le maintien d'une cohérence d'ensemble est évidemment nécessaire, mais ceci suppose une meilleure prise en compte du savoir-faire local (et de ses contraintes spécifiques), un nouveau partage des responsabilités (et pas seulement en termes de « devoir » mais aussi de « pouvoir »). Cela suppose donc, pour permettre précisément cette « délocalisation », tout le contraire d'une « intellectualisation » outrancière des outils mis en place. Si cette démarche est délocalisée, elle ne peut concerner que ce qui intéresse les participants, c'est-à-dire « leurs » activités et « uniquement leurs » activités.

La méthode repose donc sur l'acquisition d'une meilleure connaissance de ses activités. Ceci ne signifie pas que l'on en ait pas déjà connaissance, mais que les réalités évoluent, parfois sans que l'on s'en rende vraiment compte, ce qui fait que l'on croit savoir, ce qui n'est plus tout à fait la même chose. Avec le temps en effet, on range parfois l'acquis au second plan pour mieux s'investir dans l'évolution normale du système, mais la réalité s'écarte de cet acquis et il est de temps en temps nécessaire de réactualiser l'écart, un peu comme une « prise de conscience ». Bien entendu, par sa délocalisation, la démarche nécessite un consensus entre les collaborateurs pour garantir la cohérence d'ensemble.

Ceci montre bien que la « vérité » ne s'obtient que par un processus oscillatoire permettant d'une part de valoriser « l'intelligence » du métier tel qu'elle est vécue sur le terrain et d'autre part d'y associer la capacité de généraliser dont disposent ceux qui sont en position de recul.

III.3.4 Les règles de délégation et la gestion des responsabilités

En premier lieu, **il y a une différence fondamentale entre la séparation des tâches et la séparation des pouvoirs dans une optique de maîtrise de la malveillance interne**. La séparation des pouvoirs (par exemple les ordonnateurs et les payeurs dans la fonction publique) est souvent un leurre pour le contrôleur interne. En effet, dans un processus achats par exemple, celui qui appose le « service fait » est souvent celui qui donne son « bon à payer ». Or, il y a ici un risque évident de fraude car cette personne peut à la fois contrôler la commande et maîtriser le budget afférent. Le payeur venant en dernier, il n'a aucun moyen de contrôler l'exactitude des faits puisque les signatures sont correctes. On voit bien que sur le plan de la méthodologie, il faut surtout respecter la séparation des tâches. Dans notre exemple, la personne qui appose le service fait doit être différente de celle qui donne son bon à payer.

Par ailleurs, « **contrôler** », au sens français du terme, c'est **mettre en jeu un dispositif de surveillance** (en vue d'assurer une meilleure maîtrise) **mais ce n'est pas un dispositif de maîtrise en soi**. Ce dispositif ne devrait servir qu'à assurer que « tout fonctionne bien comme prévu ». Le vrai dispositif de maîtrise est celui qui résulte du pilotage « sur le terrain », non seulement par les acteurs opérationnels, mais aussi, et surtout, par l'organisation hiérarchique opérationnelle ainsi que par une fonction de coordination globale de tous les paramètres.

Pour assumer pleinement sa fonction de contrôle opérationnel, il est nécessaire de faire comprendre aux collaborateurs de tout niveau hiérarchique qu'il y a une différence notable entre la confiance et la méfiance. En effet, comme les récentes études de neurologie le montrent bien, le processus de la décision est fortement influencé par l'action simultanée des motivations émotionnelles. C'est peut-être ce qui définit « le bon sens » avec toutes ses vertus et ses risques intrinsèques. Or l'émotivité interactive, liée au concept de « confiance », intervient considérablement dans les processus décisionnaires relatifs à la sécurité. Ceci tient essentiellement à deux raisons :

- l'imagination de scénarios de sinistres et/ou de malveillance interne n'a rien de profondément agréable, et l'on a au contraire un besoin quasi physiologique de « confiance » dans le système où l'on vit et en particulier dans celui où l'on travaille ;
- ce concept de « confiance » est aussi souvent assimilé, à tort, à celui de « non-méfiance » (d'où l'amalgame rapidement fait entre « contrôle » et « méfiance »), parce que notre culture ne nous a pas appris à distinguer le vrai sens du « contrôle », souvent pris comme une activité négative, au lieu d'être appréhendé en termes de management, d'intérêt que l'on porte à ce que l'on contrôle. Cela explique souvent l'absence « d'envie » dans les processus décisionnaires relatifs au Contrôle Interne. On peut être ainsi retenu par une sorte de gêne.

Or, par définition, on ne peut avoir confiance que dans un système fiable, et un tel système est nécessairement contrôlé.

En conclusion sur cette notion de contrôle opérationnel, on mettra l'accent sur le fait que ledit contrôle (dans ses deux sens : vérification et gestion) ne se délègue pas.

Le propre du contrôle est d'assumer une responsabilité de garantie sur ce qui a été délégué, justement parce que cela a été délégué. Ceci revient à dire que l'on ne peut assumer que son propre contrôle, et non celui des autres, notamment de ceux à qui on a délégué. Cela reviendrait, sinon, à assumer à leur place, donc à déléguer aussi les responsabilités, alors que celles-ci ne peuvent que se partager de façon solidaire (c'est le contraire de la démission).

Par exemple, si l'on considère que la façon la plus courante d'assumer est de signer, cela nous conduit à constater que l'on ne peut signer que ce qui est de sa propre responsabilité. Il serait donc illogique (et vain) de signer pour le compte d'un autre. Le propre de la signature est bien d'identifier celui qui signe afin qu'on puisse le reconnaître, et de « marquer » ainsi celui qui « a fait » sur ce qu'il a fait.

Par ailleurs, si le Contrôle Interne suppose un changement de culture des collaborateurs, cela suppose également un changement de culture de l'entreprise, notamment qu'on sache différencier les responsabilités et les méthodes entre :

- ceux qui « fournissent les outils » (les spécialistes des différents services de « logistique » : informatique, sécurité, etc.),
- ceux qui « emploient » ces outils (les « acteurs »),
- ceux qui « font faire » à l'aide de ces outils (les classes hiérarchiques sur toute la longueur de l'organigramme),
- et ceux qui « regardent » faire et « jugent » (les services de contrôle, d'inspection, d'audit).

Il s'agit donc bien d'une clarification des responsabilités, où chacun sait exactement ce qu'il a à assumer, en amenant l'utilisateur de ces outils à apprendre comment, par son propre rôle, il peut contribuer à l'efficacité de l'ensemble, notamment en apprenant à partager ce rôle avec le technicien de la logistique concernée, et comment on fait la différence entre la responsabilité de celui qui édicte les règles ou crée les outils et celui qui les apprécie ou au moins apprécie leur bonne application.

Un exemple classique de confusion dans les natures de contrôle

La signature des documents, le soir, par le hiérarchique (« le chef »), suppose qu'il ait la capacité de refaire tous les contrôles techniques que ses collaborateurs ont mis une ou plusieurs journées à effectuer. La séparation des tâches peut très bien s'envisager au niveau opérationnel.

Il apparaît ainsi très clairement que l'Audit Interne ne pourra s'exercer que si, auparavant, le dispositif de Contrôle Interne est déjà construit et en place. Or ce dernier ne pourra lui-même s'envisager que si les contrôles opérationnels (réalisés par les opérationnels) sont déjà existants, efficaces, rentables et bien-fondés.

Ceci suppose bien que non seulement les aspects techniques de fonctionnement de l'organisation ont déjà été examinés et améliorés, mais aussi que les comportements sont adéquats (sinon à quoi bon vérifier ce que l'on sait ou que l'on peut deviner par avance).

La démarche proposée permet donc d'éclaircir (ce qui en fait alors une véritable démarche de changement) et de mieux formaliser les responsabilités des uns et des autres (dans une nouvelle répartition de ces responsabilités entre ceux qui « font » les missions de base, ceux qui les leur ont déléguées et ceux qui en assurent la logistique).

Pour terminer cette analyse – si importante dans une démarche de changement liée au management des responsabilités –, le lecteur est invité à méditer sur les solutions de Contrôle Interne à apporter à la sécurité de l'immeuble abritant ses bureaux où, chaque soir, après son départ, consciencieusement, le personnel d'entretien empile successivement dans un grand sac en plastique des couches de papiers froissés et de cendres de cigarettes.

Le plus surprenant est que dans la majorité des cas il ne se passe rien... Mais il est vrai qu'on a confiance !

Il faut également veiller à ne pas confondre la notion de responsabilité avec celle de compétence.

En effet, on oublie souvent combien est importante la mission d'un hiérarchique : diriger et animer une équipe humaine est une tâche délicate et difficile. Et, franchement, frais émoulu d'une école ou issu du rang, le hiérarchique y est-il vraiment préparé ? Quelles sont les écoles, de quelque niveau qu'elles soient, qui inculquent réellement les principes et les méthodes nécessaires à la bonne maîtrise de la fonction d'encadrement ? Quant à la formation continue, elle aborde rarement le problème d'assez haut. Malgré ce que l'on a dit pendant un temps, une entreprise ne peut pas se passer d'un certain nombre de relais hiérarchiques. Certes, le rôle du hiérarchique a évolué et sa place dans l'organisation n'est plus la même. En particulier, les fonctions de surveillance et de contrôle ont cédé la place à des rôles autrement plus complexes d'animation et de soutien, mais le hiérarchique reste un élément essentiel de la structure.

Devant cette évolution, une question revient fréquemment dans les discussions : les hiérarchiques doivent-ils abandonner leur supériorité technique (celle, précisément, qui leur a valu leur statut de hiérarchique) pour se consacrer en priorité à l'animation de leur équipe ? La réponse doit être formulée avec prudence. En effet, à la tête d'un atelier d'usinage, d'un service fonctionnel, d'une équipe de vendeurs, d'un établissement ou d'une entreprise, un responsable dirige une activité qui est nécessairement « technique ». Il n'est donc pas question de lui demander de se soustraire à cette responsabilité première : il doit pouvoir dialoguer avec son équipe, comprendre ses besoins et les difficultés auxquelles elle fait face, et y apporter une réponse. Et pour cela, bien sûr, il doit conserver une familiarité suffisante avec le « métier » dont il a la charge.

Mais ceci dit – et bien qu'il puisse y avoir des exceptions – rien n'exige qu'il reste, ou qu'il devienne, le meilleur « technicien » de l'équipe. On devrait même ajouter : au contraire. Car, par définition, les compétences réunies de ses collaborateurs dépassent certainement les siennes. Ne serait-ce que parce qu'il ne peut matériellement pas tout faire.

Le problème devient plus clair si l'on considère que le responsable doit assumer, simultanément, plusieurs responsabilités :

- **responsabilités opérationnelles**. Il doit mener à bien la réalisation d'une opération bien définie, suivant des spécifications strictes et des délais donnés : produire, vendre, concevoir, traiter des commandes, gérer un projet, etc. ;
- **responsabilités de gestion**. Il doit définir les ressources dont il a besoin, les organiser et les mettre en œuvre de façon optimale. Pour cela, il doit planifier les activités de son secteur, répartir et orienter les tâches individuelles, motiver le personnel, maintenir les relations avec les autres unités de l'entreprise (horizontalement et verticalement), etc. ;
- **responsabilités stratégiques**. Il doit comprendre les raisons de son activité et des directives qu'il reçoit, prendre en compte les facteurs externes (clients, concurrents, activité économique, marché de l'emploi, etc.), percevoir les conséquences futures de ses actes, participer à la préparation de l'avenir avec les échelons supérieurs de la hiérarchie, etc.

Ainsi, pour assumer avec succès ces différentes responsabilités, le hiérarchique doit posséder des compétences de diverses natures :

- **compétences techniques**. Connaissances et savoir-faire nécessaires à son « métier » de base : la production pour le directeur d'usine, la comptabilité pour le chef comptable, la vente pour le chef de région, la stratégie pour le dirigeant, etc. Également, compétences spécifiques à la fonction d'encadrement : techniques de gestion, méthodes d'analyse et de prise de décision, d'organisation, de motivation, de communication, d'animation, etc. ;
- **compétences humaines**. Savoir-faire lié à la fonction d'encadrement proprement dit : empathie, capacité d'écoute, don de commandement, maîtrise de soi, objectivité, etc. ;
- **compétences conceptuelles**. Capacité à situer son action personnelle dans un contexte plus large, à envisager la situation sous des angles multiples et nouveaux, à se projeter dans le futur, à prendre des risques, etc.

En matière de Contrôle Interne permanent, la difficulté provient de ce que les responsabilités et les compétences requises évoluent :

- la part relative des différentes responsabilités varie constamment lorsque l'on s'élève dans la hiérarchie ;
- les compétences nécessaires varient elles aussi considérablement. Les « techniques » concernées progressent avec le niveau hiérarchique : elles sont peut-être un peu moins « pointues », mais elles sont de plus en plus nombreuses et variées.

On peut d'ailleurs observer l'augmentation importante du besoin de compétences humaines (lorsque le hiérarchique voit la taille de son unité augmenter), puis de compétences conceptuelles (lorsque le hiérarchique est de plus en plus associé aux réflexions de direction).

Le fait qu'il y ait trois types de responsabilités et trois natures de compétences ne doit pas laisser penser que responsabilités et compétences se correspondent deux à deux. En fait, chaque responsabilité fait appel aux trois compétences, mais avec des contenus différents et en des proportions variables.

On le voit, le hiérarchique doit évoluer de façon fondamentale :

- de moins en moins de son propre métier d'origine et de plus en plus d'autres métiers,
- de moins en moins de détails et de plus en plus de vue d'ensemble,
- de moins en moins d'absolus et de plus en plus de nuances,
- de moins en moins de sécurité et de plus en plus de risques,
- de moins en moins de court terme et de plus en plus de long terme,
- de moins en moins de concret et de plus en plus d'abstrait.

Bien qu'il se fasse progressivement, ce changement est considérable, et il nécessite une forme de personnalité que tout le monde ne possède pas. Il exige aussi que l'on ne laisse pas les hiérarchiques d'une entreprise faire leur chemin tout seul : leur pratique quotidienne ne suffira pas à les faire progresser correctement et suffisamment.

La solution porte alors selon nous sur trois points fondamentaux : **Sélection, Formation et Motivation.**

Dans une démarche de Contrôle Interne, ce sont ces éléments qu'il faut savoir actionner et maîtriser pour une parfaite optimisation du management et de l'organisation.

IV.

LA GESTION DU RISQUE DE FRAUDES

Selon l'étude réalisée par PWC, 6e édition « Global Economic Crime Survey 2011 », la fraude gagne du terrain.

La fraude demeure un enjeu majeur pour les entreprises puisqu'une entreprise sur trois interrogée dans le monde (34 %) dit avoir été victime d'une fraude au cours des douze derniers mois, près d'une entreprise sur deux en France (46 %). Ces résultats marquent une progression de la fraude par rapport à la précédente étude de 2009 de respectivement + 4 points dans le monde et de + 17 points en France.

La fraude et les montages qu'elle suscite ont bien évolué depuis une trentaine d'années. La répartition de la population en terme de fraude peut se scinder ainsi :

- vingt pour cent des personnes frauderaient quoiqu'il arrive,
- vingt pour cent ne frauderaient jamais,
- les soixante pour cent restant bascu leraient ou non vers la fraude en fonction de la nature et de la robustesse du contrôle.

La situation économique actuelle et l'ambiance délétère incitent cette population des soixante pour cent à passer à l'acte.

Il est à noter que l'étude de PWC met en évidence un lien important entre la taille de l'entreprise et l'occurrence de la fraude :

- une entreprise de plus de mille employés sur deux (54 %) a été victime d'une fraude au cours des douze derniers mois, soit une progression de huit points par comparaison à 2009, ce chiffre atteignant même 67 % pour la France.

Ce pourcentage tombe à moins d'une entreprise sur trois (29 %) pour les structures comprenant de 200 à 1 000 employés et à moins d'une sur cinq (17 %) pour les structures de moins de 200 employés [1].

IV.1 LA FRAUDE INTERNE : UN RISQUE MAL CONNU ET UNE NOTION RÉCENTE

La fraude interne est une notion nouvelle ; on assimilait la Gestion des Risques essentiellement aux aléas naturels ou aux risques technologiques majeurs, depuis peu on s'oriente vers une émergence des risques associés à des opérateurs intentionnels avec la notion de malveillance et de la fraude interne.

L'enjeu est de taille car on ne lutte plus contre des aléas naturels ou des erreurs non volontaires mais contre l'intelligence humaine.

Nous retiendrons la définition telle que proposée par l'Association of Certified Fraud Examiners :

> **La fraude interne est l'utilisation de son propre emploi afin de s'enrichir personnellement tout en abusant ou en détournant délibérément les ressources ou les actifs de l'entreprise.**

Du comptable au PDG, les ruses de l'arnaqueur sont multiples. Certaines fonctions s'y prêtent plus que d'autres : PDG, directeur financier ou informatique, chef comptable ou analyste programmeur, agent de change ou professionnel de l'immobilier... mais la liste n'est pas exhaustive.

De même, au niveau des complices, on trouve souvent des experts comptables, des commissaires aux comptes, des notaires ou autres experts.

Surtout ne pas se fier aux apparences, le fraudeur n'est pas le monstre froid qui ne dit jamais bonjour et qui travaille sans cesse jusqu'à des heures tardives.

1. Sondage effectué par PWV Réalisée avec la collaboration de la London School of Economics, notre enquête repose sur des questionnaires collectés entre fin juillet et mi-septembre 2011 auprès de 3 877 entreprises dans 78 pays.

Les motivations du fraudeur sont multiples. Un homme qui subit des revers professionnels, qui se démotive ou vit un échec familial sera plus sensible aux sirènes de la fraude. Une entreprise dont l'organisation générale manque de rigueur et dont les résultats sont déficitaires, est vulnérable. Celle dont la déontologie professionnelle est floue risque de le payer cher.

L'environnement humain et organisationnel pèse lourd dans l'origine d'une fraude. C'est lui qui va créer l'opportunité ou la motivation du délit. Si l'opportunité précède la motivation, il arrive que le fraudeur attende des mois ou des années pour en tirer parti.

La fraude interne aux entreprises, commence par la petite indélicatesse.

Qui peut se prétendre à l'abri de la « gratte » ? Appels téléphoniques personnels fréquents, pillage de l'armoire à fournitures à chaque rentrée scolaire ou photocopies du mémoire de maîtrise du fils étudiant : les occasions sont innombrables, et à l'extrême, cela aboutit à de véritables détournements.

Entre la « gratte » et les détournements financiers sophistiqués, une nouvelle fraude se développe de façon préoccupante : celle que permet, parfois à grande échelle, la généralisation des connexions informatiques, télématiques et téléphoniques. À partir d'un seul poste de travail, en particulier dans les nouvelles configurations clients/serveurs, un individu peut avoir accès à de nombreuses applications et bases de données.

De l'ajout de faux clients ou fournisseurs dans les fichiers informatiques aux fausses écritures, la liste est longue des détournements possibles.

Certaines activités sont notoirement touchées par des abus de tous types.

- En premier lieu la distribution où est née l'expression « démarque inconnue » pour désigner les marchandises qui disparaissent dans la nature. Elle représente entre 1 % et 2 % du chiffre d'affaires des magasins, dont la moitié serait imputable aux salariés. La distribution a le mérite de parler ouvertement du phénomène et de le chiffrer.
- Même attitude dans l'informatique : le Club de la Sécurité Informatique Français (Clusif) évaluait déjà le montant des fraudes à environ 245 millions d'euros.
- Banques et compagnies d'assurances constituent les deux cibles préférées des aigrefins. D'abord parce que c'est là qu'on trouve le plus

d'argent, ensuite parce que la masse est telle que les détournements souvent mineurs passent inaperçus, même s'ils sont très rémunérateurs pour le fraudeur.

La belle machine mise au point par les escrocs met parfois du temps avant de dérailler. Une vingtaine d'ingénieurs et de cadres supérieurs de la compagnie d'assurances américaine Equity Funding Insurance ont détourné 2 milliards de dollars en créant 64 000 clients fictifs ; pendant six ans, ils ont opéré en toute impunité. Rien n'empêche de penser que les plus belles escroqueries n'ont jamais été découvertes.

Autres exemples de fraudes

Type	Impact financier	Comment ?
Détournement Règlement fournisseur	**104,5 K€**	Ouverture d'un compte à l'étranger au nom du fournisseur et encaissement d'une traite. Découvert par le fournisseur.
Détournement des recettes	**300 K€**	Ouverture d'un compte à l'étranger portant le même nom que l'entreprise et encaissement d'un chèque d'un client. Découvert par l'entreprise.
	53,4 K€	Le commerçant ne mettait pas l'ordre sur les chèques des clients. L'employé de banque les encaissait.
Détournement du chéquier de l'entreprise	**61 K€**	L'employée administratif établissait des chèques à son ordre et imitait la signature du directeur. Découvert par l'intérimaire qui remplaçait l'employée.
	Toutes les semaines, un chèque allant jusqu'à **100 K€**	La responsable comptable d'une entreprise encaisse des chèques en blancs, signés par son directeur qui est souvent en déplacement. Découvert par le banquier.
Fausses factures		Le DAF surendetté fait signé au directeur des fausses factures établies au nom de sociétés fictives créées par le DAF. Découvert par un expert-comptable.
Ordres de virements externes frauduleux	**161,46 K€**	Création de faux ordres de virement à partir d'une photocopie d'ordre volé. Découvert par le banquier car l'ordre ne comportait qu'une signature.

Source : Fraude : cela n'arrive pas qu'aux autres, L'entreprise n° 201, juin 2002.

▸ *Le cas particulier du blanchiment d'argent*

Selon une étude menée par *Revue Banque* n° 670 de juin 2005, les experts s'accordent à dire que l'activité de blanchiment d'argent dans le monde représente des flux financiers annuels compris entre 600 et 1 500 milliards de dollars.

Dans ce contexte, la lutte anti-blanchiment d'argent entre désormais dans le cadre général du risque de non-conformité, donc de fraude potentielle.

En matière de réglementation, les premières dispositions spécifiques françaises intégrées dans le Code de la santé publique, datent de 1987.

Néanmoins, depuis une dizaine d'année, les dispositifs juridiques ont été renforcés, notamment sous l'impulsion des États.

L'une des résultantes est la création en 1989 du groupe d'Action Financière (le GAFI), un organisme intergouvernemental appelé à concevoir des stratégies de lutte contre le blanchiment de capitaux et le financement du terrorisme, et qui a publié dans cet objectif de nombreuses recommandations : 40 pour le blanchiment et 9 pour le terrorisme.

En France, c'est Tracfin (traitement du renseignement et actions contre les circuits financiers clandestins) qui est en charge de vérifier et contrôler les déclarations de soupçons venant des établissements financiers.

En d'autres termes, le blanchiment d'argent est devenu en quelques années, suite aux déréglementations bancaires, une fraude particulière sur laquelle il faut être désormais très vigilant. De plus en plus, les établissements financiers créent des fonctions de compliance-officers pour détecter et superviser les processus qui peuvent financer le terrorisme et favoriser le blanchiment de capitaux. En développant une approche par les risques, la troisième directive européenne va alors dans le bon sens car elle incite les banques et tous les établissements financiers à adapter leur organisation et leurs systèmes de détection et de pilotage de lutte anti-blanchiment au type de clientèle et à la nature des opérations.

Les obligations de vigilance (le « know your customer ») visent en particulier les entrées en relation sans contact physique, les relations de correspondance bancaire, les personnes politiquement exposées et également le contrôle des chèques.

Dès que les « professionnels du chiffre et du droit » soupçonnent ou ont des raisons suffisantes de soupçonner une opération ou une tentative de blanchiment de capitaux, ils ont l'obligation de faire une déclaration de soupçon à la cellule de renseignement financier. L'obligation de déclaration d'une activité criminelle, au sens de la directive, porte sur les opérations et sommes qui proviennent d'activités illicites : le trafic de stupéfiants, le terrorisme, les atteintes aux intérêts financiers des Communautés européennes, la corruption et les activités criminelles organisées. Par conséquent, tous les délits économiques et financiers entrent dans le champ de la déclaration de soupçons puisque ceux-ci encourent une peine de prison de 5 ans d'emprisonnement, y compris la fraude fiscale.

Pour gérer ces risques particuliers, les établissements financiers à travers les directions d'audit ou les compliance-officers, ont mis en place des outils d'analyse simples et facilement auditables.

Deux types d'outils sont utilisés :

- les outils qui détectent les opérations atypiques par rapport à un profil de client ou à un historique d'opérations ;
- les outils, plus sophistiqués, qui utilisent des moteurs statistiques mettant en évidence les opérations qui s'écartent d'une moyenne statistique pour un client donné ou un type de clientèle [1].

Un exemple dans le secteur de la mutualité :

Les mutuelles, en tant qu'établissements financiers, sont exposées au blanchiment de capitaux et doivent mettre en place des dispositifs de lutte anti-blanchiment. La règlementation à ce sujet ne cesse de se préciser et les dernières évolutions apportées par l'ordonnance du 30 janvier 2009 se présente comme un durcissement des contraintes de fonctionnement et impose une obligation de vigilance renforcée.

1. Qu'est-ce que le blanchiment ?

Le code pénal définit le blanchiment de capitaux de la manière suivante :

---

1. Marie-Agnès Nicolet, cabinet Audisoft Consultants : « la lutte anti-blanchiment dans la fonction conformité », *Revue Banque* n° 670, juin 2005.

« Le blanchiment est le fait de faciliter, par tout moyen, la justification mensongère de l'origine des biens ou des revenus de l'auteur d'un crime ou d'un délit ayant procuré à celui-ci un profit direct ou indirect.

Constitue également un blanchiment le fait d'apporter un concours à une opération de placement, de dissimulation ou de conversion du produit direct ou indirect d'un crime ou d'un délit. »

2. Quel est le mécanisme de blanchiment ?

Le but du blanchiment d'argent est d'utiliser des mécanismes financiers pour brouiller l'origine illégale des capitaux. En principe, il se réalise en trois étapes :

1. **Le placement** qui consiste à utiliser de l'argent sale pour une opération financière ;
2. **L'empilage** qui consiste à réaliser une multitude d'opérations financières afin de dissimuler l'origine des capitaux ;
3. **L'intégration** qui correspond au retrait des capitaux blanchis pour une utilisation conventionnelle. Leur origine est justifiée par les établissements financiers utilisés.

3. Les principales techniques auxquelles sont confrontées les mutuelles

Les mutuelles font parties des entreprises qui peuvent être utilisées pour blanchir des fonds. En ce qui concerne la mutualité, les techniques de blanchiment les plus utilisées sont les suivantes :

- La souscription d'une assurance vie (placement) financée avec des capitaux sales, suivie d'une résiliation prématurée (empilage) dans le but de recevoir un remboursement même partiel (intégration) des capitaux initialement invertis ;

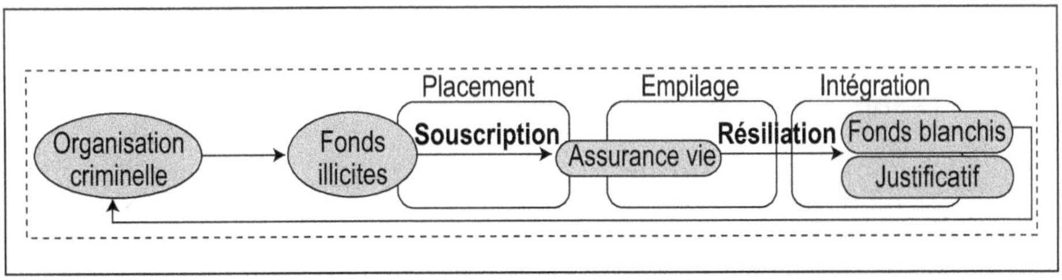

- La souscription d'une assurance santé (placement) financée avec des capitaux sales, suivie d'un apport de faux justificatifs médicaux (empilage) puis de demandes de remboursement (intégration).

4. Quels sont les risques encourus par les mutuelles ?

a. Le risque juridique

Selon le chapitre VI du livre V du code monétaire et financier, les mutuelles ont une obligation de vigilance qui leur impose la connaissance de leurs adhérents.

Il est important de noter que l'article 324-1 du code pénal précise qu'apporter concours à un acte de blanchiment est passible de 5 ans d'emprisonnement et de 375 000 € d'amende.

De plus, selon l'article 121-3 du même code, la mutuelle, ou l'un de ses membres, pourra être poursuivie en cas de blanchiment avéré, et ce même si l'infraction est due à une des causes suivantes :

- Imprudence ;
- Négligence ;
- Non-respect d'une obligation de sécurité.

Enfin, le fait pour une mutuelle de ne pas respecter les obligations et les recommandations en matière de lutte anti-blanchiment est passible de sanctions de la part de l'ACP (article L561-2 du code monétaire et financier) allant du blâme à l'interdiction d'exercer.

b. Le risque d'image

La réputation de la mutuelle pourrait aussi subir de lourdes dégradations, en effet un cas avéré de blanchiment peut donner une image négative de la mutuelle et détruire sa crédibilité auprès de ses clients, des autorités, de ses partenaires, etc.

5. Quelles sont les autorités compétentes ?

Les deux principaux organismes concernant la lutte anti-blanchiment au sein des mutuelles sont :

- L'ACP (Autorité de Contrôle Prudentiel) représente l'Autorité de Contrôle des Assurances et Mutuelles. Son rôle est de veiller au respect de la règlementation des sociétés concernées et de leur capacité à tenir leurs engagements auprès des adhérents. Pour remplir sa mission, elle peut réaliser des audits auprès des établissements concernés.

- TRACFIN, l'organisme français chargé d'enquêter sur les circuits financiers clandestins, et auprès duquel les mutuelles doivent déclarer leurs soupçons pesant sur leurs clients, en vertu de l'article L561-15 du Code monétaire et financier.

Les déclarations doivent comporter les éléments suivants :

- L'identité de la mutuelle déclarante ;
- Une synthèse des éléments de soupçon (montant, période, nombre de personnes, instruments utilisés, etc.) ;
- Une analyse détaillée des faits ;
- Les éléments d'identification des personnes soupçonnées.

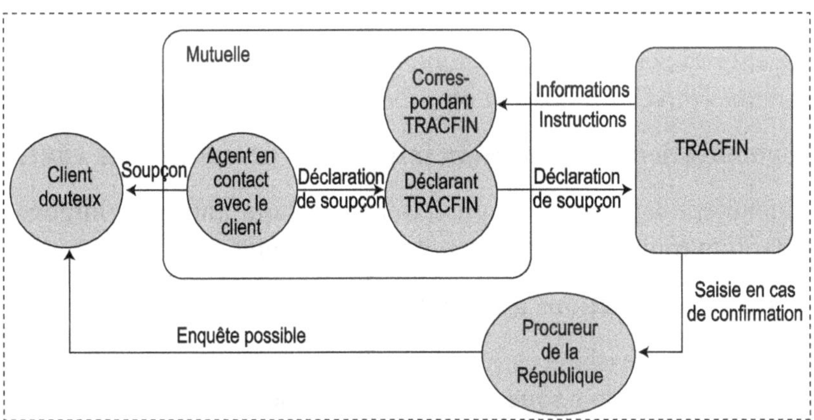

6. Quelles sont les obligations légales ?

La réglementation actuelle complétée par les dispositions de la dernière ordonnance impose aux mutuelles les points suivants :

- **La désignation d'un correspondant et d'un déclarant TRACFIN :**

  Leurs missions respectives sont de mettre en place le dispositif anti-blanchiment au sein de la mutuelle, et de transmettre les déclarations de soupçon du personnel auprès de TRACFIN ;

- **L'identification des adhérents :**

  L'identité des personnes physiques et morales ainsi que la nature de la relation d'affaires doivent être vérifiées à chaque adhésion. Les données doivent être stockées et actualisées ;

- **Le contrôle systématique de certaines transactions en liquide :**

  La mutuelle doit contrôler systématiquement les transactions en liquides qui dépassent le plafond de 15 000 € ;

- **La déclaration de soupçons :**

  La mutuelle doit faire parvenir à TRACFIN les soupçons qu'elle peut avoir au sujet d'un adhérent, même après la réalisation de l'opération ;

- **La mise en place de procédures de contrôle interne :**

  Les mutuelles doivent intégrer les mesures de prévention contre le blanchiment dans le périmètre du contrôle interne ;

- **La formation du personnel :**

  Les agents en contact avec les adhérents, ainsi que les correspondants et déclarants TRACFIN doivent être formés à la lutte anti-blanchiment ;

- **La formalisation et la diffusion interne des procédures de contrôle :**

  Un document reprenant les procédures de lutte anti-blanchiment doit être établi et transmis au personnel de la mutuelle.

7. Quelles sont les actions à mettre en place ?

Pour répondre aux exigences règlementaires et se doter d'un fonctionnement efficace contre le risque de blanchiment des capitaux, les mutuelles peuvent suivre un plan d'action en 3 phases :

1. L'adoption de dispositions organisationnelles

- Désignation des personnes en relation avec TRACFIN ;
- Détermination du personnel concerné par la lutte anti-blanchiment (LAB) ;
- Formation des agents ;

2. L'établissement de procédures

- Procédures d'identification des adhérents ;

- Procédures de déclaration de soupçon ;
- Procédures de contrôle des opérations ;

3. La mise en place d'outils

- Intégration de la LAB dans le contrôle interne et dans les outils de gestion ;
- Rédaction et diffusion d'un document LAB.

IV.1.1 Quelques statistiques

Selon l'Association of Certified Fraud Examiners, dans son étude récente « La détection des fraudes commises en entreprises au Canada », le coût de la fraude représente 5 % des revenus annuels des entreprises au Canada (30 % des fraudes sont évaluées entre 100 et 500 K USD et 25 % des fraudes sont supérieures à 1 M USD). 90 % des cas de fraudes sont des détournements d'actifs ; les états financiers frauduleux ne représentent que 11 % mais beaucoup en valeur.

Le processus de rechercher / détecter les fraudes est peu mise en œuvre dans les entreprises, 57 % des fraudes sont signalées par des employés, des fournisseurs ou par accident. Il n'y a pas une volonté claire des dirigeants à détecter les fraudes ; cela serait peut-être reconnaître qu'il existe des fraudes dans l'organisation et également que les impacts sont non significatifs sur leurs comptes.

Cette attitude est naïve mais perdure dans les cultures d'entreprise.

La mise en place d'une ligne téléphonique de signalement anonyme permet de réduire le montant des fraudes mais également la durée de détection des fraudes de 18 à 24 mois ; en effet selon l'étude menée par l'Association of Certified Fraud Examiners la perte médiane des entreprises sans ligne de signalement est de 197 K USD versus 90 K USD avec ligne de signalement.

La mise en place d'une ligne téléphonique de signalement anonyme permet également d'améliorer la perception des employés quant aux chances que les comportements frauduleux soient décelés.

IV.1.2 Existe-t-il un profil type de fraudeur ?

Des recherches sur les comportements frauduleux conduisent à tirer les conclusions suivantes : la réalisation de toute fraude (le passage à l'acte), se fait si trois facteurs sont réunis :

- le besoin (financier, par défi ou par esprit de vengeance),
- la perception d'une possibilité offerte de commettre une fraude (prise de conscience des défaillances de Contrôles Internes),
- la possibilité de justifier son acte, et de trouver une bonne raison de frauder.

La plupart des fraudeurs sont des « petits délinquants » et ne commettraient jamais d'autres crimes. Ce qui est inquiétant, c'est que les pressions, les opportunités et la possibilité de justifier ces agissements sont des facteurs en augmentation dans notre société.

Les opportunités de frauder en affaires abondent. Dans pratiquement tous les cas, si la fraude a eu lieu, ça n'est pas parce que les contrôles internes n'existaient pas, mais parce qu'ils n'étaient pas appliqués.

IV.1.2.1 L'opportunité

Quant à l'opportunité, elle est, bien entendu, créée par les failles de systèmes et des procédures :

- maîtrise par une même personne du processus comptable, de l'expédition des factures à l'enregistrement des règlements,
- possibilité de détourner la procédure de recrutement de personnel clé (engagements « pirates »),
- cumul de fonctions incompatibles du point de vue sécuritaire,
- conjugaison de faiblesses de l'informatique et de la gestion physique des stocks permettant des détournements physiques…

Dans nombre de cas de fraudes par préposé sans complicité, la sacro-sainte règle de séparation des fonctions aurait pu éviter la réalisation du scénario.

Par ailleurs, l'occasion faisant le larron, il n'est pas rare qu'une faille soit découverte par accident, ignorée, puis exploitée volontairement lorsque naît la pression psychologique ou la nécessité économique.

L'opportunité peut-être plutôt conjoncturelle et créée par une phase de flottement dans la gestion de l'entreprise : un simple déménagement, une restructuration des activités qui nécessite une redéfinition des tâches, une acquisition (le délai entre l'incorporation au groupe et l'harmonisation des procédures et contrôles peuvent être fatals...).

Si aujourd'hui les motivations sont démultipliées sous l'effet de la crise économique (et les opportunités conjoncturelles accrues par les mouvements internes et externes des sociétés), les risques sont également amplifiés par un phénomène relativement récent, observé tant en France qu'à l'étranger : le glissement très net de l'éthique et du comportement social de l'individu.

IV.1.2.2 La faculté de rationaliser son acte

Pour un voleur, le vol qu'il commet n'est pas un vol. L'être humain est très enclin à rationaliser, donc celui qui cause des pertes ne vole pas,

il compense :

- « je ne suis pas payé à ma juste valeur » ;
- « la compagnie est bien plus riche que moi... » ;
- « je mérite bien ce petit... » ;

il rationalise :

- « si ce n'est pas moi qui le prend, ça va être quelqu'un d'autre... aussi bien moi... » ;
- « ce n'est pas grand-chose par rapport aux services que je rends... » ;
- « tout le monde le fait, je ne suis pas plus sot que les autres... » ;
- « ce n'est rien comparé à ce que d'autres font... ».

IV.1.3 Prévention du risque de fraudes

La protection des actifs et la maîtrise des engagements de la société, dont la protection contre la fraude fait partie, sont des tâches essentielles du personnel de l'entreprise et en particulier des financiers et des comptables.

Cette protection est assurée par ce qu'il est convenu d'appeler le système de Contrôle Interne et de gestion des risques que l'on peut définir comme la ou les structures de l'organisation, de telle manière qu'au travers d'une affectation « rationnelle » des tâches et des responsabilités, la maîtrise des flux et le contrôle soient assurés.

Il est essentiel de rentrer dans une démarche de Gestion des Risques telle que décrite dans le Chapitre II et dans ce cadre nous proposons une méthodologie spécifique et dédiée à la gestion du risque de fraude en 3 étapes :

1. Évaluation initiale du risque de fraudes

Il est souhaitable de créer une cellule de gestion des risques dédiée à la prévention du risque de fraude et également en charge des aspects déontologiques. Cette cellule aura la responsabilité :

- de dresser l'univers des risques de fraude applicables à l'ensemble des activités de la Société via des séances de créativité par exemple,
- d'évaluer de manière « brute » – sans dispositif de maîtrise des risques –, l'exposition de la Société à l'univers des risques de fraudes,
- de sensibiliser la Direction Générale ou le Directoire, les métiers et les fonctions support à la démarche de gestion du risque de fraudes.

Sachant que d'une manière générale, la fraude interne dépend de facteurs en général bien identifiés :

- facilités d'accès,
- degré de tranquillité,
- fréquence des contrôles,
- sanctions connues,
- facteurs émotionnels,
- implication de la Direction Générale.

En s'appuyant sur l'univers des risques, on aura la possibilité de regrouper et de classifier de façon matricielle les grandes familles de risques associées à la fraude telles que trésorerie, systèmes d'information, déboursement d'argent frauduleux, falsification d'état financiers, détournements d'actif, corruption...

À chaque famille sera associée des filiations telles que :

Déboursements d'argent frauduleux :
- Facturations frauduleuses
- Paies frauduleuses
- Manipulations de chèques
- Transferts électroniques
- Remboursements frauduleux
- Déboursement de caisses enregistreuses
- ...

Falsification d'états financiers :
- Revenus fictifs ou gonflés
- Sous-estimation des dettes et dépenses
- Cut-off
- Fausses évaluations d'actifs
- Fausses divulgations
- ...

2. Appréciation du dispositif de réponse aux risques de fraudes

À partir de l'univers des risques de fraude cible à circonscrire, il s'agira :

- de rapprocher et identifier les processus opérationnels, processus de prises de décision correspondants,
- d'identifier les activités de contrôle, points de contrôle (particulièrement détaillé dans le chapitre suivant),
- de déterminer un risque net, selon le degré de maitrise de l'activité de contrôle,
- d'évaluer le niveau d'efficience des activités de contrôle en place, i.e. efficience du dispositif de réponse aux risques adéquat,
- déterminer les plans d'amélioration du dispositif de contrôle interne en place.

Certes, le dispositif de réponse aux risques de fraudes ou le Contrôle Interne ne garantit pas entièrement le risque de fraude, soit en raison du coût élevé des mesures qu'il serait nécessaire d'instituer, soit par les déviations constatées dans son application. Néanmoins, on peut considérer que la recherche de mesures suffisantes peut apporter une garantie raisonnable contre la fraude à condition d'évaluer périodiquement la qualité du Contrôle Interne. La constatation des fraudes

révèle en effet que le plus souvent, celles-ci n'auraient pu se produire si les règles fondamentales du contrôle avaient été respectées.

Un dispositif de réponse aux risques de fraudes doit à minima traiter quelques règles d'or :

- formaliser des délégations de pouvoir et les tenir à jour,
- maintenir un organigramme à jour,
- formaliser des descriptions de poste et des objectifs clairs pour chaque employé,
- séparer les fonctions,
- éviter les domaines réservés,
- posséder un système cohérent dans les flux d'informations pour évaluer les écarts entre les stocks réels et leur traduction comptable,
- éviter les liens de copinage entre fournisseurs et salariés,
- disposer d'un service d'Audit Interne indépendant,
- ou simplement bien choisir un mot de passe (cela s'apprend !).

3. Reporting des fraudes / base incidents

Afin de s'assurer de la cohérence du système de gestion du risque de fraudes, il est souhaitable de le confronter à la réalité du terrain en :

- mettant en place une base « incident » permettant de constituer un historique de sinistralité,
- répertoriant et reportant les incidents survenus (descriptif du sinistre, mesures prises, observations, nature de la couverture),
- quantifiant les impacts des risques avérés (coût brut, coût pour l'entreprise).

IV.1.4. Dispositif de réponse aux risques de fraude

Que les enquêtes soient menées par des cabinets spécialisés, la police ou la DGCCRF (Direction Générale de la Concurrence, de la Consommation et de la Répression des Fraudes), elles arrivent toutes à la même conclusion : les entreprises ne semblent pas avoir pris la mesure du risque de fraude ou de malveillance dans leur organisation.

Très rarement, les leviers classiques comme l'assurance, les audits ou les inspections sont utilisés par les sociétés alors qu'ils constituent un gage d'efficacité dans la lutte contre les fraudes.

Quelques tentatives « d'associations de malfaiteurs », d'un « monsieur anti-fraude » ou d'une organisation ad hoc ont été expérimentées dans certaines organisations, notamment dans les secteurs de la Banque, de l'Assurance et dans certains groupes industriels. Néanmoins, il n'est pas dans notre culture « latine » de mettre en œuvre ce type de solutions qui gènent les managers et les équipes dirigeantes des grandes entreprises.

Par conséquent, la prévention contre la fraude doit être une combinaison « intelligente » d'un management présent, d'un Contrôle Interne performant et de l'honnêteté des salariés.

Le plus important de ces trois facteurs repose sur un bon management. L'attitude des responsables hiérarchiques doit être exemplaire.

IV.1.4.1 L'organisation générale des systèmes de contrôle

Pour être efficaces, les contrôles ne doivent pas nécessairement être très sophistiqués, mais ils doivent être suivis. La discipline dans l'application des procédures et des contrôles est un gage de succès dans la prévention des fraudes.

Le système de contrôle doit s'articuler sur quatre niveaux :

- **Autocontrôle :** le système de Contrôle Interne concerne l'ensemble du personnel. En effet, chaque salarié, à quelque niveau que ce soit et quelle que soit sa fonction, est responsable de ses actions, dans le cadre de la délégation qu'il a reçue. Il doit donc pouvoir en assurer la maîtrise et en rendre compte. En conséquence, toute personne est responsable de son propre contrôle et doit participer au fonctionnement du système de Contrôle Interne.

- **Contrôle hiérarchique :** tout responsable hiérarchique doit, en coordination avec les services fonctionnels spécialisés, s'assurer qu'il dispose d'un système de contrôle permanent adapté aux responsabilités qu'il exerce.

  Son action de contrôle doit être consacrée :

  - à la supervision des travaux et à l'accomplissement des tâches de vérification,
  - à l'analyse de l'activité et des résultats,
  - à l'examen régulier du fonctionnement des procédures de contrôle mises en place.

  Le contrôle exercé par la ligne hiérarchique est un aspect fondamental du système de Contrôle Interne et constitue le corollaire nécessaire et indispensable de la politique de délégation.

- **Contrôle de Direction :** la Direction doit disposer d'outils fonctionnels de contrôle :

  - contrôle technique : qui vérifie le respect des règles de gestion et l'application des directives techniques,
  - contrôle comptable : qui permet de vérifier la cohérence des écritures comptables et l'application des règles comptables.

- **Contrôles externes :** contrôle fiscal, commissaires aux comptes, consultants externes pour des missions ponctuelles.

  Le système de contrôle doit donc prévoir :

  - une hiérarchisation des opérations en termes de risque financier, technique et humain,
  - la définition de normes régulièrement révisées,
  - le contrôle systématique de tout ce qui est hors norme et/ou dérogatoire,
  - le contrôle aléatoire des autres opérations.

  Le principe de cohérence des moyens de contrôle avec le niveau de risque encouru doit être respecté.

Pour cela, il faut adopter un cycle de contrôle dans lequel le résultat des opérations antérieures de contrôle détermine la nature de l'intervention postérieure.

Quatre types de contrôle peuvent être prévus :

- contrôle normal,
- contrôle allégé,
- contrôle renforcé,
- sorties du système (audit, formation, sanction, etc.).

Il faut également préciser les règles de passage d'un type à l'autre, par exemple :

- au bout de x contrôles décelant moins de y % d'erreurs, un contrôle normal est remplacé par un contrôle allégé,
- si le taux d'erreur est décelé, ou si un tel événement est mis en évidence, on sort du cycle de contrôle pour faire autre chose.

Une fraude est une erreur volontaire. La lutte contre la fraude est un sous-produit de la lutte contre l'erreur. Des contrôles intelligents peuvent réduire les risques d'erreur, et par la même, le risque de fraude.

IV.1.4.2 L'importance des codes d'éthique

Depuis plusieurs années, le management des entreprises fait l'objet d'une interrogation d'ordre philosophique : sur quels principes fonder les droits et devoirs de chacun par rapport à cette réalité sociale et économique que constitue l'entreprise ?

Pour les partisans de l'amoralisme du monde des affaires, il s'agit d'une simple mode. La gestion des affaires a pour première préoccupation l'efficacité. Le management doit rester en dehors de toutes considérations éthiques ou morales. La vague éthique, même s'il s'agit d'une vague déferlante, ne sera qu'éphémère.

Pour d'autres, il s'agit d'un culte purificateur de l'entreprise et du profit. L'éthique est appelée à la rescousse pour améliorer l'image de l'entreprise et mieux motiver le personnel. La morale d'entreprise c'est un « supplément d'âme » mais aussi un « supplément de rentabilité ».

Au-delà de certains comportements véritablement illégaux, les gens manquent parfois de repères, ce qui peut les amener à commettre des actes répréhensibles, d'où la multiplication des codes de bonne conduite : grâce à une charte très précise, le salarié ou le patron sait exactement jusqu'où il peut aller (en matière de cadeaux par exemple).

Il existe des règles du jeu qui ne peuvent être ignorées. Le fondement général de ces règles est simple : il s'agit de pouvoir **poser une hypothèse indispensable de transparence et de confiance**. Les règles viennent sécuriser le processus contractuel qui est à la base des relations de tous ordres que des acteurs économiques « adultes et consentants » sont amenés à établir.

La tradition française conduit à une réflexion qui allie éthique des affaires et déontologie professionnelle. Les entreprises font d'abord un effort d'éclaircissement des pratiques qu'elles connaissent, celles de leur secteur ou celles de leur environnement, en imposant des règles techniques ou en fixant un code de bonne conduite. La déontologie financière est en France l'une de celles qui s'est le plus développée dans une période récente.

Il ne s'agit plus d'imposer ou de s'imposer des normes morales afin d'être en paix avec sa conscience ou de satisfaire à certaines obligations religieuses. Où plutôt, il ne s'agit plus seulement de cela.

S'il est aujourd'hui question d'éthique dans les entreprises les plus performantes du monde, c'est que la réussite, pour être durable, y est reconnue comme étant fonction de la cohérence que l'on est parvenu à créer entre le sens que chacun donne à son existence, les droits et devoirs impartis à chacun, et la finalité de cette aventure collective qu'est l'entreprise.

La question éthique se pose en termes de choix : choix face à une alternative, entre une solution conforme à certains principes (explicites ou implicites) et une solution qui ne l'est pas. Et cette question est posée non pas à une entité collective, mais d'abord à une conscience personnelle, placée face à une situation concrète comportant des enjeux et exigeant de sa part une initiative dans un sens ou dans un autre.

Lorsqu'il faut se déterminer face à un choix généralement complexe (la « bonne solution » ne se trouvant au premier abord ni d'un côté ni de l'autre), le décideur pourra se repérer par rapport à deux sortes de règles du jeu :

- celles qui sont propres à l'entreprise où il travaille (directives, procédures, culture),
- celles qui lui sont propres ou issues de son éducation, de son expérience, de ses convictions et de sa réflexion.

L'observation des entreprises, en France même, suggère en effet l'existence de deux situations extrêmes :

- d'un côté des entreprises dont le système de valeurs affirmé est extrêmement fort et s'impose presque totalement par rapport aux principes d'action qui animent éventuellement le salarié au moment de son embauche ; celui-ci ne peut autrement dit, que se soumettre ou se démettre ;
- de l'autre, des entreprises dont le code de valeurs spécifiques est peu contraignant tout en représentant un faible engagement, et qui par principe ou par nécessité, font essentiellement appel au discernement personnel et donc au code de valeurs qui animent chacun des salariés.

Ce choix à l'extrême constitue beaucoup plus qu'un problème de management.

Deux risques en effet méritent d'être pris en considération :

- celui d'une manipulation des esprits (une culture faisant obligation à chacun de respecter un certain nombre d'obligations assorties d'un homme providentiel, présentant tous les caractères du héros mythique, d'un slogan sans cesse répété et d'un logo),
- celui d'un cynisme triomphant (peu importerait les moyens mis en œuvre par l'entreprise à partir du moment où ceux-ci contribuent à la réalisation des objectifs).

L'entreprise dans ses choix et dans ses décisions, doit prendre en compte simultanément l'existence des différentes parties prenantes que sont les clients, les apporteurs de capitaux, les salariés, les fournisseurs et sous traitants, les collectivités publiques.

Si chacun des salariés, dans ses choix et dans ses décisions, se détermine lui-même en fonction de ses engagements à l'égard de l'entreprise mais également de sa famille, rien si ce n'est l'empire de la nécessité, ne saurait obliger l'individu à accorder la priorité aux exigences requises par l'entreprise. Ainsi, le respect de la liberté individuelle, cette valeur des sociétés occidentales, conduit nécessairement l'entreprise à laisser à chacun de ses salariés le soin de procéder aux arbitrages requis par l'apparition de contradictions entre les principes que lui suggèrent ses différents engagements.

Autrement dit, l'influence de l'entreprise, en tant que créatrice de valeurs morales, se trouve nécessairement limitée par ces autres sources de valeurs qui régissent la vie des salariés.

L'éthique de l'entreprise ne peut donc être que limitée, relative, subordonnée à des exigences plus vastes.

Le problème du management dans les entreprises se trouve ainsi posé en termes de décision dans un environnement incertain dont on possède une connaissance elle-même incertaine et partielle.

Il est de nombreux cas où le manager, butant aux limites de la rationalité se trouve lui aussi réduit à sa seule subjectivité.

L'interrogation éthique devient d'autant plus nécessaire : dans notre économie, l'éthique réapparaît lors de la prise de décision, au moment du choix du mode opératoire.

La chaîne « voir-dire-savoir » nous parait constituer l'indispensable guide au long du cheminement qui va de l'émergence du problème à sa solution : ces trois maillons sont indissolublement liés et présentent également la caractéristique de constamment unir l'individu et le collectif.

À ce sujet, une authentique réflexion morale doit d'abord porter sur la responsabilité associée au pouvoir exercé par tout dirigeant.

La logique de l'obéissance ne fonctionne plus. On ne peut plus gérer du centre, à partir de quelques uns qui savent, pensent, décident, le grand nombre s'appliquant à l'exécution. Il faut simplifier les structures et renvoyer la complexité sur les acteurs qui doivent donc être plus intelligents, conscients, responsables. C'est la logique de la responsabilité.

Or, les conditions permettant à la responsabilité de fonctionner sont au nombre de trois :

- la liberté (autonomie, décentralisation, principe de subsidiarité),
- le discernement des acteurs à tous les niveaux,
- enfin, l'existence d'un champ de force éthique capable d'orienter les réponses qui dépassent les seuls problèmes techniques.

Si quelques règles simples peuvent aider (visa de notes de frais, remboursement de dépenses personnelles), aucun code formel ne pourra envisager toutes les situations. C'est d'avantage le sens éthique de chacun et le climat de l'entreprise qui permettent d'éviter les abus.

Les codes de conduite se développent dans beaucoup d'entreprises. Ils définissent les grands principes éthiques et décrivent, en face de situations concrètes, quelles sont les bonnes réponses à apporter en cas de situation de fraude avérée.

Les comportements des dirigeants et notamment du Président, sont tout à fait déterminants.

Le comportement du dirigeant est le meilleur signe de l'engagement éthique. En tout cas, il est strictement impossible qu'existe dans l'entreprise un souci éthique qui ne serait pas vécu d'en haut. Pour les dirigeants, plus que ce qu'ils disent, compte ce qu'ils sont… et font.

- l'éthique est une exigence actuelle et fortement durable,
- l'éthique est un appel plus qu'une contrainte,
- le souci d'éthique intéresse toutes les cultures, même si les approches diffèrent,
- le pôle du champ de force éthique tel qu'il apparaît aux entrepreneurs occidentaux que nous sommes, est une certaine image de l'homme debout, acteur, créateur et responsable,
- l'éthique de l'entreprise doit tenir compte des champs de force éthiques de la société qui l'entoure et des personnes privées qu'elle emploie,
- l'éthique plus qu'un dire est un faire,

- l'éthique est d'abord au service d'une finalité : les moyens ne justifient pas la fin, mais pour autant la fin ne justifie pas les moyens. Un moindre mal reste un mal,
- pour l'action, des repères sont utiles. Ils se trouvent dans les codes de conduite de certaines sociétés. Repères et codes supposent l'existence de sanctions,
- chaque entreprise doit s'y appliquer à sa manière, fermement. Chaque dirigeant doit savoir que la qualité de son comportement est déterminante.

▸ *IV.1.4.3 Le rôle de la Direction Générale : définir ce qui n'est pas acceptable*

Le premier devoir de l'entreprise est de définir des règles bien précises quant à ce qui est acceptable et ce qui ne l'est pas.

Beaucoup d'entreprises ont des codes de conduite ou d'éthique, mais les salariés n'ont pas tous conscience de ce qui est effectivement permis. Pour cela, une définition écrite des responsabilités de chacun est nécessaire et une clause particulière sur les fraudes doit être rédigée, incluant des exemples ainsi que les mesures prises par la Direction pour sanctionner les fraudeurs. Il ne doit pas y avoir de malentendu sur ce qui est permis et ce qui ne l'est pas.

En principe, les Directeurs, les responsables et le personnel doivent recevoir des instructions bien précises pour alerter, gérer et sanctionner les fraudeurs.

Néanmoins, encore beaucoup d'entre eux considèrent qu'ils n'ont aucun rôle à jouer dans la détection des fraudes et nombreux sont ceux qui ne connaissent pas les risques auxquels sont exposées leurs activités ni ne comprennent l'intérêt des contrôles préventifs ou de détection. Cette attitude qui consiste à vouloir « ne pas avoir de problèmes » peut paraître compréhensible, mais certains responsables vont trop loin en niant même l'existence d'un « problème » jusqu'au jour où celui-ci devient incontrôlable.

Voici ce qui devrait être mentionné dans une charte de lutte anti-fraude :

- un énoncé clair des activités illégales, y compris les fraudes au profit de l'entreprise,
- une définition claire des responsabilités pour mener des enquêtes (en général, l'Audit Interne ou les autorités judiciaires),

- une clause précisant que chaque employé suspectant une fraude doit immédiatement en informer ses supérieurs hiérarchiques,
- une clause assurant que toute action suspecte de la part d'un salarié fera l'objet d'une enquête approfondie,
- une clause précisant que tout suspect ou fraudeur sera traité de la même façon, quel que soit sa position ou son ancienneté dans le service,
- une clause selon laquelle les supérieurs hiérarchiques sont responsables des actes malveillants qui se produiraient dans leur service,
- une clause indiquant que les responsables se doivent de coopérer pleinement avec les enquêteurs,
- une clause interdisant toutes représailles contre les témoins qui auraient permis la découverte d'une fraude,
- une condition selon laquelle l'Audit Interne devra être informé de toutes les enquêtes.

Pour finir, le conseil que nous pourrions donner aux divers responsables et managers d'une entreprise serait qu'ils soient régulièrement sur leur garde pour réagir le plus vite possible et de manière adaptée à tout symptôme de fraude.

▸ *IV.1.4.4 Le rôle de l'Audit Interne*

L'Audit Interne peut aider les opérationnels et les responsables dans la détection des fraudes en les incitant à changer leur attitude :

- définir leurs responsabilités très clairement dans une charte,
- mettre en place des formations pour encourager les responsables à se montrer plus malins et compréhensifs dans l'implication dans leurs contrôles.

Certains auditeurs internes pensent qu'il ne relève pas de leur devoir de détecter les fraudes. Il est courant de les entendre dire : « nous pouvons découvrir une fraude lors d'une mission, mais nous n'avons pas à effectuer des missions spécifiques de recherche de fraude ».

L'Audit Interne peut néanmoins jouer un rôle de dissuasion très fort en faisant savoir que des contrôles existent, mais en n'en divulguant pas l'étendue. Les fraudeurs ne doivent pas se sentir libres d'agir.

Auditer des fraudes suppose que les auditeurs réfléchissent, mais n'agissent pas, comme des voleurs. L'auditeur doit se demander quelles sont les faiblesses de l'organisation, et quels contrôles peuvent être contournés sans attirer l'attention ; comment un voleur peut brouiller les pistes pour ne pas être découvert ? Quelles sont ses responsabilités comment pourraient-elles être élargies ? Quelle explication convaincante pourrait donner un fraudeur suspecté et comment un fraudeur découvert pourrait-il justifier sa conduite ?

Plus l'auditeur apprendra à penser comme un fraudeur, plus ses efforts pour détecter les fraudes seront récompensés.

Aucune organisation, aucune institution, aucun individu n'est à l'abri des ravages de la fraude. Les détecter est un très grand challenge pour les auditeurs, et ils devraient se sentir fiers de relever le défi.

IV.1.5 La fraude informatique

Veiller à la sécurité de son patrimoine informatique est une question de survie.

En effet, la fraude informatique et les autres formes d'utilisation abusive de l'ordinateur comptent parmi les risques les plus graves auxquels sont exposées les entreprises. En se focalisant sur les avantages de l'informatique, les entreprises ont rarement pensé à assurer la viabilité et la sécurité de leurs systèmes.

Par « utilisation abusive de l'ordinateur » nous entendons :

- l'appropriation irrégulière de biens ou de services, ou l'utilisation à des fins commerciales de temps machine,
- la manipulation de comptes informatiques à des fins de détournements,
- l'appropriation irrégulière d'informations, propriété de l'employeur, et l'utilisation de celles-ci en général pour en tirer profit (par exemple,

données comptables, prévisions de bénéfices, offres commerciales, programmes informatiques, etc.),

- la manipulation de matériels ou de systèmes appartenant à une entreprise en vue de placer celle-ci en situation désavantageuse de quelque manière.

Dans les entreprises et plus particulièrement dans les Directions Informatiques, nous trouvons aujourd'hui de plus en plus de spécialistes de la gestion des risques, dont la mission est d'essayer d'intégrer le risque dès la conception des applications.

C'est beaucoup plus efficace et surtout nettement moins cher que de « greffer » la sécurité *a posteriori*. Une opération toujours délicate qui s'apparente parfois à du bricolage.

Il faut être d'autant plus sensibilisé à ces questions de sécurité que l'informatique doit être conviviale et ouverte, ce qui démultiplie le nombre d'utilisateurs et, *a fortiori*, les questions de sécurité.

Les métaphores sont nombreuses pour décrire l'état de vulnérabilité des entreprises face aux risques très divers liés à leur outil informatique. Pour les uns, la situation est celle d'un immeuble où tous les locataires disposeraient de la même clé ; pour les autres, l'entreprise est comme une superbe voiture que l'on aurait garée dans la rue, fenêtres ouvertes et clés sur le contact.

Aujourd'hui, l'ordinateur n'est plus l'objectif, mais le moyen de piratage.

La technique la plus simple, et déjà ancienne, est celle de la « perruque » dont le nom évoque la lenteur avec laquelle cheveu après cheveu, le perruquier réalise son ouvrage.

C'est celle qui est utilisée dans une banque, par l'informaticien indélicat : il lui suffit d'introduire un petit programme qui arrondit par défaut tous les intérêts des placements financiers qu'il est chargé de traiter. Le même programme est chargé de virer sur son propre compte toutes les sommes qui dépassent : centimes s'il arrondit à l'euro pour jouer la prudence, euros s'il arrondit à la dizaine pour se constituer au plus vite son capital frauduleux.

Un salarié est évidemment bien placé pour être le maître-d'œuvre d'un piratage de sa propre entreprise. Et l'on doit reconnaître au fil des ans que les sécurités imaginées par les techniciens sont de faibles résistances. Dans une banque, un perruquier n'est en général découvert qu'après de longs mois, voire des années de fraudes, et souvent sur plainte d'un client plus que sur alerte interne.

Après l'avènement de la micro-informatique et les ramifications tissées à l'échelle mondiale par les réseaux, le risque informatique a pris un visage nouveau très diversifié. Désormais, la plus grande part du patrimoine informationnel de l'entreprise réside ou transite par des micro-ordinateurs et via des réseaux souvent publics et internationaux. La population informaticienne ne se résume plus aux spécialistes habilités à franchir les portes de la salle informatique mais englobe la quasi-totalité du personnel.

▸ *IV.1.5.1 La dimension du problème*

Les spécialistes admettent généralement que la fraude informatique est un phénomène majeur aujourd'hui et on ne saurait contester, étant donné le nombre de cas découverts par hasard, ou simplement parce que leurs auteurs cessent d'intervenir ou commettent une erreur, qu'une forte proportion des fraudes et des détournements n'est pas détectée.

Responsable de 57 % des pertes dues aux sinistres informatiques, la malveillance est en forte progression. Cette catégorie regroupe le vol, la fraude, le sabotage, l'attaque logique, la divulgation d'informations, les malveillances humaines, la copie illicite de logiciels. Autant de risques qui s'amplifient avec l'action conjuguée de la crise économique et de la diffusion accrue des micros.

S'il est difficile de marquer magnétiquement tous les ordinateurs portables d'une entreprise, il est en revanche plus facile de se protéger contre les virus ou de sensibiliser le personnel aux dangers du piratage.

Le problème de la sécurité informatique est de plus en plus un problème de comportement humain, d'organisation, et donc d'éducation.

Par exemples : à quoi sert de chiffrer les échanges d'informations entre systèmes si les gens en parlent au restaurant ? À quoi sert une carte d'accès si le mot de passe est collé sur l'écran du poste de travail ?

IV.1.5.2 Les risques et les conséquences pour l'entreprise

Les risques propres au matériel : vols, incendie volontaire, malveillance sur les installations électroniques et la climatisation, destruction, inondation, détournement de biens ou services…

Les risques propres aux bâtiments : intrusion, destruction, incendie, sabotage, explosion, implosion…

Les risques propres aux traitements : attaque logique, sabotage, infection logique, modifications illicites, atteinte aux algorithmes, divulgation d'information ou de données…

Les risques propres aux télécommunications : écoute, brouillage ou saturation de ligne, intrusion passive ou active, destruction physique ou logique de lignes…

- *Les conséquences directes*

Pour les pertes directes, nous distinguons les pertes directes matérielles qui recouvrent les frais d'expertise, de déblaiement, de réparation ou de remplacement des matériels endommagés, et les pertes directes non matérielles qui recouvrent quant à elles les frais d'expertise et de restauration des éléments non matériels des systèmes atteints (système d'exploitation, données, programme, procédures, documentations et divers).

Les conséquences en termes de disponibilité, confidentialité, intégrité (source Clusif) sont présentées dans le schéma ci-dessous :

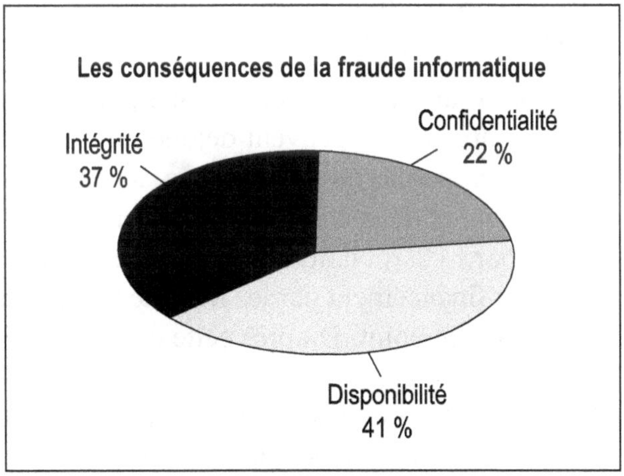

• *Les conséquences indirectes*

Les pertes indirectes se déclinent en quatre parties. Tout d'abord les frais supplémentaires et pertes d'exploitation dans lesquels on inclut d'une part l'ensemble des frais correspondant à des mesures conservatoires destinées à maintenir des fonctionnalités et performances du système aussi proches que possible de celles qui étaient les siennes avant le sinistre, jusqu'à sa remise en état (matériel et non matériel), d'autre part les marges dues à des frais supplémentaires et/ou à des pertes de revenu directes ou indirectes (pertes d'affaires, de clients, d'image, etc.).

Viennent ensuite les pertes de fonds et de biens physiques, les pertes d'informations confidentielles et de savoir-faire, les pertes d'éléments non reconstituables du système (essentiellement des données ou des programmes) évaluées en valeur patrimoniale.

Enfin, n'oublions pas toutes les autres pertes induites par l'utilisation non autorisée de ressources, par la copie de logiciels, et plus généralement par le non-respect de règles qualitatives, réglementaires, déontologiques, etc.

IV.1.5.3 Le profil d'un fraudeur informatique

Les auteurs des fraudes informatiques sont en général des informaticiens, des personnes extérieures à l'entreprise ou des utilisateurs du système informatique. Chacune de ces catégories agit par des voies différentes : le centre de traitement, les supports d'entrée des données, le logiciel et les programmes, la banque de données et les documents de sortie sont donc, entre autres, exposés à des risques.

Les informaticiens tout d'abord, représentent une population bien spécifique. Non seulement parce qu'ils peuvent déjouer un minimum de sécurité logique, mais aussi parce qu'ils ont une tendance à considérer l'information comme libre et devant circuler librement. Une étude réalisée il y a quelques années par 14 associations Européennes Culture et Informatique dans le cadre d'un financement par les Ministères de l'Intérieur et de la Justice est édifiante sur ce point. D'après cette étude, beaucoup d'informaticiens ont tendance à ne pas considérer comme un délit le fait de pénétrer un système d'information et considèrent une intrusion comme un jeu ou un défi. Ils ont donc à la fois les moyens et la motivation.

La deuxième catégorie de fraudeurs fait partie du personnel de l'entreprise : ce sont les utilisateurs autorisés d'une part, et leur entourage immédiat d'autre part. Les premiers ont un accès officiel à une partie de l'information pour un certain nombre de tâches, mais ils peuvent vouloir accéder à d'autres informations et peuvent en avoir les moyens, ou vouloir agir de manière malveillante, alors que les seconds, qui n'ont pas d'accès explicitement prévu à ces ressources, peuvent y accéder par la simple observation d'une personne autorisée (mot de passe, badge oublié, etc.).

Le passé, la personnalité et le style de vie de tous les collaborateurs travaillant autour des postes informatiques donnant accès à ces ressources ne doivent donc pas être laissés au hasard. Les postes de responsabilités ne doivent naturellement être confiés qu'après une soigneuse vérification des références et une analyse approfondie de la responsabilité.

IV.1.5.4 Les statistiques de la fraude informatique

Dans le cadre de ses missions, le CLUSIF [1] publie des statistiques sur la sinistralité informatique en France. De nombreuses enquêtes à partir de 1984 sont élaborées grâce notamment à la FFSA (Fédération Française des Sociétés d'Assurance) sur les sinistres informatiques des sociétés adhérentes.

À partir de 2001, le CLUSIF a souhaité mettre en place une méthodologie statistique rigoureuse conjointement avec le cabinet GMV Conseil suite à l'accroissement de certaines formes de malveillance : virus informatique, intrusion informatique, etc.

Depuis, un rapport complet [2] est réalisé chaque année sur l'état des lieux de la politique Sécurité des systèmes d'information et sur la sinistralité en France.

1. Le Club de la Sécurité Informatique Français a été fondé en 1984 et a fonctionné pendant 9 ans sous les auspices de l'APSAD (Assemblée plénière des Sociétés d'Assurances Dommages) avant de se doter au 1er janvier 1993 de la personnalité juridique d'Association sans but lucratif. La vocation du Clusif qui regroupe à la fois les principaux utilisateurs (responsables de la sécurité des grands groupes et organismes) et les principaux offreurs (experts dans les domaines propres), est de développer la maîtrise de la sécurité et de la qualité des systèmes d'informations et de communications.
2. Consultable sur le site du CLUSIF (www.Clusif.asso.fr)

Il présente les nouvelles formes d'insécurité liées aux développements de nouveaux processus informatiques. Généralement, un focus est réalisé sur les politiques Sécurité dans des entreprises de différents secteurs (hospitaliers, collectivités territoriales…).

La méthodologie utilisée pour le recueil des données s'effectue par entretiens téléphoniques à partir d'un questionnaire adressé par fax. Il est alors intéressant si l'on regarde les enquêtes menées dans des organisations depuis 1993, les évolutions des sinistres informatiques selon leur nature.

• *Enquête menée en 1993/1994*

Selon les chiffres du CLUSIF, la malveillance représentait 40 % des pertes totales dues à l'informatique en 1984. Dix ans plus tard, ce poids atteignait 60 %.

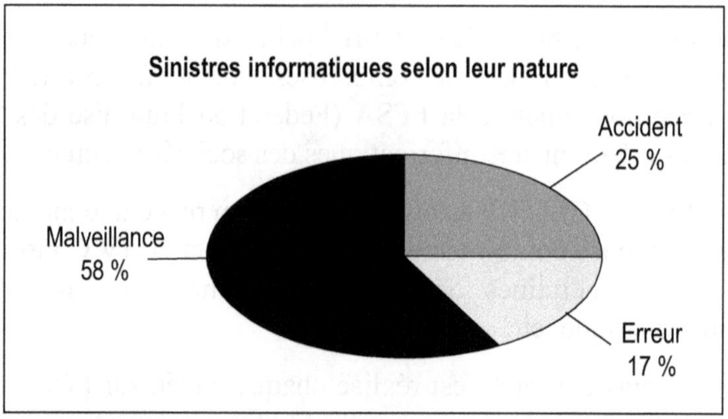

Commentaires sur la situation et l'évolution 1993/1994

Types de causes	%
A (accidents)	+ 2,8
E (erreurs)	– 1,1
M (malveillance)	+ 5,4
Total	+ 3,6

Le vol des petits matériels s'alourdit considérablement, même si le poids global reste limité. Le phénomène est plus net pour les détournements de biens (directs ou indirects grâce à des escroqueries, manipulations, etc.) que pour les détournements de fonds.

Les attaques logiques progressent (+ 7 %). Non seulement le poids des petits sinistres visant l'informatique (virus pour l'essentiel) augmente beaucoup et commence à peser (même si les conséquences économiques sont difficiles à évaluer), mais les attaques directes et indirectes (réseau, réseau local, etc.) augmentent en créant une série de sinistres, moins nombreux mais beaucoup plus graves, se traduisant d'abord en termes d'intégrité et de disponibilité de l'information.

- *Enquête menée en 2000*

Pour l'année 2000 le pourcentage lié à la malveillance a régressé de 35 % au profit des erreurs.

Cette diminution importante en 10 ans des sinistres liés à la malveillance vient alors des efforts importants menés par les entreprises et plus particulièrement les directions informatiques qui se sont dotées d'un budget plus conséquent pour sécuriser ses systèmes.

Durant ces dernières années, l'informatique s'est professionnalisée par la création de RSSI (Responsable de la Sécurité des Systèmes d'Information) et la mise en place de procédures de sécurisation.

En revanche, comme pour le début des années 1990, les sinistres les plus courants restent les vols de matériels, les attaques logiques et les infections par virus.

- *Enquête menée en 2003*

Là encore, on retrouve une stabilité dans la nature des sinistres remontée par les entreprises interrogées. Les infections par virus restent notamment avec 17,6 % des sinistres en tête de la sinistralité informatique.

D'ailleurs, 36 % des entreprises envisagent de renforcer dans les deux ans leurs dispositifs de sécurité pour se protéger contre les virus, les intrusions illicites et le vol.

En fonction de ces résultats menés depuis 15 ans, nous pensons alors que la croissance de la malveillance risque de continuer à être forte, en nous fondant sur plusieurs critères :

- poursuite de la crise en général et rémanence de ces paramètres : insécurité de l'emploi, chômage, tensions sociales, concurrence, etc.,
- poursuite de la crise informatique et apparition de tensions dans le secteur des télécommunications : mutation des systèmes et architectures, budgets restrictifs, mutation des fonctions des informaticiens, déstabilisation de certaines fonctions informatiques, etc.,
- complexité, interconnexion des systèmes,
- évolution des mentalités, manque d'éducation,
- augmentation des enjeux supportés par les systèmes d'information.

▸ *IV.1.5.5 Les points sensibles du système*

Les composantes les plus vulnérables aux risques humains sont principalement :

- les postes de travail, point d'accès naturel des utilisateurs au système d'information,
- les réseaux qui transportent les données, et où ces dernières pourraient être détournées ou manipulées,
- les logiciels, qui peuvent contenir des instructions frauduleuses ou malveillantes,
- les systèmes traitant les informations, accessibles principalement aux administrateurs et exploitants de l'informatique et du réseau, mais aussi à toute personne réussissant à pénétrer par le réseau.

- *Voies d'accès*

Si l'objectif de l'utilisation frauduleuse vise en général les produits, les moyens utilisés sont variés. Par voie d'accès, on veut désigner le premier point du système attaqué par le fraudeur.

La voie d'accès la plus caractéristique des utilisations abusives est le passage par le logiciel et les programmes.

- *La part de la sécurité logique*

Les différents objectifs de la sécurité logique sont que :

- l'accès aux informations soit contrôlé,
- les communications ne puissent pas être détournées ou écoutées,
- les personnes autorisées n'abusent pas de leurs droits et n'accèdent qu'aux éléments pour lesquels elles ont reçu un mandat.

La sécurité logique est un moyen incontournable sans lequel il ne peut y avoir de confiance dans le système d'information.

Un système d'information est souvent appelé stratégique pour la seule raison qu'il est devenu indispensable à l'entreprise et que les anciennes procédures d'accès à l'information ou de traitement de l'information ne sont plus disponibles ou ne sont plus adaptées au fonctionnement de l'entreprise.

Il peut aussi être appelé stratégique parce qu'il participe à la stratégie de l'entreprise notamment pour acquérir des avantages concurrentiels.

Il est alors parfaitement clair que l'on ne peut baser sa stratégie sur un système en lequel on n'a pas entièrement confiance ou pour lequel on ne connaît pas la limite de la confiance que l'on peut lui accorder.

De manière plus précise, c'est dans les systèmes d'information que l'on doit trouver les éléments qui seront à la base des mesures de dissuasion, ce sont eux qui devront prévenir tout accès illicite aux données et confirmer les accès licites aux seuls objets autorisés ; enfin, eux aussi qui devront apporter les garanties et les preuves de la réalité et de l'exactitude des transactions.

IV.2 EXEMPLE : LES RISQUES DE FRAUDES DANS LE DOMAINE DE L'ASSURANCE MALADIE

Dans une activité de services relative à la liquidation des prestations d'Assurance Maladie, les risques majeurs sont sans aucun doute les risques de fraudes et de malveillances internes et/ou externes (voir exemples ci-après). Il est donc particulièrement important de préparer psychologiquement les collaborateurs à centrer leur vigilance sur les risques de cette nature ainsi que de leur donner des outils pertinents et adaptés pour prévenir et/ou détecter le mieux possible les risques de fraudes.

Par ailleurs, la réforme de l'Assurance Maladie dont l'objectif est de mieux soigner en dépensant mieux a mis en œuvre en 2005 un programme d'information et de sensibilisation à destination des professionnels de santé et des assurés pour faire évoluer les comportements et favoriser le respect des bonnes pratiques. Parallèlement, l'Assurance Maladie a annoncé et mis en œuvre un plan de contrôle et de lutte contre les fraudes autour de trois thèmes prioritaires : les arrêts maladie, les dépenses de soins indûment prises en charge à 100 % au titre des affections de longue durée et les consommations ou prescriptions médicales frauduleuses ou dangereuses.

Nous illustrons notre propos avec **quelques exemples de comportements abusifs et de fraudes** [1].

« Il s'agit de cas atypiques très peu fréquents mais révélateurs des fraudes contre lesquelles l'Assurance Maladie entend poursuivre et intensifier sa lutte en 2006. »

Les prescriptions d'indemnités journalières : en Rhône-Alpes, un médecin a fait l'objet de contrôles successifs depuis 2001 et d'un contentieux au Conseil National de l'Ordre qui ont conduit à une interdiction de donner des soins aux assurés sociaux pendant six mois, ainsi qu'un remboursement de 1 500 € à la CPAM, en mars 2004. Malgré ces faits, de nombreuses anomalies ont été observées en 2004 dont une prescription plus de 8 fois supérieure à la moyenne nationale d'indemnités journalières. **La procédure de mise sous accord préalable de ce médecin pour ses prescriptions d'indemnités journalières a été enclenchée.**

Les remboursements à 100 % injustifiés : un contrôle a par exemple révélé plus de 45 % d'anomalies dans les prescriptions d'un médecin et une prise en charge indue estimée à plus de 6000 euros, soit plus du triple de la somme

1. Dossier de presse Contrôles et lutte contre les abus et les fraudes à l'Assurance Maladie, 23 février 2006.

moyenne constatée chez les 1300 prescripteurs les plus excessifs. **Une procédure de pénalités financières a été déclenchée pour ce médecin.**

Le contrôle des « méga-consommants » : le cas d'une jeune femme de 34 ans s'avère exceptionnel, avec un enjeu financier très important. Elle consultait en moyenne 75 médecins par mois et se rendait dans 67 pharmacies différentes. Les deux produits les plus consommés étaient un antidépresseur et un anxiolytique avec une moyenne de 12 boîtes par jour pour l'un des deux produits et de 5,7 boîtes pour l'autre. L'enjeu financier dépasse les 28 000 euros.

L'étude du dossier a révélé des falsifications d'ordonnances avec ratures ou surcharges et fait suspecter un trafic possible. Les éléments médicaux du dossier ne mettent pas en évidence de pathologie particulière mais une addiction sévère.

Un suivi médical serré a été mis en place et une plainte a été déposée au Procureur.

IV.2.1. La typologie des fraudes

En matière d'Assurance Maladie, nous proposons quant à nous une typologie des cas de fraudes segmentée selon trois axes d'analyses :

- selon l'origine de la fraude : interne si commise par un membre du personnel ou par l'informatique ou au contraire externe si commise par des assurés, des tiers ou bien les professionnels de santé (prescripteur ou exécutant). Il est à noter que des cas mixtes, avec complicité interne-externe sont également possibles,
- selon le processus concerné : les pièces justificatives servant de base aux prestations peuvent être inexistantes, fausses ou falsifiées ou bien le paiement lui-même peut faire l'objet de faux en écritures et/ou de falsifications,
- selon la nature des prestations versées comme le fait apparaître le tableau précédent relatif aux risques maladie, maternité, accidents du travail et maladies professionnelles.

Rubriques de dépenses	Prestations correspondantes
Honoraires médicaux et paramédicaux	Remboursement de frais d'honoraires
Pharmacie	Remboursement de frais de médicaments
Examens de laboratoires	Remboursement de frais d'analyses et examens de laboratoire
Frais de transports	Remboursement de frais de transport
Frais d'hospitalisation	Remboursement de frais d'hospitalisation
Soins à l'étranger	Remboursement de frais liés à des soins à l'étranger
Autres prestations en nature	Remboursement de frais de cure thermale libre ou avec hospitalisation
Indemnités journalières	• Indemnités journalières : – Pour accident de travail ; – Pour maladie professionnelle ; – Pour maternité ; – Pour adoption ; – Pour paternité.
Rentes ou pensions d'incapacité permanente	• Indemnité d'incapacité permanente • Pension d'invalidité • Allocation supplémentaire du Fonds spécial d'invalidité • Rente d'ayant droit au titre de la maladie professionnelle
Autres types de prestations	• Remboursements d'autres frais médicaux : optiques, prothèses orthopédiques, appareillage, dentaire, etc.

IV.2.2 La prévention de la fraude

La prévention de la fraude repose sur l'utilisation combinée de deux outils complémentaires :

- **Les scénarios de risques identifiés** en phase de mise en place du dispositif de Contrôle Interne qui vont permettre d'identifier et de mettre en place différentes natures de contrôles destinés à renforcer la maîtrise du risque de fraude. En fonction de la nature du risque, et comme nous le verrons ci-après, il sera fait usage de contrôles systématiques, de contrôles ciblés sur critères ou bien de contrôles aléatoires ou encore d'actions de Supervision.

- **Le recueil de fiches descriptives des fraudes déjà constatées** au niveau de l'organisme ou signalées par un organisme extérieur comme la CNAMTS (Caisse Nationale d'Assurance Maladie des Travailleurs Salariés). Ces fiches serviront de base de travail pour sélectionner les critères les mieux à même de détecter les fraudes éventuelles et donc les parades à instaurer.

Comme nous l'avons déjà énoncé précédemment, la méthodologie MIRIS a notamment pour objectif d'identifier et de hiérarchiser tous les risques à la fois au niveau de l'entreprise et de chaque activité. En effet, l'imagination de scénarios est fondamentale pour bien gérer le risque en le prévoyant. Ces scénarios sont recensés en utilisant une grille standardisée.

Ces deux exemples concrets permettent d'indiquer dans la partie « actions à entreprendre » la nature et la variété des contrôles utilisés : systématiques, ciblés sur critères, aléatoires ou actions de Supervision aléatoires et inopinées de la hiérarchie. Bien évidemment, les actions de la hiérarchie destinées à maîtriser le risque de fraude interne ne sont pas portées à la connaissance des opérationnels concernés. Certes, il importe que chacun soit averti de l'existence d'un dispositif de Contrôle Interne luttant contre la fraude car cela participe à l'aspect dissuasion mais la divulgation des mécanismes employés aurait certainement un effet contre productif.

- Le second outil mis à disposition de la hiérarchie est constitué de fiches descriptives des fraudes déjà constatées soit, au niveau de l'organisme lui-même, soit, par un organisme extérieur qui exerce le même type d'activité comme la CNAM (Caisse Nationale d'Assurance Maladie).

Ces fiches sont consignées par les opérationnels à chaque fraude constatée selon une trame prédéterminée puis sont remontées au niveau de l'observatoire des risques situé au Siège. L'observatoire est l'organe de centralisation, de pilotage et d'entretien du dispositif de Contrôle Interne qui est chargé de centraliser toutes les fraudes, puis de les analyser et de réfléchir conjointement avec les opérationnels aux parades à mettre en place. Les fiches doivent comporter toutes les informations connues relatives à la fraude.

Le tableau suivant volontairement simplifié donne au lecteur quelques exemples tirés de l'expérience du terrain.

Exemple 1 de scénario

Activité : Contrôle de l'activité de liquidation des prestations.
Tâche concernée : Contrôle des dossiers liquidés pour des assurés décédés.
Description du scénario : Liquidation frauduleuse sur assuré décédé Pour des considérations techniques, le système permet de saisir sur le compte d'un assuré décédé des demandes de remboursement pendant 2 ans et trois mois avec des dates de soins antérieures à la date du décès. Il est donc possible d'imaginer un scénario pour lequel un liquidateur saisirait de fausses demandes de remboursements (par exemples, des honoraires médicaux, de la pharmacie, des frais de laboratoire, de transports ou d'hospitalisation) sur le compte d'un assuré décédé après avoir modifié frauduleusement le RIB de l'assuré décédé.
Gravité du scénario (sur une échelle de 1 à 4) : 4.
Probabilité du scénario (sur une échelle de 1 à 4) : 2.
Type de risque identifié (en Disponibilité, Intégrité ou Confidentialité) : Intégrité : fraude interne.
Nature du risque et conséquences : Pertes financières et perte d'image pour l'organisme.
Actions à entreprendre : • Contrôler tous les changements de RIB intervenus dans le fichier des assurés décédés. • Supervision par des contrôles aléatoires et inopinés sur les changements de RIB intervenus dans le fichier des assurés décédés ainsi que sur les paiements aux assurés décédés.

Exemple 2 de scénario

Activité : Maintenance du fichier des prestations.
Tâche concernée : Création d'assurés.
Description du scénario : Création frauduleuse d'assurés fictifs Création d'assurés fictifs soit par fraude interne soit par fraude externe afin de saisir, par la suite, de vraies ou de fausses demandes de remboursements (potentiellement tous les types de prestations : honoraires médicaux, pharmacie, frais de laboratoire ...).
Gravité du scénario (sur une échelle de 1 à 4) : 4.
Probabilité du scénario (sur une échelle de 1 à 4) : 2.
Type de risque identifié (en Disponibilité, Intégrité ou Confidentialité) : Intégrité : fraude interne et/ou externe.
Nature du risque et conséquences : Fraude interne et externe => pertes financières et perte d'image.
Actions à entreprendre : • Rapprochement systématique du fichier de l'organisme avec le répertoire National des assurés RNIAM (fichier externe). • Supervision de la hiérarchie consistant à contrôler de manière aléatoire et inopinée la réalité du rapprochement avec le RNIAM. • Supervision de la hiérarchie sur échantillon ciblé : radiations et créations d'assurés intervenues la même semaine ainsi que créations des membres associés.

Fraudeur	Nature de la fraude	Pièces	Presta-tions	Montant du préjudice	Origine de la découverte
Contrôleur	Fait liquider par un CDD de fausses pièces (faux tampons)	Falsifiées	Hôpital	11321	Vérification d'un doublon : même hôpital, même montant, mais N° Insee différent
Comptable	S'établit des chèques en imitant la signature et procède à de fausses écritures comptables	Non	Hono-raires	6 000	Commissaire aux comptes : le rapproche-ment bancaire comporte des sommes non justifiées
Liquidateur	Liquide des indemnités journalières sans pièces avec N° d'employeur fictif	Falsifiées	Indem-nités jour-nalières	25 345	Cas atypique : constat d'un paiement d'IJ pour un arrêt de travail de 6 mois auparavant
Assuré	Paiement par chèque suite à réimputé. L'assuré falsifie le montant du chèque	Falsifiées	Hono-raires	311	Comptable lors du rapprochement bancaire
Chirurgien dentiste	Falsifie indications de soins et facture des soins non réalisés	Falsifiées	Dentaire	Signale-ment CNAM	Assuré
Pharmacien	Faux renouvellements	Falsifiées	Pharmacie	Signale-ment CNAM	Assuré

Les scénarios retenus et les fiches de recueil des fraudes avérées vont donc permettre de sélectionner les critères les mieux à même de détecter les fraudes. Il est ensuite nécessaire de **réaliser un bilan tenant compte des actions de contrôle déjà existantes** et qui répondent à ces critères afin de **définir les nouvelles opérations de contrôle à instaurer** en prenant en compte au moins quatre dimensions : la nature de l'action, comment la réaliser, l'acteur concerné et la périodicité.

Ce travail d'analyse est réalisé par l'observatoire des risques en concertation avec de nombreux acteurs de l'organisme : les opérationnels pour bien montrer la volonté de report d'attention aux réalités sur le terrain d'exécution, le responsable de la production pour l'évaluation de la charge de travail et l'informatique pour mesurer la faisabilité des développements informatiques à réaliser.

Le tableau suivant présente deux exemples d'actions mises en place après réalisation de requêtes informatiques spécifiques :

Nature	Périodicité	Comment	Acteur/ Supervision
Exploiter la requête des seuils de plus de x Euros.	Mensuelle	Par sondage : Si dentaire, vérifier qu'il n'y ait pas eu de travaux sur les mêmes dents et ce sur un an environ. Si appareil auditif, vérifier qu'il n'y ait pas eu d'autre achat récent (un an environ). Si IJ (Indemnité Journalière), vérifier la réalité et l'exhaustivité du paiement en remontant à la pièce. Pour toutes ces prestations, en cas de suspicion, faire un signalement au contrôle médical et une fiche gestion du risque.	Contrôleur/ Direction
Exploiter la requête des + de x décomptes.	Mensuelle	Exhaustivement : contrôle sur le montant, le code acte, la date d'exécution, le numéro de sécurité sociale, la date de naissance du bénéficiaire. Soumettre au service médical. Selon l'avis du service médical, régularisation ou contrôle obligatoire sur une période donnée.	Contrôleur/ Direction

En conclusion de cette partie, et pour répondre aux nouveaux enjeux inhérents aux échanges de plus en plus dématérialisés, à l'augmentation manifeste des cas de fraudes et à la professionnalisation des fraudeurs, nous signalons également au lecteur l'existence de solutions informatiques complètes d'analyse de données qui permettent de piloter encore mieux le risque de fraude en favorisant une démarche proactive.

Ces solutions utilisent des méthodes statistiques simples ou plus complexes (arbre de décision, régression…) pour rechercher des comportements frauduleux dans un ensemble de données afin de proposer des systèmes d'alertes et d'en mesurer également l'efficacité.

IV.3 GUIDE D'AUDIT DE LA FRAUDE

Les récents scandales financiers, l'affaire Enron ou Worldcom par exemple, ont montré que les auditeurs internes, les grands cabinets d'audit ou les commissaires aux comptes sont tous passés « à côté » de manipulations frauduleuses orchestrées souvent depuis des années.

Faut-il alors remettre en cause les grands principes et les analyses menées par les démarches d'audit ?

La réponse est bien évidemment non car, ne nous trompons pas de cible, l'audit n'est pas une assurance tous risques et n'a surtout pas vocation à déceler toutes les fraudes ou malveillances avérées, contrairement aux démarches d'inspection. L'audit a une obligation de moyens, pas de résultat.

C'est dans ce contexte que, ces dernières années, les secteurs de l'assurance (Projet Solvency II), de la banque (Bâle II) et des instituts spécialisés comme l'ECIIA (Confédération Européenne des Instituts d'Audit Interne) se sont orientés vers une plus grande réglementation des processus de gestion des risques et des procédures de Contrôle Interne.

La fonction d'audit se trouve désormais au cœur du dispositif de maîtrise et de réduction des risques. Plus particulièrement dans le domaine de la fraude, les travaux menés par l'ECIIA (rédigés dans son livre vert en 1996) ont débouché sur des recommandations et des prises de position sur le rôle des auditeurs internes dans la prévention des fraudes.

En particulier, elle préconise que la fraude soit reconnue comme l'un des nombreux risques inhérents à l'activité de l'entreprise. L'évaluation de la probabilité de survenance d'une fraude et son impact doit faire partie du processus périodique d'évaluation du risque dans l'entreprise réalisé par le Conseil d'Administration dans le cadre de la révision de ses stratégies. L'Audit Interne a un rôle essentiel à jouer dans ce processus, en assurant aux parties prenantes que ce processus de grande importance est réalisé avec une régularité suffisante et de façon rigoureuse [1].

La fraude étant aujourd'hui reconnue comme un risque d'entreprise, il faut que le Contrôle Interne de deuxième niveau (c'est-à-dire l'audit) s'intéresse à toutes les menaces ou dangers potentiels de malveillance avec ses conséquences sur l'organisation : impact financier, impact sur l'image, impact interne, impact client/fournisseurs.

Toujours selon l'ECIIA, les défaillances en matière de Contrôle Interne ont presque toujours été identifiées comme l'un des principaux facteurs

1. « Le rôle de l'auditeur interne dans la prévention des fraudes : prise de position de l'ECIIA », les cahiers de la recherche, IFACI septembre 2000.

dans les nombreux effondrements d'entreprises qui ont marqué la fin du XXe siècle.

Aussi, le rôle des équipes dirigeantes et en particulier des Conseils d'Administration, des Conseils de Surveillance ou des Comités d'évaluation est fondamental dans leur capacité à s'approprier et à diffuser cette culture de contrôle. L'approche dite de « soft control » (contrôles informels) qui développent plus particulièrement les comportements à tenir en matière d'éthique des affaires dépend en grande partie de la volonté des dirigeants à montrer l'exemple.

Cela va d'ailleurs dans le sens des principes de gouvernance mis en place dernièrement suite aux scandales financiers pour qu'à tous les niveaux d'une entreprise, et plus particulièrement au sommet de la hiérarchie, une inspection périodique (commandité par un comité ad hoc) soit réalisée sur l'ensemble du dispositif de conformité (procédures, normes, règlements, charte déontologique, plans, lois).

La norme sur la conformité aux réglementations (MPA 2100-5), les recommandations de la Commission Bancaire ou même les recommandations du Comité de Bâle pour doter les organisations d'un programme de « compliance » (conformité aux normes) vont dans le bon sens en matière de prévention de fraudes.

Subséquemment, le rôle de l'Audit Interne est de contribuer efficacement et durablement à la prévention et à la détection de la fraude et/ou malveillance interne.

D'ailleurs, la norme professionnelle 330 de l'IIA (Institute of Internal Auditors) demande à ce que les auditeurs examinent les risques associés à la sauvegarde des actifs et donc du patrimoine de l'entreprise. Il s'agit donc pour eux d'examiner également tous les risques liés à des manipulations frauduleuses : vol, escroquerie, activité illégale comme la conception de faux ou d'usage de faux.

Nous allons voir dans les pages qui suivent quel guide d'audit (ou ses composants essentiels) l'auditeur doit mettre en place pour contribuer à la maîtrise des risques de fraudes.

IV.3.1 La détection des fraudes

> **Le hasard est le plus grand facteur de découverte, mais l'entreprise peut aussi apprendre à trouver.**

L'alerte peut être donnée par l'extérieur :

- lettre ou coup de téléphone anonyme (règlement de compte),
- fournisseur qui reçoit un chèque dans des circonstances ou pour des montants qui l'étonne, et qui appelle l'entreprise émettrice du chèque pour s'assurer qu'il n'y a pas une erreur,
- une banque qui appelle pour avoir confirmation d'un chèque émis,
- le service comptabilité qui fait le rapprochement entre chèques émis et présentés.

C'est l'extérieur qui permet de donner le 1er élément de la fraude, qui permet d'alerter l'entreprise et de mettre la puce à l'oreille en disant : attention, il y a peut-être quelque chose de bizarre qui se passe et de pas très honnête.

Souvent, les fraudes sont découvertes pendant les vacances du fraudeur, lorsqu'il n'a plus la main dans l'organisation.

Pourquoi les auditeurs ne détectent-ils pas les fraudes ?

- Ils ne pensent pas que cela fasse partie de leur mission ;
- Ils font trop confiance aux audités. Beaucoup de fraudes pourraient être détectées et même évitées si les auditeurs se montraient plus sceptiques. Plus d'une fois, les auditeurs se sont contentés des explications des salariés sans chercher à vérifier ce qu'ils disaient. En d'autres termes, si les explications sont logiques, elles sont suffisantes ;
- Ils pensent que les responsables sont au courant de tout ce qui se passe dans leur service et sont plus à même de détecter les fraudes et de prendre les mesures qui s'imposent ;
- Ils ne connaissent pas vraiment les indicateurs qui peuvent mettre en alerte sur les cas de fraude ;

- Ils surestiment trop la fiabilité des contrôles par sondage ;
- Ils sont trop limités dans le temps et par le budget pour pousser plus loin leurs investigations ;
- Ils n'accordent pas d'importance aux symptômes de fraude parce que l'appréciation générale sur le fonctionnement d'un service est bonne ;
- Ils ne sont peut-être pas toujours aussi indépendants qu'ils le devraient, et ne se sentent pas libres de leurs agissements.

Les auditeurs internes doivent connaître les indicateurs et les risques spécifiques liés à l'environnement dans lequel évolue l'entreprise. Un indicateur est défini comme la manifestation d'une condition qui est directement liée à l'activité d'une action frauduleuse.

Le spectre de la détection pourrait être plus fort avec un service d'audit plus présent. Dans de nombreux cas l'audit pourrait jouer un très grand rôle de dissuasion si les salariés et les responsables savaient qu'ils recherchaient activement à démasquer les fraudes. Les auditeurs ne peuvent pas découvrir toutes les fraudes, mais ils peuvent montrer qu'ils les recherchent. En adoptant cette attitude, les fraudeurs en puissance se sentiront déjà moins libres de leurs actes.

Pour détecter les fraudes, les auditeurs doivent vouloir les voir.

Un des rôles importants de l'audit repose sur le fait d'identifier et de rendre compte des problèmes non encore connus, tels que les défaillances du Contrôle Interne, les erreurs et les fraudes. Les techniques d'audit et les tests réalisés par l'audit sont là pour porter les problèmes à la surface.

IV.3.2 Les points de contrôle interne et tests à réaliser

▸ *Rôle de la Direction générale*

La Direction générale adopte t-elle une attitude de lutte active contre la fraude ?

Existe-t-il des comités d'audit réunissant toues les directions, et au cours desquels l'accent est mis sur la prévention contre les risques de fraude ?

- Entretiens avec le comité d'audit pour connaître l'implication de la DG à ce sujet.
- Se faire communiquer tous les documents circulant à l'intérieur de l'entreprise, et discutant du problème de la fraude interne.

Sa position sur le sujet est-elle clairement exposée et connue au sein de l'entreprise ?

Tout le personnel de l'entreprise est-il sensibilisé au problème de la fraude ?

- Élaborer un questionnaire (anonyme) pour savoir si les salariés sentent qu'il existe un réel effort de communication sur la fraude au sein de l'entreprise.
- Essayer d'obtenir la même appréciation sur ce sujet en faisant des réunions de groupe.

En ce qui concerne le respect des lois et des règlements, la politique affichée par la Direction générale est-elle claire ?

Des pratiques frauduleuses dans la conduite des affaires sont-elles connues dans l'entreprise ?

Existe-t-il une interprétation abusive de certaines règles notamment comptables et fiscales, où l'entreprise essaierait de tirer profit d'un énoncé ambigu ?

- S'entretenir avec différents responsables hiérarchiques.
- S'entretenir avec les responsables de la comptabilité.

Quelles actions de communication sont prévues pour sensibiliser le personnel au risque de fraude ?

- S'adresser au service Communication interne.
- Analyser les comptes rendus (si ils existent) des manifestations organisées pour sensibiliser les salariés sur le thème de la fraude interne.
- Analyser les documents mis à la disposition des salariés (notamment, le journal interne).

La Direction communique t-elle les cas de fraude découverts dans son établissement, ainsi que les sanctions prises contre les fraudeurs ?

- Si oui, analyser les documents diffusés en s'adressant au service Communication.

Ces questions doivent permettre à l'audit d'apprécier, dans un premier temps, le climat général dans lequel évoluent les salariés de l'entreprise et de découvrir les moyens déjà existants à l'intérieur de l'entreprise pour sensibiliser les salariés et l'ensemble des membres de l'entreprise au problème de la fraude.

Les lacunes de l'organisation sur ce sujet devront être relevées par l'audit qui proposera les recommandations qui s'imposent et que nous avons décrites en première partie sous l'intitulé : « Comment prévenir les fraudes internes ? »

▸ *Structure et organisation*

Existe-t-il un manuel de procédures, clair et à portée de main ?

Ce manuel représente t-il un support intéressant auquel peuvent se reporter les salariés ?

- Procéder par sondage et analyser le manuel de procédures des services sélectionnés.

Les salariés connaissent-ils les pratiques et les normes propres au secteur d'activité dans lequel exerce l'entreprise ?

- S'adresser au service Formation pour connaître les séminaires de formation existants à l'intérieur de l'entreprise. Analyser le contenu de ces séminaires.

Existe-t-il un organigramme bien précis et régulièrement remis à jour ?

- Analyser l'organigramme général de l'entreprise.
- Procéder par sondage et analyser l'organigramme plus détaillé des services sélectionnés (notamment ceux des services jugés à risques en terme de fraude interne).

Cet organigramme donne t-il par poste, le nom exact des personnes ainsi que l'intitulé de la fonction ?

Les structures hiérarchiques sont-elles bien définies ?

Les salariés savent-ils précisément de qui ils dépendent, et qui est leur responsable ?

▸ *Définitions de poste*

Existe-t-il pour chaque poste une définition des tâches à accomplir ?

Les fiches de définition de poste sont-elles régulièrement mises à jour ?

- Procéder par sondage, et analyser les fiches de définition de postes sélectionnés.

Cette définition est-elle bien conforme au travail effectivement réalisé par les salariés ?

- S'entretenir avec des opérationnels (toujours pour les services sélectionner pour le sondage, il s'agira de préférence des « fonctions de l'entreprise les plus risquées »).
- Faire circuler un questionnaire de satisfaction auprès des salariés.

La séparation des fonctions est-elle bien respectée ?

- Consulter les organigrammes existants et les confronter aux fiches de définition de poste.

La séparation des hiérarchies est-elle bien respectée ?

L'intitulé des postes est-il bien clair et logique par rapport à la tâche accomplie ?

Existe-t-il un tableau de suivi de l'activité de chaque employé ?

Ces tableaux sont-ils analysés par rapport à une activité normale ?

- L'auditeur devra se placer dans une optique de fonctionnement et d'activité normaux pour relever les éventuels signes d'anormalité.
- Comparer l'activité des employés les uns par rapport aux autres à fonction égale.
- Si une telle comparaison n'est pas possible, analyser l'évolution de l'activité des salariés dans le temps.

Existe-t-il un tableau de suivi des erreurs ?

- Les auditeurs internes devront accorder une attention particulière aux erreurs réalisées par les salariés. En effet, celles-ci peuvent révéler qu'un salarié est en train de tester le système et faiblesse du système.

Ces indicateurs doivent permettre à l'audit interne de juger de la cohérence dans l'organisation générale de l'entreprise, notamment en terme de séparation de fonctions et de hiérarchie, de s'assurer de l'existence des contrôles réalisés par l'encadrement.

▸ *Management des ressources humaines*

Existe-t-il une procédure d'embauche bien rigoureuse ?

- Entretien avec le Directeur des Ressources Humaines pour se faire expliquer la procédure d'embauche. Quels sont les tests réalisés sur chaque candidature ?

À quel niveau de la procédure de recrutement ces tests sont-ils effectués ?

- Analyser par sondage, des dossiers de recrutements en cours.

Existe-t-il une procédure d'enquête auprès des anciens employeurs ?

Au moment de l'embauche, les salariés doivent-ils signer un contrat de travail dans lequel sont stipulées ses obligations légales ainsi que sa responsabilité ?

- Analyser les clauses d'un contrat de travail type.

De quelle manière sont suivis les salariés de l'entreprise ?

Le service ressources humaines contrôle t-il la rotation des effectifs ?

- L'audit interne devra notamment s'attacher à analyser les changements de fonction au sein de l'entreprise.

Existe-t-il un bilan social ?

Comment sont suivies les vacances, et les absences ?

- Étudier le tableau reportant ce suivi, et accorder une attention particulière aux salariés qui ne partent jamais en vacances.

Le service ressources humaines est-il un interlocuteur privilégié pour connaître les soucis financiers des salariés ?

- Analyser les demandes de prêts ou d'avances sur salaires demandés par les salariés.
- Accorder une attention particulière aux salariés qui avaient des difficultés économiques et qui du jour au lendemain n'ont plus de souci.

Si quelqu'un n'a pas encore fraudé, cela ne signifie pas qu'il ne fraudera jamais, mais le passé des salariés ainsi que leur évolution dans la vie privée ou professionnelle peuvent être des facteurs de motivation pour passer à l'acte. L'audit doit donc s'assurer que l'entreprise prend des précautions avant l'embauche et qu'elle suit ses salariés tout au long de leur carrière à l'intérieur de l'entreprise.

▸ *Sécurité, protection des actifs*

Quelles sont les mesures de protection d'entrée et sortie dans les locaux de l'entreprise ?

- Entretien avec les services Maintenance et Sécurité.
- Analyser les dispositifs existants : sas de sécurité, badge d'entrée…

Quelles sont les mesures de protection d'entrée dans les bureaux ?

Quelles sont les mesures d'entrée et sortie dans les entrepôts de l'entreprise (s'il y en a) ?

Les salariés ferment-ils systématiquement la porte de leur bureau à clé ?

- Au cours des entretiens avec les opérationnels et chefs de service, se faire expliquer les règles de sécurité exigeaient de chacun.
- Faire des contrôles inopinés : aller dans les bureaux aux heures de déjeuner par exemple, et vérifier si les bureaux sont fermés à clé.
- Si les bureaux restent ouverts en cas d'absence prolongée, essayer de se connecter sur les ordinateurs.

Les tiroirs également sont-ils fermés ?

Les documents confidentiels sont-ils laissés sur le bureau le soir ?

- De la même façon, faire des contrôles inopinés, et essayer de rentrer dans les bureaux lorsque les salariés en sont absents.

Les salariés qui désirent travailler en dehors des heures et des jours habituels doivent-ils en demander l'autorisation expresse ?

- Demander s'il existe une procédure réglementant le travail en dehors des horaires administratifs.

Ces règles touchant les mesures élémentaires de sécurité doivent permettre à l'audit interne, d'apprécier les moyens mis en place pour protéger tous les actifs (y compris l'information propre à l'entreprise).

▸ *Les contrôles de base face à la fraude informatique*

- *Sécurité informatique :*

Existe-t-il un programme de sécurité informatique bien précis au sein de l'entreprise ?

Quelles sont les mesures pratiques prises dans l'entreprise pour assurer la fiabilité des systèmes d'information ?

- Entretien avec les informaticiens et les responsables chargés de l'élaboration et du suivi du schéma directeur informatique.
- Si oui, sur quels principes repose t-il ?

Tous les salariés sont-ils sensibilisés au besoin et à l'importance de la sécurité informatique ?

Existe-t-il des réunions entre utilisateurs et équipe informatique ?

Les utilisateurs peuvent-ils communiquer facilement avec l'antenne micro informatique en cas de problèmes ?

Si oui, analyser le compte rendu de ces réunions.

Existe-t-il des stages de formation, notamment avant la mise en place de nouveaux outils ?

- *Sécurité logique et physique*

Les contrôles d'accès existants sont-ils régulièrement contrôlés ?

- Faire des contrôles inopinés sur les micro-ordinateurs.
- Faire des tests et tentatives d'instruction dans le système.

Les habilitations accordées aux utilisateurs sont-elles bien en phase avec les besoins de la fonction occupée ?

Les habilitations temporaires (exemple : personnel intérimaire) sont-elles rigoureusement suivies ?

- Analyser la liste des habilitations par rapport au profil de chaque utilisateur (technique de sondages).
- Vérifier que chaque personne travaille bien sous son propre identifiant (exemple : la secrétaire qui est en congé et qui dévoile son mot de passe à la secrétaire intérimaire qui la remplace).

Ce contrôle est-il réalisé régulièrement ?

Les habilitations sont-elles revues régulièrement, notamment pour une remise à jour (changement de poste) ?

- Analyser, pour les personnes qui ont récemment changé de fonction si la liste des habilitations a été modifiée en conséquence.

Les utilisateurs de l'outil informatique sont-ils sensibilisés à la protection de leur mot de passe ?

- S'assurer qu'il n'y a pas d'échanges de mots de passe entre opérationnels.

Les accès aux salles informatiques sont-ils protégés et réservés aux seuls informaticiens ?

- Essayer de pénétrer « incognito » une salle réservée.

- *Exploitation*

Existe-t-il des procédures formelles ?

- Entretien avec l'équipe informatique. Analyser les procédures décrites.
- Vérifier la cohérence avec l'ensemble du schéma directeur.

L'activité des pupitreurs est-elle enregistrée ?

- Utiliser ces enregistrements pour étudier les variations anormales de l'activité.

L'accès aux données est-il restreint ?

Il y a-t-il des procédures relatives à la gestion des mots de passe ?

Les programmes de saisie sont-ils contrôlés ?

- Analyse de l'activité et des taux d'erreur par sondage.

Existe-t-il un contrôle des montants saisis ?

Si oui, existe-t-il un plafond pour les montants saisis ?

Les opérateurs peuvent-ils forcer le système ?

Le système lance t-il un message écran pour demander confirmation de la saisie pour des montants dépassant le plafond normalement autorisé ?

La signature des responsables est-elle exigée ?

- Analyser les montants moyens saisis par utilisateur, et les comparer à la moyenne du service par rapport à un niveau d'activité normale.
- Accorder une attention particulière aux enregistrements d'un montant peu ordinaire.
- Analyser la fréquence de l'enregistrement de montants élevés par poste de travail.

L'exploitation est-elle séparée des études ?

IV.3.3 Les systèmes dits de « Whistheblowing »

Dans de nombreux pays anglophones, les États-Unis, l'Australie, le Royaume Uni, la Nouvelle Zélande, le principe de « WhistheBlowing » (ou de dénonciation) fait partie intégrante de la législation.

Il est alors couramment admis qu'un employé qui a connaissance (ou même seulement des soupçons) d'actions frauduleuses en fasse part à sa hiérarchie sous le sceau de la confidentialité.

Le système de dénonciation repose sur une procédure bien établie et qui doit protéger le « dénonciateur ».
Bien entendu, pour que ce genre de démarche soit applicable, **le Conseil d'Administration doit établir une charte de déontologie et des procédures précises** pour à la fois éviter tout débordement par l'application de pénalités en cas de dénonciation abusive et non fondée et protéger le salarié qui dénonce des malversations. Il est donc important de bien

informer l'ensemble du personnel par une communication exhaustive sur toutes les préoccupations exprimées quant à ce genre de pratique.

Il est à noter que la CNIL tolère la mise en place d'une ligne téléphonique en France après un premier avis négatif. En effet, le 26 mai 2005, la CNIL avait refusé d'autoriser des dispositifs spécifiques de « lignes éthiques ». Néanmoins au vu de la loi américaine Sarbanes-Oxley, le 10 novembre 2005, la CNIL a adopté un document d'orientation définissant les conditions que doivent remplir les dispositifs d'alertes professionnelle :

- restreindre le dispositif d'alerte au domaine comptable, du contrôle des comptes, bancaire et de la lutte contre la corruption,
- ne pas encourager les dénonciations anonymes,
- mettre en place une organisation spécifique pour recueillir et traiter les alertes,
- informer la personne concernée dès que les preuves ont été préservées.

V.

ORGANISATION, ÉVALUATION ET PILOTAGE DE LA FONCTION CONTRÔLE INTERNE

V.1 PROPOSITION D'UN MODÈLE D'ORGANISATION DU CONTRÔLE INTERNE

Pour entretenir la supervision et l'animation du Contrôle Interne de façon permanente dans une organisation en assurant la cohérence globale du dispositif avec les décideurs de l'entreprise, il convient de définir explicitement les rôles et objectifs de chacun, ainsi que les modes de reporting.

Modèle d'organisation de la fonction Contrôle Interne

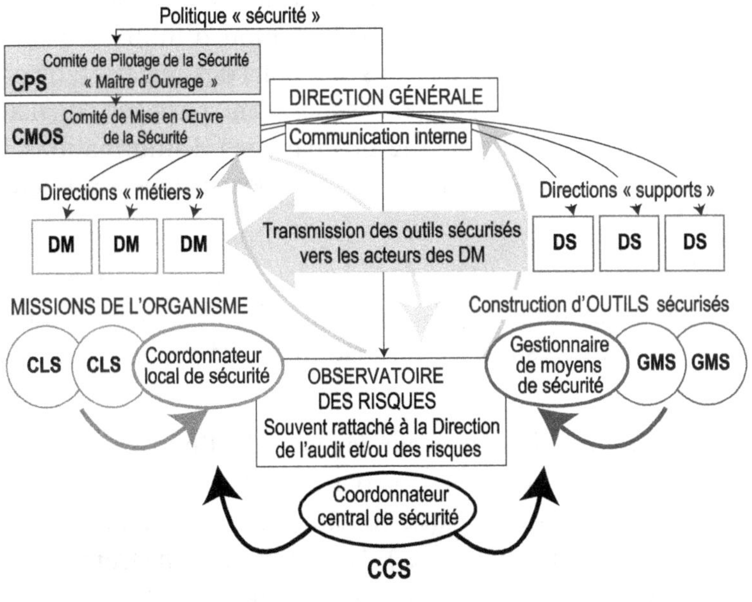

Le schéma précédent illustre les principes organisationnels, les rôles des acteurs et les flux d'informations entre les différentes strates de l'entreprise.

On constate qu'il y a environ une dizaine de partenaires qui peuvent assurer des rôles différents dans cette organisation type :

La Direction Générale		Le CLS :	Coordonnateur Local
Le CPS :	Comité de Pilotage de la Sécurité	Le CCS :	Coordonnateur Central de Sécurité
Le CMOS :	Comité de Mise en Œuvre de la Sécurité	Le GMS :	Gestionnaire de Moyens de Sécurité
La Hiérarchie Intermédiaire		L'Auditeur Interne	
L'Agent de Production		Le Participant d'un Groupe Projet	

Remarque : Le Compliance Officer est également régulièrement utilisé en lieu et place du CCS ou du CLS, principalement dans les sociétés soumises au Sarbanes-Oxley Act.

L'Observatoire des Risques, souvent rattaché à la Direction de l'Audit ou des Risques, est un instrument de concentration d'informations sur les risques, de routage de ces informations aux bons destinataires, de garantie que toutes les informations sur les risques sont partagées/diffusées de façon cohérente et de l'exhaustivité des partages d'informations sur les risques, et enfin de restitution de la « vision des risques » à l'échelle de l'entreprise.

De ce dernier point de vue, l'Observatoire est donc un instrument d'agrégation et de représentation de l'état des vulnérabilités des différentes fonctions de l'entreprise, c'est-à-dire un instrument de reporting général des risques.

Ce reporting n'est possible que sur la base de l'existence d'outils de capture des mesures des risques. Ces outils sont les questionnaires remis entre les mains des CLS de chaque fonction (Directions opérationnelles, Directions techniques et supports…). La qualité de l'instrument de décision remis à la Direction générale sera donc directement liée à la richesse en nombre et en pertinence des questions de révision permanente de l'état des risques.

Éventuellement, l'audit et ses propres outils de questionnement viendront compléter ou tout au moins valider les mesures effectuées, mais la garantie permanente de la bonne application des mesures de Contrôle Interne doit rester entre les mains de la cellule d'Observatoire des risques.

C'est ce que tente de résumer le graphique suivant :

Le rôle de l'observatoire des risques

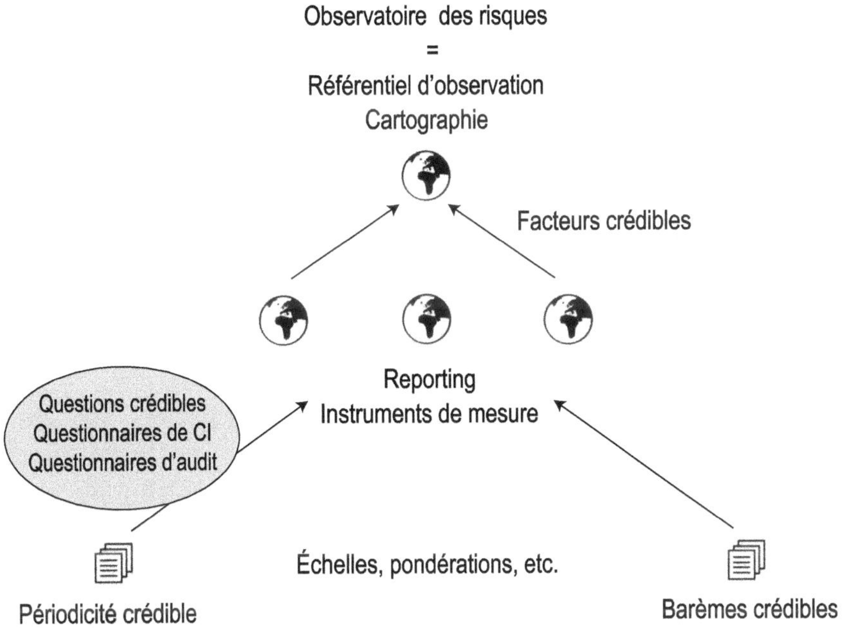

Qualité du CI = fonction (richesse et pertinence des questionnaires)

Le modèle d'organisation de la fonction Contrôle Interne que nous avons présenté en début de chapitre permet de mettre en exergue trois catégories de comportements des différents acteurs que nous allons baptisées : **Réactive – Active – Passive**.

Partie Réactive

La Direction Générale élabore la politique de Contrôle Interne permanente.

La CPS en déduit les axes stratégiques (la Direction y est présente et le CPS en est un membre).

Le CMOS conduit et suit les projets répondant à cette stratégie (exemples : déploiement de la démarche, constitution du référentiel « risques », évolution des procédures, etc.).

La hiérarchie intermédiaire actionne les réponses appropriées suivant les alarmes des indicateurs.

L'Agent « de Production » signale spontanément toute présomption de dysfonctionnement par rapport aux règles édictées.

Le CLS remonte les incidents et les informations concernant leur traitement et le résultat.

Le CCS restitue de nouvelles règles de Contrôle Interne ou met à jour les anciennes.

Le GMS attire l'attention dès qu'un projet n'intègre pas la méthodologie d'analyse des risques.

Partie Active

La Direction Générale signe les publications de communications internes qui lui sont proposées.

Le CPS entérine les travaux réalisés sous la conduite du CMOS.

Le CMOS réagit auprès du CPS dès qu'il y a dysfonctionnement d'un projet qui touche au Contrôle Interne.

La hiérarchie intermédiaire pratique régulièrement sa Supervision.

L'Agent de Production applique les procédures (de contrôle de production ou de traitement dégradé).

Le CLS vérifie périodiquement les questionnaires d'analyse des risques.

Le CCS entretient les projets de communication interne, assure la veille méthodologique et technique de sécurité.

Le GMS assure son rôle de gardien de la maîtrise des risques et de producteur d'outils de sécurité.

Le Participant d'un Groupe Projet applique la démarche d'analyse des risques pour enrichir le cahier des charges, les tests, etc.

Partie Passive

L'Auditeur Interne constate l'état des lieux du Contrôle Interne et en rapporte.

L'Observatoire des Risques tient à jour les modèles de représentation des niveaux de vulnérabilité de chacune des entités de l'entreprise.

V.2 ÉVALUATION ET PILOTAGE DU DISPOSITIF DE CONTRÔLE INTERNE ET DE GESTION DES RISQUES

La responsabilité du management est notamment de gérer le risque économique avec pour objectif de préserver la valeur des fonds propres pour les actionnaires dans un contexte global d'aversion aux risques qui se traduit par :

- un accroissement de la réglementation : LSF, Sarbanes-Oxley Act, Bâle II, 97-02, Solvency II, le décret du 13 mars 2006, le décret du 19 mai 2008,
- une augmentation des exigences d'information,
- des risques juridiques et de réputation élevés.

Néanmoins, il s'agit aussi d'assurer de façon cohérente les fonctions de « conformité », de suivi des risques opérationnels et de Contrôle Interne dans des conditions économiques acceptables, ce qui nécessite de se doter d'outils pertinents et adéquats.

Il est en effet souhaitable de formaliser une stratégie de maîtrise des risques et de mettre en œuvre une organisation et des outils de Contrôle Interne permettant d'en assurer le suivi et le pilotage.

Comme nous avons pu le décrire précédemment, les nouvelles réglementations incitent fortement :

- à la mise en place d'un dispositif de Contrôle Interne : voir le chapitre intitulé « La mise en œuvre d'un projet de Contrôle Interne »,
- à l'évaluation du dispositif de gestion des risques et du Contrôle Interne au-delà du recensement et de la documentation des procédures et moyens en place,
- au pilotage de ce dispositif.

Aussi, l'enjeu est de fournir les moyens adéquats aux organisations pour réaliser cette phase d'évaluation exhaustive de l'efficacité des procédures et du dispositif de Contrôle Interne en place, aux bornes du Groupe et de ses composantes (filiales, unités opérationnelles, centre de décisions).

V.2.1 L'évaluation du dispositif de Contrôle Interne : une démarche pragmatique

La démarche adoptée par plusieurs grands groupes internationaux consiste à **mettre en œuvre une évaluation participative** qui implique les opérationnels, responsabilisés au même titre que la Direction, dans leur domaine de compétences et de responsabilités. Cette démarche présente le mérite d'être plus objective qu'une revue et une appréciation sommaire menées depuis le Siège sur un nombre d'organisations limitées plus ou moins représentatives de l'activité de tout un Groupe. Elle permet également de s'assurer de la complète maîtrise de l'ensemble des risques auxquels l'organisation est confrontée mais demeure *a contrario* plus longue.

L'évaluation du dispositif de Contrôle Interne sur un mode participatif et déclaratif s'organise principalement sous forme de questionnaires et de tests sur les points de Contrôle Interne mis en place tout au long des processus de management de l'entreprise ; **la finalité est d'offrir une appréciation synthétique à la Direction d'un Groupe et de faire émerger de manière homogène les zones de faiblesses**. Les résultats obtenus des opérationnels, beaucoup plus légitimes et pertinents car provenant directement du terrain, contribuent à fournir les éléments de pilotage et d'aide à la décision pour orienter les actions correctrices nécessaires.

Cette évaluation du Contrôle Interne pourrait ainsi être une première étape de défrichage pour identifier des sujets ou des filiales pour lesquels un travail de revue *in situ* plus approfondi serait nécessaire.

Évaluer efficacement un dispositif de Contrôle Interne nécessite d'adopter une démarche structurée et progressive de type Projet tant le sujet peut être vaste, difficile à cerner et parfois abstrait pour les opérationnels non-initiés au sein d'une organisation. Le Contrôle Interne étant l'affaire de tous, chacun doit pouvoir contribuer à un tel Projet ; la compréhension de l'organisation et des spécificités de chaque Groupe est une première composante clé.

Une approche par processus de management s'avère appropriée car plus proche des préoccupations « business » des opérationnels. De manière plus globale, le référentiel méthodologique (questionnaires, processus, points de contrôle, risques...) doit être simple, clair et précis pour garantir une compréhension rapide de tous les acteurs impliqués et une participation constructive au travail d'évaluation du dispositif de Contrôle Interne.

L'enjeu majeur est de susciter une adhésion totale des opérationnels, au-delà de la population financière, faute de quoi la qualité et la pertinence de l'évaluation et de l'appréciation des éléments remontés en seraient affectées. La deuxième composante clé du Projet consistera à porter une attention particulière à la compréhension de l'environnement de contrôle existant (cadres, procédures, modes de communication et de diffusion, application...) et à l'élaboration du référentiel méthodologique pour favoriser cette adhésion.

Il existe aujourd'hui différents types d'outils logiciels facilitant ce travail d'évaluation exhaustive. Toutefois, il apparaît important d'avoir à l'esprit qu'un logiciel n'est qu'un véhicule pour diffuser le référentiel et la méthodologie qui auront été retenus.

Dans cette perspective, il apparaît plus judicieux d'envisager et de privilégier des solutions proposant un contenu et une méthodologie traitant du Contrôle Interne déclinés par des spécialistes en la matière, tout en s'adossant à une plateforme logicielle simple d'utilisation. Un propos aussi vaste, englobant une multitude de sujets, justifie que la solution retenue ait été structurée de sorte que la démarche critique et les facteurs clés de succès aient bien été intégrés dans la réussite de ce projet.

V.2.2 Le pilotage du dispositif de Contrôle Interne et de gestion des risques

Un pilotage performant de la gestion des risques et du dispositif de Contrôle Interne doit permettre de mettre en place le cycle vertueux suivant :

> Identification des risques → Quantification des risques → Stratégie de réponses aux risques → Identification des contrôles → Comparaison risques / contrôles → Mise en place des contrôles → Évaluation des contrôles.

Ceci permet d'élaborer une démarche progressive d'amélioration continue de chaque étape du dispositif tout en répondant aux quatre contraintes principales suivantes :

- maîtriser les coûts,
- ne pas empiler ou juxtaposer les systèmes de contrôle,
- tirer un bénéfice économique du contrôle des risques (meilleure qualité, satisfaction client, meilleure formation…),
- éviter la déresponsabilisation des acteurs opérationnels,
- inventorier les processus et sous processus (Management, Marketing, Ventes, Informatique, Finance, RH, etc.),
- classifier et cartographier les risques (sous la conduite de l'Audit Interne),
- associer les risques aux divers processus (nature, échelle de gravité, probabilité de survenance),
- mesurer via le Contrôle Interne les impacts lorsque cela est possible (financier, résultat…),
- déterminer le niveau de Contrôle Interne nécessaire (risque/coût, best practices),
- formaliser le référentiel de contrôle, documenter et mettre en œuvre les bonnes pratiques,

- piloter et évaluer l'efficacité du Contrôle Interne (groupe, entité, prestataires).

Ce pilotage ne peut se faire que par l'intermédiaire d'une solution méthodologique et technologique performante.

Les fonctionnalités assignées à un tel media doivent notamment permettre de servir les objectifs suivants :

- offrir un outil de contrôle et de pilotage efficace, rigoureux et homogène pour le respect des dispositions réglementaires, des procédures internes, de la déontologie, de la gestion des risques opérationnels et pour la fiabilité du reporting financier,
- supporter les équipes de Contrôle Interne dans leurs missions de définition et réalisation des contrôles : leur permettre de prouver l'efficacité et l'efficience du dispositif,
- assurer le suivi de la mise en œuvre de recommandations internes ou externes,
- permettre à un organe tiers de contrôler la véracité des informations recueillies,
- fournir aux opérationnels un outil d'accès à l'information et de compréhension des risques,
- enregistrer et suivre les incidents et/ou demandes et plaintes des clients.

Les intérêts et les enjeux sont donc multiples.

Le dimensionnement d'un tel Projet et de l'outil permettant de l'animer devra tenir compte de la maturité (culture) en matière de Contrôle Interne au sein du Groupe ; les retours d'expérience des Groupes ayant déployé une telle démarche permettent de retenir cinq critères nécessaires au succès du Projet :

- **simplicité** : susciter l'intérêt à la démarche au-delà des réglementations du type LSF, SOX, Bâle II, 97-02, Solvency II…,
- **pragmatisme** : promouvoir l'adhésion des opérationnels acteurs du Contrôle Interne,
- **progressivité** : intégrer progressivement les spécificités organisationnelles, culturelles…,

- **partage** : partager et promouvoir un référentiel commun,
- **convivialité** : ergonomie et modularité des outils.

Les remontées du terrain montrent également qu'au-delà de la « référence » en matière de procédures et bonnes pratiques, les opérationnels perçoivent une valeur ajoutée pragmatique et directement exploitable, à savoir une « check list des contrôles à minima à opérer » afin de s'assurer raisonnablement que leurs opérations quotidiennes sont « sous contrôle » : encadrées et suffisamment sécurisées.

Indépendamment de sa robustesse, de la pérennité qu'il offre et de sa faculté à pouvoir embrasser les besoins d'évolutions, le logiciel qui pourrait être retenu pour accompagner une telle démarche, doit aussi être ergonomique, simple dans sa compréhension et structuré autour du référentiel méthodologique pour une plus grande acceptation de la part des opérationnels participants.

Il s'agit de fournir une aide à l'interprétation d'un existant et d'accompagner la définition d'une feuille de route pour l'harmonisation et l'amélioration continue de cet existant et non pas d'offrir des fonctions d'analyse des processus comme un outil de Business Project Management.

Enfin, l'outil retenu doit privilégier le travail de synthèse et de restitution des résultats à l'ensemble des acteurs pour atteindre l'objectif principal, à savoir analyser, apprécier et, le cas échéant, améliorer le dispositif de Contrôle Interne.

C'est à ces conditions qu'une démarche d'évaluation du Contrôle Interne, qui se veut participative, aura des chances d'être acceptée et partagée pas tous pour devenir une véritable plateforme interactive d'animation et de promotion du Contrôle Interne au sein d'une organisation.

V.2.3 L'écriture des procédures de contrôle

Pour évaluer le bon fonctionnement du dispositif de contrôle interne, l'auditeur et les responsables opérationnels peuvent s'appuyer sur la construction de la **documentation des procédures de contrôle** afin d'assurer la protection des activités et des ressources de l'organisme.

▸ *Les procédures de contrôle proprement dites : PCD*

Une PCD est une procédure chargée de comptabiliser tous les dysfonctionnements dont on veut surveiller l'apparition dans une tâche sensible ou à propos d'un objet sensible.

Au moment de relever le compteur, celui-ci contient une valeur appelée indicateur.

On rapproche alors la valeur de cet indicateur d'un barème de valeurs classées en tranches de gravité croissantes de 0 à 4 :

- tranche 0 : la valeur oscille dans la plage « normale » de tolérance et il n'y a rien à faire
- tranche 1 : la plage de valeurs atteinte demande une action (modérée)
- etc.
- tranche 4 : la plage de valeurs exige une réaction appropriée à l'importance de la dérive de sécurité constatée.

L'ensemble des plages et des réactions prédéterminées constitue le tableau de bord de gestion de la sécurité pour la PCD associée à cette tâche sensible ou à cet objet sensible.

▸ *Les procédures de contrôle interne opérationnel (procédures de vérification) : CIO*

Il s'agit des procédures de contrôle de type PCD effectuées par les opérationnels.

Ces procédures consistent soit à refaire le travail et comparer les résultats, soit dénombrer tel ou tel incident spécifique pouvant se produire à ce niveau, soit à mettre en œuvre des instruments de contrôle par croisement d'informations, par relevé d'échantillons, etc.

La sécurité de ces procédures de contrôle est sensiblement améliorée dans le cas de mise en œuvre du principe de séparation des tâches (celui qui exécute est différent de celui qui contrôle).

Lorsque l'opérationnel a une certaine liberté de manœuvre dans la gestion de ses propres indicateurs, avec une autonomie de réactivité propre à ces indicateurs, il sera alors nécessaire de lui fournir ses procédures de réactivité.

▸ *Les procédures contrôle interne hiérarchique : CIH et CIM*

Les CIH : Il s'agit des procédures de contrôle de type PCD effectuées par l'encadrement sur les activités déléguées.

Ces procédures consistent généralement à :

- recevoir périodiquement des agrégats statistiques sur les dysfonctionnements comptabilisés par les PCD de niveau inférieur (soit des CIO si le niveau des collaborateurs est celui de l'opérationnel, soit d'autres agrégats statistiques du CIH pratiqué par l'encadrement composant les collaborateurs).
- analyser ces agrégats et appliquer les procédures de réactivité du tableau de bord correspondant élaboré en accord avec la hiérarchie immédiate.

Les CIM : Il s'agit des procédures de contrôle de type PCD effectuées par l'encadrement sur ses propres activités de management.

Ces procédures consistent généralement à analyser les performances de management de l'encadrement ayant délégué des tâches réputées sensibles (quelles sont les capacités organisationnelles ? quelle est la qualité des délégations ? les moyens fournis aux collaborateurs sont-ils adéquats en qualité quantité et efficience ? les besoins de formation des collaborateurs sont-ils correctement couverts ? la motivation traduit-elle une animation satisfaisante – notamment l'information est-elle satisfaisante et adaptée, la communication ouvre-t-elle un dialogue satisfaisant ? la notion de contrôle interne des activités déléguées est-elle optimale ? rend-on compte soi-même convenablement ?)

▸ *Les procédures de réactivité : RIH et RIM*

Les RIH : dans le cas des procédures de CIH, les procédures de réactivité contenues dans les tableaux de bord associés aux indicateurs résultants de ces procédures CIH sont-elles fournies par l'encadrement concerné à l'encadrement de niveau inférieur ?

Les RIM : dans le cas des procédures de CIM, les procédures de réactivité contenues dans les tableaux de bord associés aux indicateurs résultants de ces procédures CIM sont-elles fournies par l'encadrement concerné à l'encadrement de niveau inférieur ?

▸ *Les procédures de contrôle interne fonctionnel : CIF et RIF*

Les CIF sont les procédures de contrôle interne similaires à celles des CIH mais pratiquées par le responsable du projet (ou du sous-projet) auquel participe celui qui est concerné ici par cette activité transversale.

De la même façon, le responsable de projet est chargé d'exécuter les procédures *CIM* de management relatives à ce projet (à l'exclusion toute fois des procédures de surveillance de la qualité des délégations, celles-ci relevant exclusivement du hiérarchique direct de ce collaborateur).

Les RIF : dans le cas des procédures de CIF, les procédures de réactivité contenues dans les tableaux de bord associés aux indicateurs résultants de ces procédures CIF sont-elles fournies par le chef de projet ou par le responsable technique intermédiaire de mise en œuvre ?

L'exemple le plus banal de ce type de procédures est celui des procédures de contrôle de mise en œuvre du projet « contrôle interne » effectuées par le (ou les) coordonnateurs du projet et les comités de pilotage et de mise en œuvre.

▸ *Les procédures de détection : PDD*

Il y a deux natures de PDD :

- *Les procédures de détection d'« avant sinistre »* permettant de diagnostiquer que le contexte devient favorable à un sinistre : il s'agit de définir à l'avance les éléments de présomption de risque et d'en surveiller les indicateurs. Par exemple : l'analyse de fichiers pour déterminer des informations « dormantes » ou présentant des « occurrences » anormales.
- *Les procédures de détection d'un « début de sinistre »* permettant d'alerter et éventuellement d'agir dès les premiers symptômes de la survenue du sinistre.

Ces dernières sont un peu des hybrides de procédures de protection (dans la mesure où elles limitent l'amplitude du sinistre), des procédures de prévention (elles interviennent dès le début du sinistre) et des procédures de détection (dans la mesure où elles peuvent déclencher elles-mêmes des procédures de protection proprement dites).

Exemple : dans le cas de protection incendie, les rapports d'audit faisant apparaître des « laisser-aller » dans le rangement, etc., sont des procédures de détection de 1er type, alors que les détecteurs asservis à des alarmes sont des procédures de détection de 2e type, et que les détecteurs asservis à des sprinkler sont des procédures de protection.

Les mêmes comparaisons peuvent être faites dans le monde du contrôle interne « logique » (anti-fraude, anti-erreur, etc.)

▸ *Les procédures de prévention particulières liées aux activités : PDP*

Les procédures de prévention sont :

- Soit des procédures de contrôle systématique régulières effectuées a priori sur des éléments de contrôle prédéterminés comme étant des éléments pouvant régulièrement se manifester.
  La différence avec les procédures de détection « avant-sinistre » tient au fait que les contextes de ces dernières sont moins bien identifiés, moins directement associés à un type de sinistre et plus aléatoires. Dans une procédure de prévention, les indicateurs à surveiller sont généralement bien connus.
- Soit des procédures de principe appuyées sur des a priori (exemple classique : en cas de démission d'un collaborateur effectuant des activités sensibles, ne pas lui faire exécuter son préavis dans ces activités, voire pas du tout).

▸ *Les procédures de protection de la confidentialité au cours des activités : PDC*

Les procédures de protection de la confidentialité des activités elles-mêmes reposent sur l'existence de la reconnaissance consensuelle :

- des activités dites sensibles,
- des profils standard,
- des « sujets » devant recevoir les droits correspondant à leur profil,

- des « propriétaires » responsables UNIQUES des droits d'accès à ces activités,
- des administrateurs assurant la gestion technique de ces droits (habilitations),
- des procédures assurant aux responsables que les gestionnaires techniques ne disposent réellement d'aucun pouvoir de gérer ces droits sans la maîtrise totale du responsable,
- des procédures assurant aux gestionnaires techniques que personne d'autre ne peut intervenir sur les contenus des fichiers de droits,
- des procédures permettant de débloquer la situation en cas de problème spécifique et respectant toutes les garanties ci-dessus,
- du principe que toute activité de ce genre ne peut être exécutée qu'avec une identification strictement individuelle assurant la traçabilité des opérations et des opérateurs.

▶ *Les procédures de protection de la confidentialité des objets eux-mêmes : PSC*

Les objets sensibles existent aussi fréquemment sous plusieurs états (copie de sauvegarde, collection d'archives, etc.). Cette existence d'autres états entraîne souvent elle-même des reports de risques sur cet autre état. Aussi l'analyse des protections d'un objet sensible portera toujours sur lui-même et sur son duplicata éventuel :

ORIGINEL	COPIE
– existence d'une procédure de contrôle de cet objet • protection lors de la création (exemple : confidentialité aussi des éléments de saisie d'un fichier confidentiel) • protection lors du stockage contre un accès volontaire ou accidentel • protection lors du transfert • protection lors de la transformation (exemple un traitement informatique de donnée) • protection lors de la destruction (volontaire ou accidentelle)	– existence d'une procédure de contrôle de la confidentialité de cet autre état pendant toute la durée de sa détention – connaissance précise de l'utilisateur responsable de l'attribution des droits d'usage de cette copie – connaissance précise de l'utilisateur responsable de l'attribution des droits d'usage de cette copie – connaissance précise des règles de relations entre l'utilisateur responsable et l'administrateur technique de gestion

ORIGINEL	COPIE
• protection lors de l'attribution des droits d'usage (possibilité d'usurpation) • protection de garantie de suppression des droits d'usage périmés (risque d'amoncellement) – connaissance précise de l'utilisateur responsable de la délivrance des droits d'accès et des règles de gestion avec l'administrateur éventuel – connaissance précise de l'administrateur technique de gestion des droits d'accès (s'il est différent de l'utilisateur responsable) – existence d'indicateur(s) et de tableau(x) de bord de suivi des atteintes à la non confidentialité (ou de la dégradation des risques d'atteinte) – existence éventuelle d'une couverture d'assurances RC/PE pour les risques liés à la perte de confidentialité sur cet objet	– existence des indicateurs de gestion permettant de construire un tableau de bord de suivi des atteintes à la confidentialité de cette copie (ou de la dégradation des protections et donc de l'accroissement des risques) – existence éventuelle d'une couverture d'assurances RC/PE pour les risques liés à la perte de confidentialité sur cet autre état de l'objet

Les procédures de protection de la disponibilité d'un objet sensible : PSD

ORIGINEL	COPIE
– existence d'une copie de sauvegarde externe, dans un lieu où elle ne peut raisonnablement être détruite en même temps que l'originel (ne pas se contenter d'une protection locale) – assurance que les l'ensemble des mesures de sécurité prises sur cet objet et ses autres états ne sont pas contradictoires entre elles par rapport à d'autres objectifs de sécurité (par exemple l'existence d'une copie de sécurité contre l'indisponibilité n'entraîne-t-elle pas de risque sur la confidentialité du fait de l'existence de la copie ?) – assurance que cet objet reste toujours disponible et que rien ni personne ne peut en contrarier l'accès (existence d'inventaire, etc.) – assurance que cet objet reste toujours à l'abri du sabotage (sondages périodiques de l'intégrité, etc.) – assurance que cet objet est toujours exploitable depuis sa dernière vérification (à l'abri d'auto-dégradation : oxydation, moisissures, etc.)	– connaissance précise et formalisée du besoin de durée de conservation de cet état de l'objet – disposition permanente dans le délai attendu suivant l'exigence de l'originel – assurance que les l'ensemble des mesures de sécurité prises sur cet objet et ses autres états ne sont pas contradictoires entre elles par rapport à d'autres objectifs de sécurité – assurance que cet objet reste toujours disponible et que rien ni personne ne peut en contrarier l'accès (existence d'inventaire, etc.) – assurance que cet objet reste toujours à l'abri du sabotage (sondages périodiques de l'intégrité, etc.) – assurance que cet objet est toujours exploitable depuis sa dernière vérification (à l'abri d'auto-dégradation : oxydation, moisissures, etc.) – assurance que cet objet est toujours exploitable et techniquement compatible avec les changements techniques intervenus depuis sa

ORIGINEL	COPIE
– assurance que cet objet est toujours exploitable et techniquement compatible avec les changements techniques intervenus depuis sa dernière vérification (est-il toujours utilisable sur les mêmes machines ?) – assurance que cet objet reste toujours exploitable et compatible avec les changements d'organisation intervenus depuis sa dernière vérification (peut-on toujours s'en servir ?) – assurance que cet objet reste toujours compatible avec les changements de savoir-faire et de culture (sait-on toujours et veut-on toujours s'en servir ?) – assurance que les attributs de cet objet sont toujours et facilement accessibles au sein de cet objet (exemple le informations au sein d'un fichier) – connaissance précise de l'utilisateur responsable de la délivrance des droits d'accès (et des règles de gestion avec l'administrateur éventuel) – connaissance précise de l'administrateur technique de gestion des droits d'accès (s'il est différent de l'utilisateur responsable) – existence d'indicateur(s) et de tableau(x) de bord de suivi des atteintes à la non disponibilité (ou de la dégradation des risques d'atteinte) – existence éventuelle d'une couverture d'assurances RC/PE pour les risques liés à la perte de disponibilité sur cet objet	dernière vérification (est-il toujours utilisable sur les mêmes machines ?) – assurance que cet objet reste toujours exploitable et compatible avec les changements d'organisation intervenus depuis sa dernière vérification (peut-on toujours s'en servir ?) – assurance que cet objet reste toujours compatible avec les changements de savoir-faire et de culture (sait-on toujours et veut-on toujours s'en servir ?) – assurance que les attributs de cet objet sont toujours et facilement accessibles au sein de cet objet (exemple le informations au sein d'un fichier) – connaissance précise de l'utilisateur responsable de la délivrance des droits d'accès (et des règles de gestion avec l'administrateur éventuel) – connaissance précise de l'administrateur technique de gestion des droits d'accès (s'il est différent de l'utilisateur responsable) – existence d'indicateur(s) et de tableau(x) de bord de suivi des atteintes à la non disponibilité (ou de la dégradation des risques d'atteinte) – existence éventuelle d'une couverture d'assurances RC/PE pour les risques liés à la perte de disponibilité sur cet objet

▸ *Les procédures de protection de l'intégrité des objets eux-mêmes : PSI*

ORIGINEL	COPIE
– existence d'une procédure de contrôle de l'intégrité de cet objet : • protection lors de la création (exemple erreur de saisie, etc.) • protection lors du stockage (détérioration volontaire ou accidentelle) • protection lors du transfert	– existence d'une procédure de contrôle de l'intégrité de cet autre état pendant toute la durée de sa détention – connaissance précise de l'utilisateur responsable de l'attribution des droits d'usage de cette copie – connaissance précise de l'utilisateur respon-

ORIGINEL	COPIE
• protection lors de la transformation (exemple dans le traitement d'une information) • protection lors de l'accès et de l'usage • protection lors de l'attribution des droits d'usage (risque d'usurpation) • protection de garantie de suppression des droits périmés (risque d'amoncellement) – connaissance précise de l'utilisateur responsable de la délivrance des droits d'accès (et des règles de gestion avec l'administrateur éventuel) – connaissance précise de l'administrateur technique de gestion des droits d'accès (s'il est différent de l'utilisateur responsable) – existence d'indicateur(s) et de tableau(x) de bord de suivi des atteintes à l'intégrité (ou de la dégradation des risques d'atteinte) – existence éventuelle d'une couverture d'assurances RC/PE pour les risques liés à la perte d'intégrité sur cet objet	sable de l'attribution des droits d'usage de cette copie – connaissance précise des régles de relations entre l'utilisateur responsable et l'administrateur technique de gestion – existence des indicateurs de gestion permettant de construire un tableau de bord de suivi des atteintes à l'intégrité de cette copie (ou de la dégradation des protections et donc de l'accroissement des risques) – existence éventuelle d'une couverture d'assurances RC/PE pour les risques liés à la perte d'intégrité sur cet autre état de l'objet

▸ *Les procédures dégradées : PDM*

Cette procédure est à envisager chaque fois qu'une tâche sensible met en jeu un ou plusieurs automates pour sa réalisation (outil informatique, etc.).

Pour chaque outil intervenant dans ce processus, on considérera les scénarios d'indisponibilité totale ou partielle.

Pour chacun de ces scénarios on définira les besoins spécifiques des tâches de substitution qui permettront de palier totalement ou partiellement à l'indisponibilité envisagée pour cet automate dans ce scénario.

Une procédure dégradée s'attachant généralement à une tâche sensible, est de ce fait elle-même soumise aux mêmes procédures de contrôle que la tâche sensible elle-même (PCD, etc.).

Cette procédure est aussi à envisager pour chaque activité mettant en jeu une ressource importante (ressource humaine, matière première, énergie, immobilier, etc.).

▶ *Les procédures de test (notamment des situations dégradées) : PDT*

Cette procédure est à envisager pour chaque procédure dégradée (PDM).

Ces tests devront, dans la mesure du possible, être réalisés en grandeur nature (se méfier des simulations qui montrent que le simulateur – seulement – marche bien).

Les tests doivent être conduits comme des projets, sous la direction de l'utilisateur et avec le concours des experts.

La fréquence de ces tests doit apporter à l'utilisateur une assurance raisonnable qu'entre temps le dispositif n'a pas trop eu l'occasion de se dégrader lui-même.

▶ *Les procédures de restauration à la situation normale : PDR*

Cette procédure est à envisager pour chaque procédure dégradée (PDM).

Comme pour les PDT, la fréquence de ces tests doit apporter à l'utilisateur une assurance raisonnable qu'entre temps le dispositif n'a pas trop eu l'occasion de se dégrader lui-même.

▶ *Les procédures d'audit : PDA*

Les procédures d'audit se différencient des procédures de vérification dans la mesure où généralement elles consistent à refaire par échantillonnage le contrôle sur les activités qui font elles-mêmes l'objet du contrôle habituel à ce niveau.

Ces procédures se classent en deux degrés :

- Les procédures de premier degré effectuées par les acteurs (opérationnels et hiérarchiques).
- Les procédures de deuxième degré exercées par des collaborateurs sans responsabilité directe sur les activités contrôlées (celles pratiquées par les auditeurs internes – voire externes).

Les procédures de premier degré se différencient elles-mêmes en deux groupes :

– Les procédures d'audit effectuées par les acteurs opérationnels : la plupart du temps des audits externes de qualité-sécurité pratiqués chez les fournisseurs.

– Les procédures d'audit effectuées par les acteurs hiérarchiques : la plupart du temps des vérifications opérationnelles effectuées sur les activités des collaborateurs directs en sus des analyses de rapports remis régulièrement par ces derniers.

▸ *Les procédures de contrôle interne par audit opérationnel (audit fournisseurs) : CIAO*

On y trouve par exemple, les procédures d'audit des mesures de sécurité prises par les sous-traitants pour la protection des objets sensibles (fichiers informatiques confidentiels, etc.).

▸ *Les procédures de contrôle interne par audit hiérarchique (audit par la hiérarchie) : CIAH*

Ce sont l'ensemble des procédures d'audit sur échantillon pratiquées par la hiérarchie pour vérifier que les rapports fournis sur ces contrôles sont probablement correctement effectués. Il s'agit en particulier de vérifier le contrôle de l'activité, plus que l'activité elle-même.

▸ *Les procédures de contrôle interne par audit fonctionnel (projets transversaux) : CIAF*

Ces contrôles sont très proches des précédents ; sauf qu'il ne peut y avoir de contrôle des délégations, acte purement hiérarchique.

▸ *Les procédures de contrôle interne par l'audit interne : CIAAI*

L'ensemble des procédures évoquées jusqu'ici constitue le « contrôle interne » de premier degré, c'est-à-dire relevant directement de la seule responsabilité des acteurs concernés, opérationnels et hiérarchiques.

Les contrôles au second degré effectués par la fonction d'Audit Interne portent sur la totalité des éléments du contrôle interne du premier degré, y compris le bien fondé de ces éléments par rapport aux missions de l'organisme.

La seule ressemblance de la fonction d'Audit Interne avec les autres fonctions de l'organisme tient à la similitude des procédures de son propre contrôle interne de premier degré sur ses propres activités.

Définition d'une « bonne » procédure

Les qualités d'une « bonne » procédure :	Les caractéristiques d'une procédure :
– exister (convenablement documentée – et – appliquée) – être réellement fiable (séparation des tâches, vérification des authenticités, etc.) – être réellement efficace : • bon retour d'investissement par rapport aux enjeux • répondre exactement à l'objectif de contrôle poursuivi – n'être accessible que par les acteurs réellement habilités – n'être accessible que par les acteurs dont l'habilitation est réellement justifiée – être régulière (même si le cycle lui-même n'est pas régulier) – être elle-même contrôlable : • comporter un dispositif de traçabilité • matérialiser ses sorties par des objets rémanents (non interceptables et conservés suffisamment longtemps)	– Qui est responsable de sa conception – Qui est responsable de son exécution – Qui est responsable de son contrôle – L'objet de la procédure est-il écrit et non ambigu (un seul but à la fois) – Le lieu d'exécution est-il parfaitement connu et respecté (explication du lieu propice et du lieu non propice) – Le choix du moment de sa réalisation est-il le résultat d'une rationalité argumentée et contrôlable (moment à choisir et moment à éviter) – Les modalités d'application sont elles correctement documentées et maintenues à jour – Depuis combien de temps a-t-elle été révisée ?

V.2.4 Exemple de mise en œuvre d'une solution d'évaluation et de pilotage du dispositif de Contrôle Interne

Le contexte

La Direction de l'Audit Interne de ce Groupe soumis à LSF a produit un ensemble d'environ 700 questions autour des principaux processus de management et du processus spécifique lié à la publication des comptes.

Chaque questionnaire individuel offre une appréciation du niveau de maîtrise du Contrôle Interne aux bornes du processus de management concerné et également une appréciation du niveau de maîtrise du Contrôle Interne de manière transverse, selon les principaux objectifs de modèle

COSO. Ainsi, il a été défini et affecté à chaque question un des objectifs de Contrôle Interne tel que définis par le référentiel le plus communément utilisé (COSO – integrated framework) et par la Security Exchange Commission (SEC) :

- Conformité aux lois et réglementations en vigueur (COSO),
- Sécurisation des actifs (SEC),
- Efficacité des opérations et des processus de management (COSO),
- Fiabilité des informations financières (COSO).

L'objectif de Contrôle Interne relatif à la Fiabilisation des Informations Financières a été traité dans un questionnaire « Processus de production et de publication des états financiers » à part entière.

La construction de chaque questionnaire a donné lieu au rattachement de chaque question / groupe de questions / point de Contrôle Interne à un risque inhérent opérationnel et/ou financier afin de guider l'opérationnel qui répond aux questions dans l'évaluation de son environnement de Contrôle Interne, ce qui a pour objectif de recadrer le sujet de Contrôle Interne dans son contexte de risque et de proposer des éléments de réponses sous forme de procédures ou de contrôles à mettre en place à minima pour circonscrire les types de risque identifiés.

Cette démarche permet également de réaliser une cartographie des risques.

La Direction de l'Audit Interne de la société ne disposait pas de référentiel de Contrôle Interne ; cependant, une identification des risques inhérents aux différents processus de management avait été réalisée et formalisée. Les risques, majeurs dans un premier temps, relevés lors de cette identification ont donné lieu à la formalisation d'une centaine de fiches spécifiques.

Des ateliers de validation des questionnaires et des fiches de risques et bonnes pratiques personnalisés réunissant la Direction de l'Audit Interne, des Directions expertes (exemples : Trésorerie, Achats, Ressources Humaines…) et des opérationnels identifiés ont également été réalisés.

▸ *L'organisation locale*

Le Groupe a déterminé les filiales cibles soumises à évaluation et un interlocuteur officiel en charge d'administrer les questionnaires d'évaluation dans son périmètre de responsabilité été désigné.

L'interlocuteur officiel (Directeur de Filiale ou d'Établissement et/ou Directeur Financier) doit répondre à un certain nombre de questionnaires d'évaluation du Contrôle Interne. Il peut déléguer un ou plusieurs questionnaires à un ou plusieurs responsables opérationnels, impliqués dans les processus de management, en charge de répondre directement aux dits questionnaires.

Ce principe de délégation permet de désigner la personne la plus appropriée pour répondre aux questions de Contrôle Interne, bien que la responsabilité et la validation des réponses fournies incombent à l'interlocuteur officiel.

Dans cet exemple, 1 300 interlocuteurs ont été définis.

▸ *La diffusion de questionnaires / la campagne*

Des questionnaires ont été rédigés en fonction des processus clés identifiés.

Les questionnaires sont publiés et rendus disponibles sur le serveur d'une solution technologique et sont soumis aux opérationnels (entité soumise aux questionnaires d'évaluation) de manière individualisée.

L'accès aux questionnaires et la saisie des réponses apportées s'effectuent en ligne directement par les opérationnels via intranet.

La mise à jour des informations fournies par les opérationnels s'effectue en temps réel, de même que les traitements des données et leurs restitutions, ce qui permet une véritable interactivité entre les utilisateurs et l'organe central gérant l'application.

Des campagnes d'évaluation ont été programmées une fois par an, individuellement ou pour un groupe d'opérationnels et pour un questionnaire unique ou un ensemble de questionnaires.

Le temps de réponse accordé aux opérationnels pour remplir les questionnaires a été planifié rigoureusement en fixant la période de la campagne – date d'ouverture et date de clôture. Ce délai a été important la première année afin de laisser aux opérationnels le temps de s'approprier l'outil.

Le format des réponses

Le Groupe n'a retenu que trois langues de travail et un seul format de réponses : conforme/non-conforme/non applicable.

Néanmoins, certaines sociétés utilisent jusqu'à 10 formats de réponses, permettant ainsi une grande flexibilité, modularité et évolutivité des questions et questionnaires qui pourront être déployés sur la même plateforme.

La gestion des plans d'actions

Lors des évaluations en ligne, les opérationnels ont la possibilité de saisir des plans d'actions pour chaque question de Contrôle Interne, à leur initiative et sans contrainte.

Les plans d'actions sont formulés de manière libre, sous forme de texte, avec l'indication d'un délai de mise en œuvre et la désignation d'un responsable opérationnel pour la mise en œuvre.

Les plans d'actions seront ultérieurement restitués dans des tableaux récapitulatifs permettant leur suivi ce qui permet de délocaliser la gestion des risques du Contrôle Interne. En effet les opérationnels locaux deviennent ainsi responsables de leur propre environnement de contrôle.

L'attachement de tout type de documents

Lors des évaluations en ligne, les opérationnels ont la possibilité également de joindre tout type de fichier, à leur initiative et sans contrainte, afin de documenter leur environnement de Contrôle Interne.

Les documents attachés sont archivés et seront ultérieurement restitués dans des tableaux récapitulatifs permettant le suivi par participant et l'accès en lecture.

Cette démarche répond aux exigences des nouvelles réglementations financières qui mettent l'accent sur la documentation de tout élément ou dispositif de Contrôle Interne mis en place au sein d'une organisation, et plus particulièrement au sein des entités opérationnelles ou filiales.

En outre, ce recensement documentaire présente également l'intérêt de centraliser tout élément de procédures présent dans un groupe, dans une optique d'amélioration continue et de partage de bonnes pratiques au sein des différentes entités d'un même groupe.

▸ *La validation d'un questionnaire, plans d'action, documents attachés*

Chaque interlocuteur officiel a la responsabilité de revoir les réponses et les plans d'actions fournis par un responsable opérationnel et de valider les questionnaires de Contrôle Interne.

La validation finale de l'interlocuteur officiel fait office de « sign-off » et déclenche de manière définitive l'envoi des réponses au serveur central pour traitement.

Exemple de sign-off mis en place

> « Je certifie :
>
> Choix n° 1 :
>
> que la structure et le fonctionnement en place sont adéquats et de nature à assurer la maîtrise des opérations.
>
> Choix n° 2 :
>
> que la structure et le fonctionnement en place présentent certaines faiblesses identifiées et que des actions correctrices seront mises en place dans le courant de l'année. »

▸ *L'observatoire du Contrôle Interne et de la gestion des risques et du pilotage*

À l'issue des évaluations, les résultats du Groupe sont présentés dans des tableaux de bord récapitulatifs pour l'ensemble des participants.

L'approche retenue par le Groupe permet de présenter un observatoire du Contrôle Interne selon les formats désirés (plus de 10) mais trois formats nous semblent indispensables :

- vision globale de tous les participants : donner une image du niveau de satisfaction du Contrôle Interne aux bornes du Groupe et de ses différentes composantes organisationnelles (Branche d'activité, organisation juridique, zones géographiques…),

- vision spécifique d'un participant en particulier : donner une image du niveau de satisfaction du Contrôle Interne d'un site filiale en particulier et la comparer aux composantes organisationnelles auxquelles elle se rattache (Branche d'activité, organisation juridique, zones géographiques…) ;
- vision analytique par question ou sujet spécifique de Contrôle Interne : donner une image du niveau de satisfaction d'un point de Contrôle Interne particulier aux bornes du Groupe et d'une composante organisationnelle particulière (par exemple : Branche d'activité).

Chaque tableau de bord composant l'Observatoire du Contrôle Interne peut être également présenté sous différentes dimensions :

- par objectif de Contrôle Interne COSO,
- par type de risque,
- par assertions,
- par comptes.

Exemple de tableau de reporting

1 / 1+

Résultat de la campagne par questionnaire avec consolidation organisationnelle

MainForm

Campagne : ma campagne Statut : Terminé

Questionnaires	Europe	France	Banque Montivé & Roltard
Conformité	72%	72%	72%
4 R 96-03	100%	100%	100%
5 R 96-03	100%	100%	100%
6 R 96-03	100%	100%	100%
7 R 96-03	0%	0%	0%
7 R 96-03	100%	100%	100%
8 R 96-03	0%	0%	0%
14 R 96-03	100%	100%	100%
14 R 96-03	100%	100%	100%
15 R 96-03	100%	100%	100%
15bR 96-03	100%	100%	100%
16 R96-03	100%	100%	100%
16 bis R96-03	100%	100%	100%
16 bis R96-03	100%	100%	100%
16 R96-03 non modifié	100%	100%	100%
16 R96-03 non modifié	100%	100%	100%
16 R96-03 non modifié	0%	0%	0%
16 R96-03 non modifié	0%	0%	0%

Cet observatoire permet également d'alimenter une cartographie des risques.

Bien entendu, l'accès à l'Observatoire du Contrôle Interne est contextuel et varie selon le profil défini Administrateur Central, Administrateur partiel (niveau inférieur) ou opérationnel (site filiale ou établissement) et donc selon leur périmètre de compétence, i.e. Branche d'activité, zone géographique…

Exemple d'animation d'une cartographie des risques

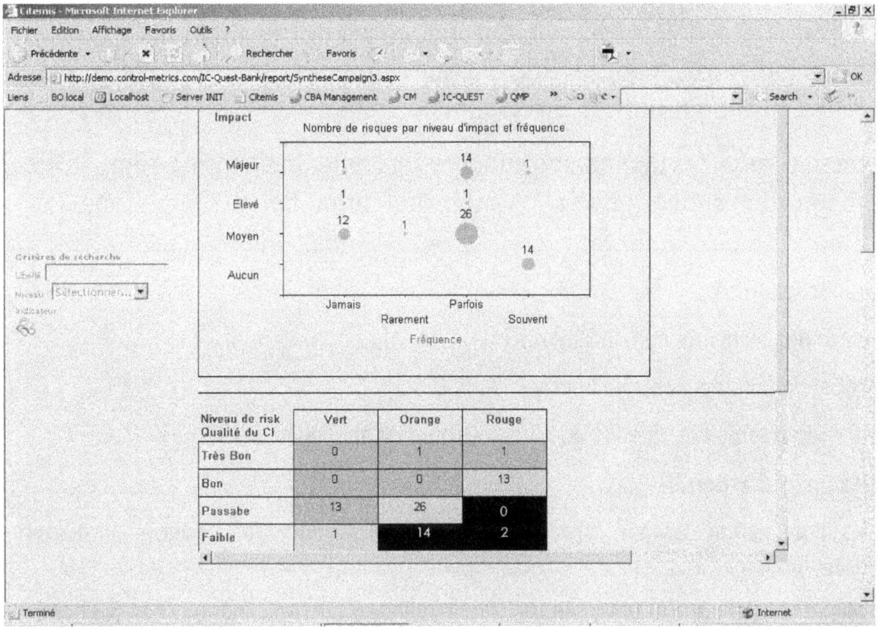

▸ *La restitution et le suivi des plans d'actions*

L'ensemble des plans d'actions saisis au cours des évaluations peut être restitué dans des tableaux récapitulatifs listant les plans d'actions selon de nombreux éléments : par questionnaire, par question, par intitulé de plan d'action, etc. avec des indications telles que le nom du responsable en charge de la mise en œuvre, le délai de mise œuvre et les statuts pour chaque plan d'action : à faire, en cours, fait.

Les tableaux comportent de nombreux critères de tri pour la visualisation des plans d'actions tels que par Groupe, par site Filiale, par questionnaire de Contrôle Interne.

Le suivi des plans d'actions à travers les tableaux récapitulatifs permet également de communiquer par email avec le responsable désigné pour la mise en œuvre des plans d'actions. Le nom du responsable possède un lien dynamique pour l'envoi d'un email dédié au plan d'actions, ayant comme objet l'intitulé du plan d'actions.

▸ *Le suivi des documents attachés*

L'ensemble des documents attachés au cours des évaluations est restitué dans des tableaux récapitulatifs, classés selon des éléments tels que questionnaire, question, intitulé du document attaché...

L'accès au suivi des documents attachés est contextuel et varie selon le profil défini (Administrateur général, Administrateur partiel ou Opérationnel).

En conclusion :

à partir des éléments de restitution :

- **l'observatoire du Contrôle Interne,**
- **la cartographie des risques au niveau Groupe et au niveau des filiales,**
- **les plans d'action,**
- **les documents attachés (procédures, documents justificatifs, bonnes pratiques, organigramme...)**

le chef de projet et/ou le Directeur de l'Audit Interne ou le Directeur du Contrôle Interne ou le Directeur des risques ou le Compliance Officer ou le CCS ou le CLS a une vision globale du dispositif de Contrôle Interne et a la possibilité d'identifier :

- **les zones de faiblesses au sein du Groupe,**
- **les missions d'Audit Interne à réaliser en priorité pour circonscrire certains risques,**
- **les procédures et/ou bonnes pratiques à amender et/ou à créer.**

Il peut donc exercer un pilotage efficace du dispositif de Contrôle Interne au niveau du Groupe, des fonctions expertes, mais également aux niveaux des filiales, des opérationnels, etc.

V.2.5 Systèmes d'Information et de Gestion des Risques

Une bonne maîtrise des risques passe inévitablement par un accroissement des flux d'informations entre les fonctions opérationnelles, les fonctions de contrôle, et la direction. Les organisations engagées dans la démarche de gestion des risques sont confrontées à une problématique récurrente : comment industrialiser la gestion de ces informations et optimiser la maîtrise des risques ?

Si les entreprises ont depuis longtemps compris l'importance d'automatiser le traitement de l'information comptable et financière, elles doivent à présent intégrer dans leurs outils informatiques le domaine de la gestion des risques, dont l'importance ne cesse de croître.

Il existe sur le marché des solutions informatiques spécialement conçues pour répondre à cette problématique, on les appelle les SIGR (Systèmes d'Information et de Gestion des Risques).

▸ *Que peut apporter un SIGR ?*

Les SIGR sont des progiciels adaptés à la structure de l'organisation qui servent à traiter la masse de données générées par la maîtrise des risques. Ils ont une fonction structurante et analytique, car ils permettent en effet de poser un cadre de référence pour la récolte et la consolidation des données et génèrent des indicateurs de suivi pour optimiser la maîtrise des activités.

L'intérêt de ces systèmes est d'implanter la gestion des risques dans l'ensemble des processus de la mutuelle. L'automatisation des procédures permet de diminuer le risque d'erreur et de réaliser des gains de temps au niveau des opérationnels qui n'ont plus à s'autocontrôler manuellement, et au niveau des fonctions de contrôle pour qui la consolidation et le pilotage deviennent instantanés.
Les principales fonctions offertes par ces progiciels sont :

- L'évaluation des risques ;
- L'évaluation des contrôles ;
- Le suivi des améliorations ;
- La création d'une base Incidents ;
- Le reporting ;

- La production d'indicateurs ;
- Etc.

▸ *Comment mettre en place un SIGR ?*

Le succès de la mise en place d'un SIGR dépend du respect de 2 phases :

1. Préparation au choix du prestataire

Cette phase vise à définir les besoins de l'organisation, choisir un éditeur capable d'y répondre, et réaliser l'investissement. Elle est composée de 4 étapes :

a. Élaboration de l'appel d'offre :

Cette étape consiste à déterminer avec précision les caractéristiques et les fonctionnalités dont la mutuelle a besoin. Le SIGR doit coïncider avec les spécificités et les objectifs de l'organisation.

b. Conduite de l'appel d'offre :

Il s'agit de suivre une stratégie de comparaison entre les différents éditeurs du marché. La comparaison se fait sur le critère des fonctionnalités offertes, du coût, de la qualité de service, de l'intégration avec le système en place, etc.

L'utilisation du « Magic Quadrant »

Afin de réaliser la conduite de l'appel d'offre, il est possible d'utiliser la méthode d'analyse du cabinet américain Gartner appelée « Magic Quadrant ». Cette étude vise à comparer les différentes solutions de progiciels de gestion intégrée sur la base de deux grands axes :

- **La capacité à réaliser** : cet axe consiste à évaluer la qualité du progiciel proposé et la solidité et notoriété de l'éditeur.
- **La complétude de la vision** : cet axe évalue la pertinence avec laquelle l'éditeur a cerné les problématiques de gestion des risque et a réussit à développer des fonctionnalités adaptées.

Une cartographie des acteurs est réalisée, elle les classe en quatre catégories :

- **Les leaders**, qui ont une expérience reconnue et diversifiée, et possèdent une avance technologique ;
- **Les challengers**, qui offrent les produits les plus performants mais se développent dans une sphère plus restreinte ;

- **Les visionnaires**, qui se basent sur une innovation forte sur certains produits mais possèdent une offre restreinte ;
- **Les acteurs de niche**, qui répondent parfaitement à des problématiques très spécifiques.

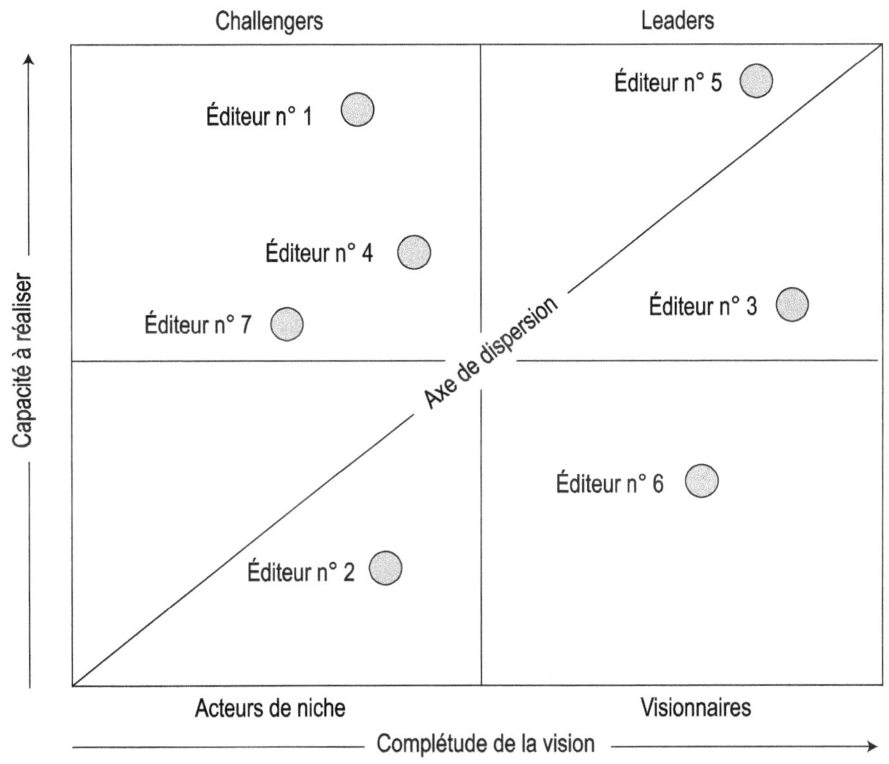

c. Présentation auprès des décideurs :

Les éditeurs retenus sont présentés aux comités auxquels revient la décision d'investissement. Il faut mettre en évidence le coût et l'intérêt de la mise en place d'un SIGR, et conseiller sur le choix d'un éditeur.

d. Choix final d'investissement :

Le comité de décision choisi l'investissement et lance le projet d'intégration, objet de la deuxième phase.

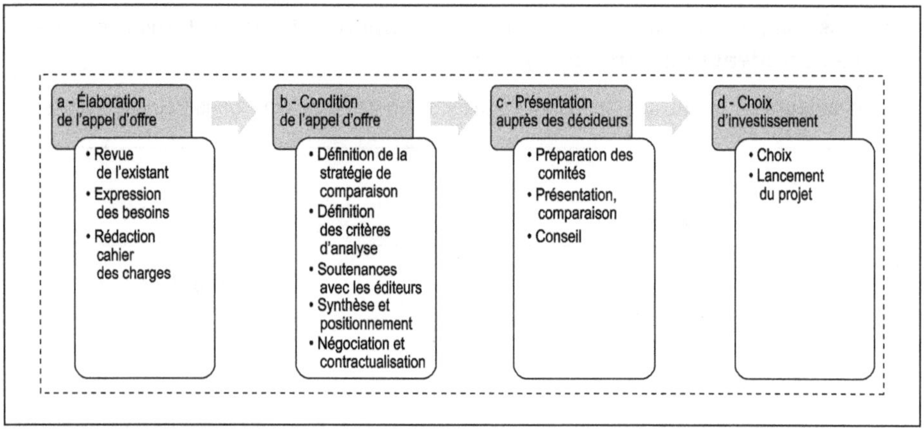

Intégration du SIGR

Cette deuxième phase consiste à construire, mettre en place et rendre opérationnel le SIGR au sein de l'organisation. Elle est divisée en 5 étapes :

e. Rédiger les spécifications fonctionnelles :

Les besoins définis dans le cahier des charges doivent être traduits en termes de fonctionnalités que l'éditeur incorpore dans le progiciel.

f. Valider le paramétrage de l'application :

Le progiciel est ensuite testé sur la base de scénarii opérationnels afin de vérifier la conformité aux besoins exprimés et la possibilité d'intégration à l'existant.

g. Définir et préparer le plan de migration des données :

Les données de la mutuelle doivent être intégrées et prises en charge par le SIGR. Des tests sont réalisés pour vérifier leur intégrité.

h. Réaliser la réception fonctionnelle de l'application :

Il s'agit de préparer et réaliser la réception technique du progiciel et de tester sa fonctionnalité.

i. Déployer le système

Cette étape finale consiste à mettre en service le SIGR au sein de l'organisation et de former les agents utilisateurs.

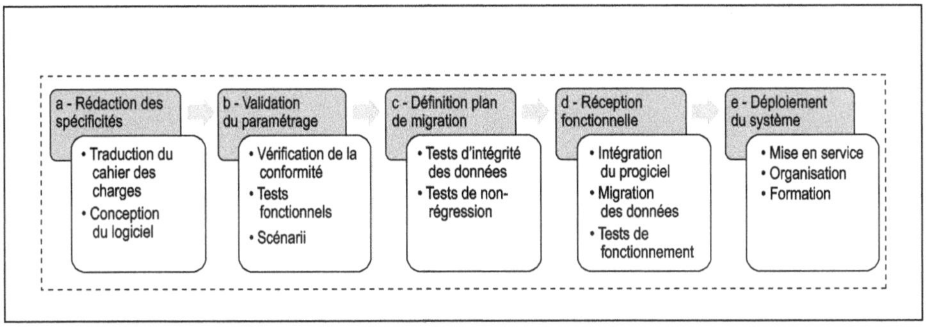

Il est important de considérer la mise en place d'un SIGR comme un projet à part entière et de lui attribuer les ressources nécessaires. La mutuelle peut ainsi nommer un comité de pilotage, fixer un budget pour toute la partie préliminaire à l'achat, se faire assister dans leur démarche, impliquer les collaborateurs dans le projet, etc.

VI •

LA MISE EN ŒUVRE D'UN PROJET DE CONTRÔLE INTERNE

VI.1 LE CONTRÔLE INTERNE : UNE DÉMARCHE DE CHANGEMENT

Dans le cadre de la démarche de Contrôle Interne, comme dans toute démarche systématique d'entreprise, le changement est une préoccupation ou au moins un sujet fondamental de discussion. C'est en effet de l'acceptation de cette idée de changer que viendra tout d'abord la décision de s'y engager (« est-il si nécessaire de changer ?, ne pourrait-on pas se « donner le temps », etc. ») et par la suite la qualité du succès (« il serait bien agréable de s'engager du « bout des lèvres » dans un processus de changement, on verra bien « le moment venu »).

Si le changement est une réalité incontournable, pourquoi génère-t-il autant de résistance ? Pour le comprendre, il faut faire la différence entre l'évolution, dont tout le monde reconnaît sans difficulté l'évidence, et le changement. Si l'évolution est incontournable, on peut se poser la question pour le changement.

En effet, autant l'évolution se fait « en douceur », autant le changement ressemble à une action non naturelle, et donc plus ou moins stressante.

L'aspect « psychologique » est donc fondamental pour faire accepter, sans phénomène de rejet, ce « corps étranger » dans le processus normal d'évolution. Il y aura donc lieu d'actionner à la fois les deux leviers de la raison et de l'émotion pour que les individus y adhèrent.

Le changement est voulu par le levier de l'émotion ou subi du fait du levier de la raison.

C'est ainsi que nous sommes confrontés à d'interminables processus de changements :

- techniques (par exemple intranet),
- méthodologiques (par exemple, il n'est plus question de se contenter de son art et son intuition dans la conduite d'un projet),
- de valeurs (les comportements relationnels en ce début de millénaire n'ont plus rien à voir avec ceux du siècle dernier).

Or, les facteurs d'évolution de notre culture (pas seulement professionnelle, mais aussi sociale, politique, religieuse, etc.) s'intensifient de jour en jour à la fois en intensité et en rapidité sous l'effet des progrès technologiques dans quasiment toutes les disciplines.

Il ne peut donc plus être question de se contenter d'une douce évolution pour rester en harmonie avec ses nouveaux facteurs de notre culture et ainsi survivre. Le changement devient donc inévitable, d'autant que l'on n'est pas maître de ces fameux facteurs.

Le schéma ci-contre montre bien que le comportement n'est finalement que la représentation de notre culture, et que celle-ci ne change pas spontanément, lorsque les conditions de changement ne sont plus naturelles, mais seulement sous l'action de leviers de trois ordres (techniques, méthodes et valeurs), interagissant les uns sur les autres. Ce constat permet de souligner un point fondamental : il est tout à fait illusoire de ne vouloir changer qu'un des facteurs en ignorant les autres, à moins de déséquilibrer l'ensemble, ou de se contenter (voire se bercer) d'illusions.

En réalité, la solution de facilité est encore souvent bien tentante, et les prétextes ne manquent pas (le changement est encore une idée à la mode, le changement technique suffit, le reste suivra, « soyons pragmatiques »...). Par exemple, il est plus facile de se contenter de solutions techniques en faisant abstraction de la gestion d'autres phénomènes (parce qu'on ne sait pas vraiment gérer) » dans ce cas on invoquera le « pragmatisme », le « concret » qui non seulement tente de justifier le choix mais en plus, par opposition, déconsidère toute autre approche. Cela permet au moins d'avoir bonne conscience.

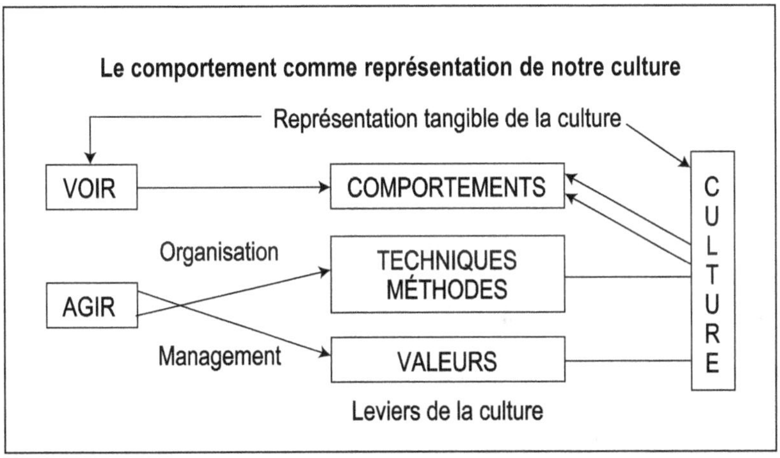

En conséquence, cette façon de ne pas vraiment traiter les problèmes engendre quantité de difficultés de réalisation des changements attendus, et le plus souvent de réelles déceptions :

– « Comment après tous les efforts qu'on a faits… » (sous-entendu : il n'y a toujours aucun résultat… et c'est évidemment de leur faute),

– « Comment se fait-il que le groupe de travail responsable de la mise en œuvre technique n'y soit pas encore parvenu… » (avec des prémisses de procès d'intention : mais qu'est-ce qu'ils font, il faut changer d'équipe…).

Le pire est qu'on ne voit même pas le remède à ces situations de stérilité. En effet, comme on n'a pas trop envie de se risquer dans le changement, on cherche des substituts faciles (en apparence), donc « cela ne marche pas », et comme on ne veut toujours pas changer de fonds, on changera d'hommes s'il le faut mais pas la démarche. Cela s'appelle un « cercle vicieux », qui en tout état de cause ne pourra durer longtemps.

À partir du moment où on a compris qu'il faille inéluctablement changer, et encore qu'il faille changer sur les trois axes « **T** » (Technique), « **O** » (Organisation) et « **C** » (Culture), la première idée qui vient souvent à l'esprit est que ces trois axes faisant appel à des disciplines tout à fait distinctes, doivent donc faire appel à des spécialistes experts dans chacun de ces domaines. Comme ces spécialistes sont généralement distincts (les compétences de l'ingénieur, du gestionnaire et du psychologue étant rarement réunies chez le même personnage), les actions font donc l'objet de programmes parallèles, même si leur finalité globale les réunit.

Par ailleurs toute notre culture (au moins occidentale) nous influence plus ou moins consciemment à considérer l'être humain de façon dichotomique en séparant le corps de l'esprit (ou de l'âme), l'émotion de la raison (le cœur à ses raisons que la raison ne connaît pas...).

Il en résulte souvent une grande difficulté pour l'acteur à faire lui-même la synthèse entre ces actions de changement. Cela lui est d'autant plus difficile que le stress de la production quotidienne ne lui laisse pratiquement jamais ni le temps ni l'occasion de recul nécessaire.

Le but du Contrôle Interne est de mettre justement les acteurs en situation de faire ce qu'ils ont à faire, là où ils doivent le faire, quand ils doivent le faire (même de manière dégradée si c'est nécessaire). L'intérêt du Contrôle Interne est que c'est une démarche naturelle qui ne cherche pas à privilégier *a priori* un facteur de changement plus qu'un autre, ce qui évite de se demander, après, comment faire pour « ajuster ».

Le Contrôle Interne n'a pas pour objectif d'améliorer la sécurité de fonctionnement du système, ni sa qualité, ni son organisation, ni ses outils, ni même les comportements des acteurs, mais simplement d'identifier les vrais besoins de l'un ou l'autre de ces changements, là où ils se présentent, et d'y répondre uniquement dans la mesure où ils apparaissent. C'est le contraire de la volonté *a priori* de « faire » de la qualité ou de la sécurité ou n'importe quoi d'autre.

Aussi, toute la plus value de la démarche de Contrôle Interne repose sur le fait que les trois changements interfèrent l'un sur l'autre, en donnant la maîtrise du tout tantôt à l'un tantôt à l'autre suivant le besoin découvert.

À ce niveau, rappelons que la différence de comportement entre l'expert et le conseil est fondamentale puisqu'il ne s'agit en aucun cas de privilégier une discipline plutôt qu'une autre. En revanche, les experts sont appelés au coup par coup suivant les besoins éventuels pour des réponses précises et spécifiques. Mais ce ne sont pas des experts qui conduisent le changement, quel qu'il soit.

Chacun devra donc assumer son propre changement dans son propre métier.

Par exemple, pour l'encadrement, la démarche apportera de nouveaux indicateurs (il ne s'agit pas d'en ajouter d'autres à une somme peut-être déjà saturée, mais peut-être d'en retirer certains pour les remplacer par d'autres, de différentes natures). Pour les employés, la démarche apportera un moyen de valoriser leur travail en assurant une réponse de meilleur niveau, et par la même occasion des sources d'autosatisfaction, et aussi de se faire reconnaître.

Le Contrôle interne comme démarche de changement

Encadrement	Nouvelles méthodes de management (plus grande rigueur d'organisation et meilleure adaptation du suivi opérationnel)
Employés	Nouvelles potentialités d'expression. Nouvelles attitudes face à l'entreprise (autres valeurs, autres comportements) : accélération des réactivités, ajustement des réponses aux vrais besoins (ce qu'il faut et pas plus).

Globalement, l'entreprise, ou l'administration, y gagnera en performance (qu'il s'agisse de service ou de production). La vertu de base sur laquelle s'appuiera le succès de cette démarche reste l'autosuggestion, c'est-à-dire le véritable travail de conseil – des équipes internes ou externes à l'entreprise – qui élaborera la solution avec les collaborateurs de l'entité.

Le Contrôle Interne est à ce titre une démarche de gestion des risques amenant l'entreprise à se positionner sur :

- les structures de son organisation (sont-elles adaptées aux missions poursuivies ?) ;
- les partages de responsabilités, et leurs frontières précises entre les différents acteurs et leurs objectifs respectifs (la production, la logistique, les relations de consolidation entre les actions de maîtrises opérationnelles et celles de Contrôle Interne de la hiérarchie, l'audit et cette nouvelle fonction de « coordination centrale », qui apparaît au cours de la démarche et se construit peu à peu) ;
- la construction des systèmes de contrôle (procédures opérationnelles, hiérarchiques, fonctionnelles de l'audit).

Il s'agit bien ainsi d'un dispositif de « contrôle permanent » au sens de maîtrise, de pilotage. Il s'agit bien aussi du contrôle permanent « d'une entreprise donnée », sachant que celui-ci est trop étroitement lié à sa culture, à ses modes de représentation des concepts de qualité et de sécurité et à son mode de management pour être exportable en l'état n'importe où ailleurs.

Une action de Contrôle Interne s'assimile donc complètement aujourd'hui à une action de projet d'entreprise, visant à changer sa culture, au moins sous cet angle. Il se trouve en conséquence que c'est aussi souvent l'occasion de réajuster les valeurs et donc de réorienter, voire de réanimer la conscience professionnelle et la motivation, au profit d'une meilleure performance de l'entreprise et donc d'une meilleure garantie de sa survie.

Enfin, on remarquera aussi que, bien souvent, les tentatives de réponses qui sont proposées par des professionnels de l'analyse (et quelquefois, mais pas toujours, aussi des spécialistes de la gestion) des risques, ne prennent en compte que les aspects techniques de cette discipline de « gestion des risques ». Le piège est de finir par « faire de l'analyse de risques pour en faire », un peu comme on a déjà vu des cercles de qualité « tourner en rond » en ne se préoccupant plus que de leur qualité de fonctionnement.

En tout cas, il en résulte la plupart du temps que ces solutions sont théoriquement pures mais beaucoup trop intellectualisées, et surtout pas assez « psychologiques » : quelle que soit, par exemple, la qualité d'un questionnaire, celui-ci restera toujours un « corps étranger » pour l'acteur de l'entreprise s'il ne se l'est pas approprié. Or, il ne se l'appropriera pas tant que pour lui il s'agira d'un travail « demandé » par un « autre ».

Par ailleurs, une telle démarche apporte souvent des effets secondaires non négligeables tels que la répercussion d'une valorisation du personnel au travers de la valorisation de son outil de travail et donc de ses résultats et de l'intérêt de son emploi. Si l'on sait profiter de ce contexte pour favoriser la qualité des relations tant interpersonnelles qu'interservices, par ricochet cela entraîne souvent aussi des améliorations indirectes sur la motivation et ses manifestations habituelles telles que l'absentéisme (au sens large, y compris de « présentéisme inefficace ») et donc vient de surcroît renforcer le retour d'investissement par un nouveau moteur d'accroissement des performances. Or, toute entreprise a aussi besoin d'un ciment social solide pour lui assurer la cohérence de ses actions (il y a par exemple en effet interactivité permanente entre les stratégies individuelles et celles d'entreprise, ou négociation permanente entre le pouvoir et les contre-pouvoirs, etc.)

Nous pouvons donc présenter le Contrôle Interne comme un facteur de changement à quatre spirales auto-rétroactives : culture, qualité de l'organisation, comportement individuel et de groupe.

Les quatre spirales de changement auto-rétroactives

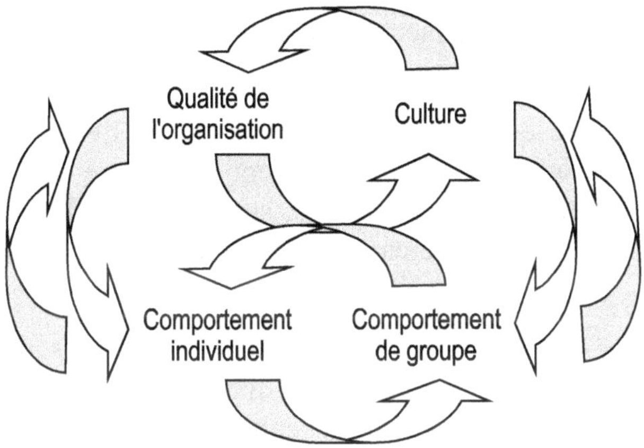

On se rend compte, en fait, qu'on ne change pas une culture, car celle-ci « est » ce qu'elle est. En revanche, celle-ci change d'elle-même si l'on sait intervenir sur au moins un de ses composants. Le comportement de groupe étant lui-même une résultante du comportement individuel, on voit bien qu'il ne reste plus guère de choix que d'intervenir :

- sur la qualité technique de l'organisation pour « amorcer » le processus,
- sur la personnalité individuelle, pour trouver l'énergie de fonctionnement de cette nouvelle organisation.

Il se produit alors un effet de rétroactivité qui s'alimente de lui-même.

Autre constat : il n'y a en fait guère d'état d'équilibre, et on est obligatoirement soit dans un système de spirales positives, soit dans un système négatif. Le degré de liberté est donc, de ce fait, malheureusement faible, mais suffisant.

VI.2 LES OBJECTIFS FIXÉS PAR LA DIRECTION GÉNÉRALE

L'objectif de cette partie est de présenter ce que pourraient être les objectifs assignés par une Direction Générale à un projet de Contrôle Interne et la façon dont ceux-ci s'intègrent à la culture de l'entreprise concernée.

Tous les grands projets de l'entreprise (la sécurité, la qualité, l'image...) ne relèvent pas que de seuls facteurs organisationnels ou techniques, mais nécessitent aussi une culture appropriée d'entreprise.

C'est dans ce cadre que la Direction Générale de l'entreprise souhaite concentrer ses efforts sur le renforcement de quatre engagements de progrès, quatre « E », exposés ci-après, sur lesquels elle fonde sa politique et pour lesquels elle demande une implication importante de son personnel.

Cette volonté ne traduit pas un constat d'insuffisance sur ces axes de progrès (ils font déjà partie des valeurs fondamentales de l'entreprise), mais plus simplement la nécessité d'accentuer encore les efforts du groupe sur ces quatre points, pour rester au niveau de qualité que l'entreprise connaît actuellement.

Ces quatre « E » sont :

- **l'Esprit de solidarité**,
- **l'Efficacité**,
- **l'Écoute**,
- **l'Éthique**.

E comme « Esprit de solidarité » :

- améliorer nos méthodes,
- augmenter les performances de chacun par l'apport de celles des autres,
- construire un glossaire général commun à tous nos métiers.

E comme « Efficacité » :

- restons vigilants sur la pertinence de ce que nous faisons chaque jour,
- ne nous laissons pas aveugler trop facilement par la routine,

- en quoi nos actions quotidiennes, notamment de contrôle, sont-elles utiles pour le métier qu'on exerce soi-même ?
- l'information que nous émettons est-elle utile et nécessaire ?
- les équipements matériels et immatériels que nous mettons à disposition des collaborateurs sont-ils adéquats ?
- la formation qui est dispensée est-elle appropriée aux besoins ?

E comme « Écoute » :

- soyons attentifs aux besoins de nos clients et de nos partenaires internes,
- mieux répondre aux besoins de nos « clients » internes et externes,
- adhérer aux principes de la démarche « qualité »,
- appliquer concrètement et réellement ces principes.

E comme « Éthique » :

- développons une culture de rigueur,
- ayons une conscience précise de nos responsabilités,
- mieux définir et mieux chiffrer nos objectifs,
- mieux déléguer dans le cadre des principes d'un management participatif par objectif,
- apprendre à savoir appliquer une sanction, positive comme négative,
- mieux définir nos responsabilités respectives, notamment lors de cohabitation de plusieurs projets présentant entre eux des intersections de domaine,
- créer et tenir à jour des procédures écrites claires.

Ces axes de progrès concernent l'ensemble des fonctions, des métiers, des unités et des projets de l'organisme. Ils doivent désormais faire l'objet d'une application systématique au sein de l'entreprise. Avant chaque action menée par une entité, celle-ci doit alors toujours se demander si et comment son action répond à ces quatre engagements.

Chaque projet de l'entreprise doit alors se définir dans ce cadre et montrer sa capacité d'adéquation à ces engagements.

La Direction Générale fait de ces quatre engagements une action de progrès prioritaire. L'évolution de la société dépendra alors de la force avec laquelle chacun des acteurs y adhèrera. Cette évolution est une donnée fondamentale de la compétitivité du groupe, dans un environnement européen qui deviendra de plus en plus concurrentiel et agressif.

Dans ce cadre, la Direction Générale met en œuvre une mission de « Contrôle Interne » pour :

- renforcer la légitimité de la société par la valeur de son service grâce à une meilleure maîtrise de son fonctionnement,
- promouvoir une meilleure gouvernance en renforçant l'adéquation des rôles et responsabilités,
- renforcer le service aux filiales, par exemple en les accompagnant dans leur propre recherche de Contrôle Interne,
- maîtriser les équilibres financiers, en maîtrisant les flux internes et externes,
- anticiper et accompagner le changement, en favorisant l'évolution des compétences en gestion du risque et en apportant des éléments de réflexion à l'évolution des structures et de la culture managériale (développement de la Supervision, etc.).

VI.3 LES ÉTAPES DU PROJET DE CONTRÔLE INTERNE

Le principe essentiel de la démarche repose sur **l'appropriation des mesures préconisées par les collaborateurs** chargés de les mettre en œuvre au quotidien dans le cadre du « Contrôle Interne permanent ».

La méthode appliquée est la même pour les acteurs du projet de lancement que pour ceux du contrôle permanent « de croisière » : l'autosuggestion. Il convient donc de proposer une démarche construite et opérationnelle qui sera soumise, avant toute exploitation dans l'entreprise, à une modélisation destinée à la rendre la plus adéquat possible à la culture et au contexte de la société.

En outre, en dehors de cette recherche d'adéquation au plus près des besoins de l'entreprise, la phase de modélisation a pour objectif psychologique de faire en sorte qu'elle devienne aussi celle de ses promoteurs internes, même si parfois cette appropriation ne se traduit en fait que par quelques changements de vocabulaire, sans remettre quoi que ce soit en cause sur le fonds.

Enfin, après cette phase de modélisation de la démarche pour l'adapter exactement à l'entreprise, il est indispensable de la tester avant d'envisager son exploitation à grande échelle. Le modèle sera donc mis en œuvre sur un site pilote, en prévenant bien l'ensemble des collaborateurs associés à ce test qu'il ne s'agit que d'une expérience de validation. En revanche, pour ne pas lui conférer un caractère restrictif, on mettra en exergue cette expérience en valorisant le choix de ceux qui auront été reconnus les plus aptes à la réaliser.

Ainsi, pour la réussite du projet, son responsable a décidé pour le bon fonctionnement de la mise en place du dispositif de contrôle permanent de découper le projet en différentes phases et de mettre en place des outils et des structures de suivi *ad hoc* (Comité de pilotage et Groupe projet).

La mise en œuvre d'un projet de Contrôle Interne doit donc être gérée comme un véritable projet, en plusieurs phases qui peuvent être différentes d'une entreprise à l'autre mais qui suivent le modèle suivanten trois étapes :

- la rédaction d'un dossier de lancement qui récapitule l'ensemble des paramètres du projet,
- la phase d'analyse de l'existant et de réalisation des nouveaux outils permettant aux responsables de maîtriser leur fonctionnement,
- la phase de mise en œuvre opérationnelle du dispositif de Contrôle Interne.

VI.3.1 La phase de lancement du projet de Contrôle Interne

Cette phase de lancement est importante car elle conditionne le positionnement du projet dans l'entreprise. Le dossier de lancement du projet reprend les éléments suivants :

- le contexte, le champ et les objectifs assignés au projet,
- les modalités de fonctionnement : méthode, intervenants, planning,
- les modalités de suivi du projet,
- les facteurs clés de succès.

▸ *Le contexte, le champ et les objectifs assignés au projet*

Le contexte dans lequel s'inscrit le projet est fondamental car il indique à l'ensemble des acteurs les raisons de la mise en place d'un tel projet. La situation la plus idéale pour l'équipe projet est de faire intégrer ce projet dans un axe de développement stratégique pour l'entreprise. Cela peut notamment être le cas lorsque une stratégie de développement repose sur une diversification des activités ou sur des contraintes dues à l'environnement. En effet, ces deux paramètres peuvent peser sur la nécessité pour l'entreprise de renforcer le niveau de maîtrise de son activité.

Le champ du projet doit ensuite être précisé afin de clarifier les entités de l'entreprise qui seront concernées par la mise en œuvre du projet. À notre sens, la mise en place d'un dispositif de maîtrise des risques doit in fine concerner toute l'entreprise mais dans le cas de structures complexes, le déploiement peut être néanmoins graduel.

Les objectifs du projet sont bien évidemment le point central du dossier de lancement. En ce qui concerne notre projet, ils ont été recentrés autour de trois axes principaux :

- la phase d'analyse de l'existant qui a pour but de faire un diagnostic de la situation lors du lancement du projet,
- la phase de réalisation dont l'objectif est de construire les nouveaux outils de maîtrise des risques,
- la phase de mise en œuvre opérationnelle du dispositif.

▸ *Les modalités de fonctionnement*

Dans un premier temps, il est indispensable de définir les membres du projet ainsi que leurs missions respectives. Notre projet reposait sur une solution relativement légère déclinée à deux niveaux :

- une équipe projet permanente sous l'autorité d'un responsable intervenant selon une méthode de travail et un planning définis préalablement ;
- un coordinateur local dans chaque entité intervenant avant et pendant la mission pour faciliter la tâche de l'équipe projet et après le projet pour assurer la pérennité du dispositif de Contrôle Interne.

La méthode de travail retenue par l'équipe projet implique la réalisation d'un planning qu'il convient de suivre scrupuleusement afin d'éviter les dérapages facteurs de démotivation et de surcoût. Ce planning a été réalisé en deux temps selon la méthodologie décrite ci-après.

Un premier macro planning a été présenté de la façon suivante (les lignes remplies sont des extraits donnés à titre illustratif) :

Un premier macro planning

Phases du projet	Liste des tâches de chaque phase	Qui est chargé des tâches	Quand seront réalisées les tâches	Résultat attendu
Analyse de l'existant	Prise de connaissance des activités à mettre sous contrôle	Équipe projet/ responsables concernés	Semaine 40/41	Collecte de toutes les informations disponibles sur les activités. Désignation des coordinateurs locaux. Définir les attentes des responsables concernés.
Analyse de l'existant	Recensement des procédures existantes	Équipe projet/ responsables concernés.	Semaine 41/42	Collecte des procédures. Analyse critique. Premières analyses des risques associés aux activités concernées.

Dans un second temps mais en parallèle, ce macro planning a été recalé par rapport à la charge de travail de l'équipe projet et des autres intervenants afin d'aboutir à une présentation de ce type pour chaque phase :

Un premier macro planning affiné

Tâches	Intervenants	Semaine 40	Semaine 41	Semaine 42	...
Prise de connaissance des activités à mettre sous contrôle	Équipe projet A Équipe projet B Responsable C	2 jours 1 jour 0,5 jour	1 jour 1 jour 0,5 jour		
Recensement des procédures existantes	Équipe projet A Équipe projet B Responsable C		1 jour 1 jour 0,5 jour	1 jour 1 jour 1 jour	
Total phase analyse existant		3,5	5	3	
...					

Ce planning prévisionnel a été validé par l'ensemble des acteurs ce qui a permis de délimiter dans le temps la mission et d'évaluer la charge de travail de chacun.

Les modalités de suivi

Le projet a fait l'objet d'un suivi utilisant l'organisation classique dotée d'un comité de projet et d'un comité de pilotage chargés de statuer sur des points clés selon les remontées du comité de projet.

De plus, afin de faciliter le travail du comité de pilotage, des fiches de suivi de l'état d'avancement du projet ont été systématiquement élaborées dans le but de suivre l'avancée des travaux et de pouvoir identifier et justifier les éventuels dérapages.

Fiches de suivi du projet

Étape du projet :					
Tâches	Date prévue	Date réalisation	Point d'avancement	Difficultés rencontrées	Actions à entreprendre

Les facteurs clés de succès

Le succès du projet repose tant sur la méthode décrite précédemment que sur la communication qui est faite autour du projet ceci dans le but de gagner l'adhésion et la collaboration de tous les acteurs.

Ainsi, une stratégie de communication interne a été élaborée et déclinée en deux volets :

- une lettre de mission signée de la Direction Générale et adressée à l'ensemble des responsables afin de rappeler les objectifs et de présenter l'équipe projet. Cette note était accompagnée d'un dossier de présentation du projet et de la démarche adoptée ;
- une communication plus « pédagogique » à destination de l'ensemble des salariés par le biais d'articles réguliers sur l'évolution du projet dans le journal d'information interne.

Le fait d'avoir obtenu l'appui de la Direction Générale a été certainement un élément déterminant ayant contribué à obtenir l'adhésion de tous pour une totale réussite de ce projet.

VI.3.2 La phase d'analyse de l'existant et de réalisation des nouveaux outils

Cette phase comporte elle-même plusieurs étapes qui sont décrites ci-dessous. L'analyse des activités à partir des procédures et des entretiens ainsi que l'utilisation de la méthode MIRIS ont permis d'identifier les risques des différentes activités et d'aboutir à une cartographie de l'ensemble des risques et plus particulièrement des risques majeurs. Ces risques sont ensuite mis en adéquation avec l'échelle des responsabilités selon les principes mêmes de la méthode MIRIS. L'objectif final étant d'aboutir à la mise en place d'un plan d'action permettant une meilleure maîtrise des risques.

Lors de cette phase, deux outils principaux sont développés :

- la cartographie des risques : identification des risques majeurs de l'entreprise puis représentation graphique de la vulnérabilité de l'entité analysée. La cartographie est obtenue à partir de la réponse des opérationnels aux questionnaires d'analyse des risques ;
- le plan d'action : cadre général du plan destiné à améliorer la vulnérabilité aux risques ainsi identifiés.

Phase d'analyse de l'existant et de réalisation des outils [1]

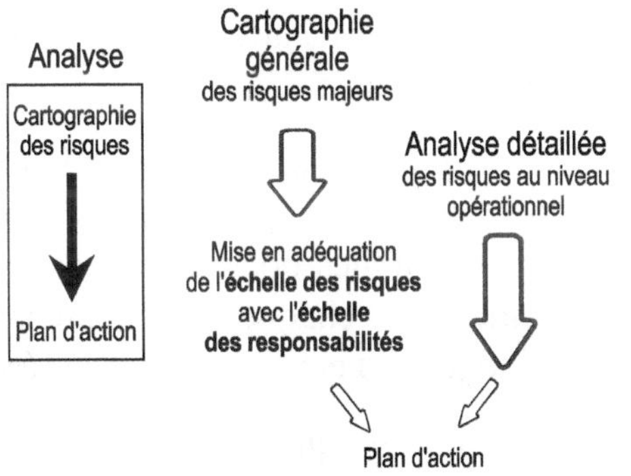

1. Schéma issu des travaux menés par Guy Robin, cabinet Parme Conseil.

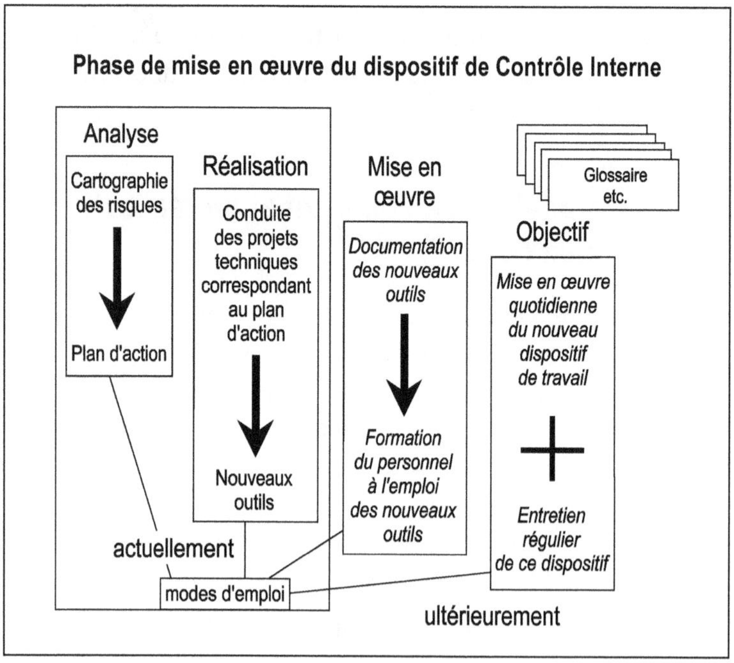

VI.3.3 La phase de mise en œuvre opérationnelle du dispositif de Contrôle Interne

La phase de mise en œuvre opérationnelle du dispositif nécessite de documenter les nouveaux outils en rédigeant des modes d'emploi puis de mettre en place pour les opérationnels des sessions de formation à l'utilisation des outils. Le premier objectif à atteindre est donc la mise en œuvre au quotidien de ce nouveau dispositif.

Nous allons nous focaliser maintenant sur l'organisation mise en place pour assurer les sessions de formation des opérationnels à partir de l'exemple d'une mise en œuvre dans des unités opérationnelles (appelées également sections) d'une mutuelle santé. Pour chaque section, un programme de travail standard d'une durée de cinq jours a été élaboré et se présente comme suit.

Ce programme de travail comprend quatre temps forts :

- la visite de la section (agence de liquidation des feuilles de soins en assurance maladie) et la présentation de la démarche à l'ensemble du personnel par les deux intervenants du Siège. Ce dernier aspect est

Programme des sessions de formation au dispositif de Contrôle Interne
(exemple dans une mutuelle santé)

Mise en place du Contrôle Interne	**Objet**	**Participants souhaités**	**Participants retenus**
Lundi 10 h 30 - 12 h 00	Visite de la Section et présentation de la démarche au personnel	Toute la Section Équipe de Direction et salariés	....
13 h 30 - 15 h 30 15 h 30 - 17 h 00	**Exercices de créativité** Liquidation + Contrôle Liquidation + Archivage et RCT	Équipe de Direction + salarié(s) chargé(s) des activités concernées.	....
Mardi 8 h 30 - 10 h 30 10 h 30 - 12 h 00	**Exercices de créativité (suite)** Chèques Vacances, Aide Ménagère Fichier / Contrôle Fichier	Idem	....
13 h 30 - 15 h 00 15 h 00 - 17 h 00	Comptabilité + Paie Courrier + Accueil + Secrétariat	Idem	....
Mercredi 8 h 30 - 10 h 30 10 h 30 - 12 h 00	**Exercices de créativité fin** Télécollecte + FSE + Noémie Réclamations + Partenariats	Idem	....
13 h 30 - 17 h 00	**Analyse des questionnaires de Contrôle Interne :** Questionnaires de Management	Équipe de Direction	....
Jeudi 8 h 30 - 17 h 00	**Analyse des questionnaires de Contrôle Interne :** Questionnaires Métiers	Équipe de Direction	....
Vendredi Début d'après-midi	**Restitution et présentation des outils et des résultats obtenus**	Équipe de Direction	....

fondamental pour faire adhérer les salariés au projet. Il consiste plus précisément à rappeler des éléments de contexte et les concepts de base en matière de Contrôle Interne (risque, probabilité...), à mentionner l'état d'avancement de la mise en œuvre ainsi que les différents outils existants et, enfin, à évoquer le planning de travail de la semaine ;

- les deux jours suivants sont consacrés à des exercices de créativité avec le personnel en charge desdites activités (par exemples, liquidation, chèques vacances...). Ces exercices ont pour objectif de faire découvrir par le personnel les risques majeurs inhérents à ces activités / ainsi que les parades à mettre en place en utilisant la méthodologie MIRIS. L'objectif n'est donc pas ici de balayer tous les risques mais plutôt de sensibiliser le personnel à la nécessaire maîtrise des risques ;
- les trois demi-journées suivantes sont consacrées à l'examen des questionnaires de Contrôle Interne avec l'équipe de Direction afin de mettre en lumière l'ensemble des risques et de dresser la cartographie spécifique de la section ;
- la dernière journée sert le matin aux intervenants à finaliser les documents laissés à la section (cartographie et plan d'actions) et l'après-midi à réaliser un débriefing puis à présenter les outils qui permettront à la section d'entretenir régulièrement son dispositif de Contrôle Interne.

Une fois que le premier objectif de mise en œuvre au quotidien du dispositif a été atteint, l'objectif suivant est de créer les conditions d'un entretien régulier de celui-ci par la mise en place d'un observatoire des risques.

D'une façon générale, cet observatoire servira à alimenter la base de connaissance « Contrôle Interne » pour faire passer le niveau de maîtrise du Contrôle Interne du statut de « quotidien » au statut de « permanent » dans le sens où le Contrôle Interne suit effectivement l'évolution des activités et donc, des risques associés (changement d'organisation par exemple). L'observatoire est donc chargé de gérer et de faire évoluer la base de connaissance « Contrôle Interne » des risques de l'entreprise, en concertation avec tous les acteurs.

▸ *Synthèse sur l'apport du Contrôle Interne dans la démarche de changement de l'entreprise*

Pour vraiment apprécier l'intérêt de cette démarche, rien ne vaut une expérience réussie dans un domaine d'activité pilote. En effet, rien ne remplace une mesure en grandeur réelle, même limitée, qui est toujours plus parlante qu'un long discours, même parfaitement bien construit. La démarche de Contrôle Interne appliquée dans l'entreprise a permis de :

- Comprendre l'expression Contrôle Interne permanent au sens de maîtrise ou pilotage permanent de l'entreprise. Il ne s'agit pas seulement d'un projet d'entreprise, aux effets limités dans le temps, mais d'un retour d'investissement permanent pour une mise de fonds unique ;
- Reconnaître qu'une démarche méthodologique est plus efficace qu'une approche heuristique :
  - se méfier des subtilités du métier et éviter les pièges traditionnels (exemple : confondre l'Audit Interne et le Contrôle Interne, ou encore penser avoir résolu le problème par la désignation d'un responsable) ;
  - ne pas se contenter d'une accumulation de moyens sur les risques les plus apparents ;
  - ne pas croire aux solutions qui « résolvent une fois pour toutes les problèmes » ;
  - se méfier des automatismes, car ils ont un effet pervers de « déresponsabilisation » (ils ont facilement tendance à abuser de notre « non-méfiance » et leur fonctionnement peut dériver, sans qu'on s'en aperçoive, par erreur, maladresse ou accident, voire par malveillance).
- Admettre qu'il faut à tout prix constamment déculpabiliser pour pouvoir changer, car on ne s'intéresse qu'à « ce qui va mal » (cela ne sert à rien de changer ce « qui marche bien »). Il faut donc veiller attentivement aux susceptibilités qui viendraient polluer le bénéfice des efforts.
- Reconnaître qu'un changement de culture accompagne toujours inévitablement un changement d'organisation touchant aux systèmes de valeurs (ici la conscience des risques).
- Faire admettre qu'une nouvelle répartition des responsabilités entre les acteurs du métier de l'entreprise et les techniciens de la logistique (en général) est indispensable et ne porte au contraire aucun préjudice au vrai pouvoir des uns ou des autres (attention à ne pas inquiéter les stratégies personnelles : elles doivent être gérées, mais aussi elles constituent un réservoir d'énergie pour conserver le dynamisme de l'entreprise).
- Ne plus chercher à perfectionner les outils, mais plutôt leur usage (tout serait tellement si simple, s'il n'y avait que des problèmes techniques).
- Savoir qu'un simple transfert (le caractère autopropageable du changement est quant à lui plus discutable) d'un nouveau savoir-faire à la

portée de chacun des acteurs est beaucoup plus profitable qu'une opération de grande envergure (souvent réservée à l'élite de l'encadrement, ou au moins souvent très diluée lorsqu'elle parvient jusqu'aux couches terminales de l'organisation). Bien qu'il s'agisse d'un projet à l'échelle de l'entreprise, par le volume de personnel concerné, il s'agit bien de faire la différence entre « une grande action de réforme », et ce qui est proposé ici sous la forme d'une pénétration lente mais totale conduisant à une accumulation de petits gains à l'échelle individuelle (mais dont finalement la somme est souvent plus riche qu'un vaste projet habituel).

- Profiter de la force d'adhésion de l'autosuggestion et d'une réelle participation (consolidée par la hiérarchie) : savoir profiter de l'intelligence opérationnelle de l'entreprise en la valorisant et en sachant exploiter ce qu'elle apporte d'homogène et de compatible avec la stratégie globale.
- Savoir s'appuyer sur une structure à la fois fonctionnelle (comités de pilotage et de mise en œuvre = législatif + exécutif) et opérationnelle (coordinateur central et relais locaux) : un moteur sans courroie de transmission ne sert à rien.
- Apprendre à transformer les coûts de sécurité (au sens large), souvent désordonnés, en investissements calculés apportant un retour quantitatif, lié directement aux performances de l'entreprise dans son propre métier (et par ailleurs : ne pas confondre les moyens, qui sont souvent des objectifs intermédiaires, mais dont on oublie facilement leur caractère transitoire, et les vrais objectifs).
- Savoir aborder ses collaborateurs dans une même communication à la fois rationnelle et émotionnelle formant un tout indissociable, amalgamant en même temps leur personnalité propre, la culture de leur métier et celle de leur entreprise : savoir conduire du même coup « un seul et même changement » dans les moyens et les méthodes de travail et dans les esprits, l'un par l'autre de façon totalement interactive (donc surtout ne pas agir en dissociant les actions de « sensibilisation » et celles « d'organisation » ou celles « d'équipement »).
- Profiter de la modularité de cette démarche pour limiter au strict minimum les risques de décision à la fois financiers et de crédibilité.

VI.4 ILLUSTRATION DE LA MISE EN ŒUVRE DU CONTRÔLE INTERNE AU FACTEUR MANAGEMENT

Nous avons vu dans le chapitre II consacré à la présentation de la gouvernance opérationnelle que la maîtrise du facteur Management repose en grande partie sur la formalisation de la gestion des responsabilités des acteurs opérationnels et hiérarchiques au sein de l'organisation.

Nous allons donc illustrer notre propos théorique en décrivant deux outils pratiques permettant d'y parvenir : l'organigramme et la fiche de poste. Pour compléter cette illustration, nous terminerons par la présentation de fiches de mesures des temps pouvant être utilisées pour optimiser une organisation.

VI.4.1 La construction d'un organigramme

▸ *Rappels des concepts méthodologiques*

- par définition le professionnalisme, dans un domaine donné, se distingue de l'amateurisme par la valeur d'expert du professionnel. C'est ainsi qu'en général on ne confie pas d'activité professionnelle à un monde d'amateurs ;
- l'expertise suppose la spécialisation (on ne peut pas être expert en tout : le « spécialiste en tout » est une utopie) et représente donc ce qu'on pourrait appeler une certaine forme de monovalence dans le ou les domaines où on est expert ;
- la polyvalence exprime la capacité d'expertise en différents domaines. On ne peut donc être polyvalent en tout (ce serait de la multi polyvalence : « l'oiseau rare », « l'homme-orchestre »).

Nous rappelons également l'analyse de base des activités d'un hiérarchique qui opère une séparation à deux niveaux (cf. chap. II pour plus de détails) :

- ce qu'il fait lui-même en tant que manager : concept ODEFIACA (Organiser, Déléguer, Équiper, Former, Informer, Animer, Contrôler et Assumer) ;
- et ce qu'il fait lui-même comme acteur opérationnel : concept RICA (Réaliser, Informer, Contrôler, Assumer).

Le concept d'ODEFIACA s'applique au rôle du manager sur les activités qu'il a déléguées et se traduit plus précisément par les actes suivants :

Les activités d'un Manager
(**ODEFIACA** – Organiser, Déléguer, Équiper, Former, Informer, Animer, Contrôler et Assumer)

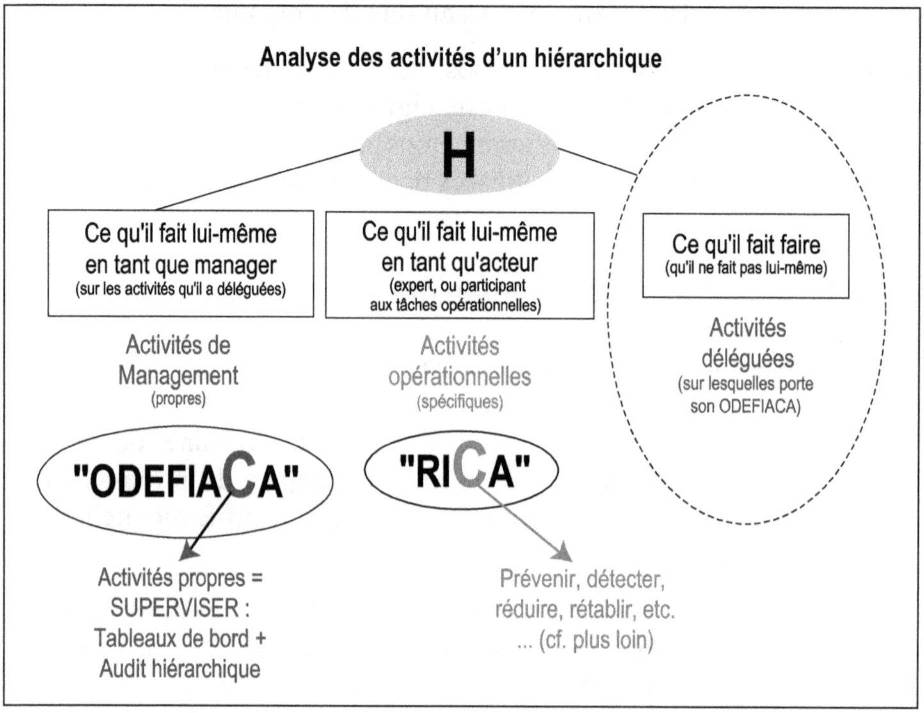

Le concept RICA s'applique lui aux activités opérationnelles du Manager.

Les activités relatives à ce concept sont résumées dans le tableau suivant

	Actions	Commentaires
R	Réaliser	« Faire » ce qu'on lui demande de faire (activités déléguées).
I	Informer	Rendre compte de ce qu'il a fait (comment, combien, etc.) et de ce qu'il n'a pas fait (combien, pourquoi, etc.) et aviser systématiquement sa hiérarchie de tout cas douteux.
C	Contrôler	Auto-contrôle par l'opérationnel des tâches déléguées (vérifier que ce qu'il a fait, est bien fait tel qu'il le devait le faire conformément aux procédures).
A	Assumer	Savoir assumer « ses » responsabilités en signant ses propres actes.

Cas pratique

Cet exemple fictif est présenté en deux parties :

- La représentation des responsabilités hiérarchiques au sein d'une entité (concept ODEFIACA).
- Le tableau de répartition des tâches au sein d'une entité. *Exemple d'application de représentation des responsabilités hiérarchiques au sein d'une entité.*

Exemple d'application de représentation des responsabilités hiérarchiques au sein d'une entité

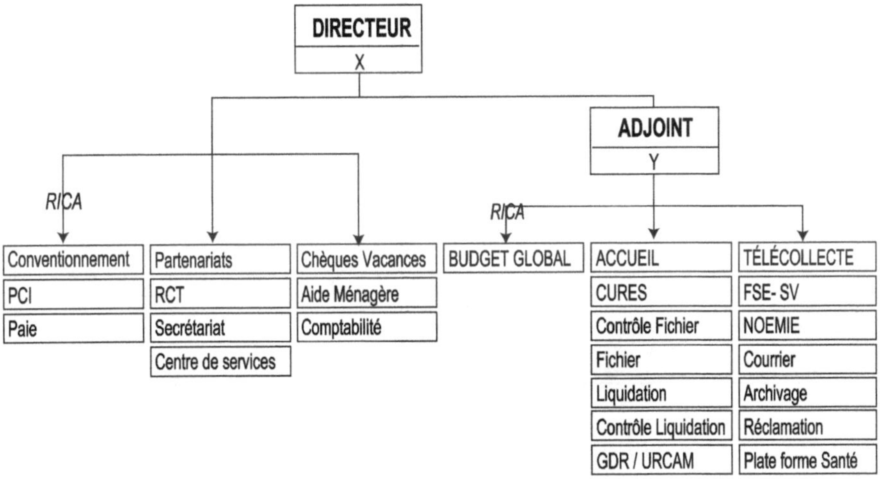

Ce premier tableau présente la répartition des responsabilités de Manager (c'est-à-dire l'ODEFIACA) entre les deux managers de cette structure que sont le Directeur et son adjoint. On peut également constater que le Directeur est opérationnel (RICA) sur trois activités (Conventionnement, PCI et paie) et que son adjoint est opérationnel sur l'activité « budget global ».

Le second tableau ci-après propose la répartition des tâches opérationnelles entre tous les acteurs :

- Le R pour la responsabilité hiérarchique.
- Le T pour indiquer les salariés titulaires des postes au quotidien.
- Le P pour indiquer les salariés qui interviennent en polyvalence.

Exemple de tableau de répartition des tâches au sein d'une entité

	SALARIÉS								
Tâches	Directeur X	Adjoint Y	Salarié 1	Salarié 2	Salarié 3	Salarié 4	Salarié 5	Salarié 6	Salarié 7
Secrétariat	R					T		P	
Accueil		R		T			T		T
Courrier		R	T	T	T	T	T	T	T
Fichier		R		T		T			P
Liquidation		R	T		T				
Télécollecte		R					T		T
FSE-SV		R					T		T
Noémie		R	T		T				
Cures		R					T		
Budget global		R | T							
Contrôle liquidation		R					P		
Contrôle fichier		R							
Chèques-vacances	R					T		P	
Aide-ménagère	R					T		P	
Partenariats	R						T		
Réclamations		R	T	T	T	T	T		T
R.C.T.	R					T			
Comptabilité	R					P		T	
Paie	R | P							T	
Archivage		R						P	
Action Fédérale	R								
Conventionnement	R | P			T					
GDR/URCAM		R							
PCI	R | P			T					
Plate -forme		R	T						
Centre de services	R					T			

Légende

R pour indiquer le responsable hiérarchique de l'activité (Directeur ou adjoint)
T pour indiquer les salariés titulaires des postes (emploi tenu au quotidien)
P pour indiquer les salariés polyvalents (activité exercée occasionnellement en remplacement du titulaire)

Ce tableau à double entrée présente l'avantage d'une double lecture : en lignes, le qui fait quoi pour chaque tâche (par exemples, secrétariat, accueil...) et en colonnes, les attributions précises de chaque salarié.

Remarques : ces deux tableaux doivent bien entendu être remis à jour à chaque changement d'organisation. Les abréviations suivantes spécifiques au domaine de l'Assurance Maladie ont été utilisées : FSE-SV : Feuilles de soins électroniques ; RCT : recours contre tiers ; GDR/URCAM : gestion du risque, relations avec les URCAM ; PCI : plan de Contrôle Interne.

VI.4.2 La réalisation de fiches de postes

La nécessité d'une formalisation des postes est une préconisation récurrente en matière de Contrôle Interne car il est difficile d'analyser les risques d'une organisation et d'appréhender la qualité de son fonctionnement au travers de pratiques relevant d'usages transmis oralement et qui n'ont pas été formalisés par écrit.

Ce manque de référentiel opposable et l'imprécision des instructions favorisent les interprétations personnelles et peuvent conduire, le cas échéant, à des actions très différentes et non homogènes de la part d'opérationnels chargés de réaliser des tâches à priori identiques.

De ce point de vue, cette situation présente donc des risques incompatibles avec l'objectif de conformité aux procédures internes assigné au dispositif de Contrôle Interne.

En termes méthodologiques, il ne faut pas confondre deux éléments :

- la fiche de poste centrée sur les activités réellement exercées par chaque salarié et qui donc évolue au même rythme que l'organisation adoptée ;
- la fiche métier dont l'objectif est de décrire d'un point de vue global les tâches du métier concerné et qui a vocation à être stable dans le temps.

Exemples de fiches de poste

Dans ce premier exemple, la fiche de poste est décomposée en trois parties :

- L'identification du poste : opérationnel concerné, nature de l'emploi principal (tenu au quotidien) et nature de l'activité ou du métier exercé dans le cadre de la polyvalence (activité exercée occasionnellement en remplacement de l'agent titulaire de cette activité).
- Le descriptif de l'activité correspondante à l'emploi principal : nature de l'activité, étapes principales et description des tâches réalisées. Lorsque l'agent est responsable de plusieurs activités au quotidien, le tableau comportera plusieurs paragraphes séparés.
- L'analyse des missions pratiquées dans le cadre de la polyvalence occasionnelle : nature de l'activité, étapes principales et description des tâches pour l'activité ou pour les activités réalisées en polyvalence.

Cela donne par exemple le résultat suivant pour un salarié dont l'emploi principal est liquidateur et qui exerce une activité de courrier dans le cadre d'une polyvalence :

Un exemple de fiche de poste – métier de liquidateur en assurance maladie

<table>
<tr><td colspan="3">A/ IDENTIFICATION DU POSTE</td></tr>
<tr><td colspan="3">Nom et prénom de l'agent : X</td></tr>
<tr><td colspan="3">Nature de l'emploi principal (tenu au quotidien) : Liquidateur</td></tr>
<tr><td colspan="3">Activité(s) supplémentaire(s) exercée(s) dans le cadre de la polyvalence (précisez ici uniquement le métier ou l'activité) : Courrier</td></tr>
<tr><td colspan="3">B/ DESCRIPTION DES MISSIONS EXERCÉES POUR L'EMPLOI PRINCIPAL</td></tr>
<tr><td>Activité ou métier 1 :
Liquidation</td><td>Étapes principales de l'activité :
Réception des dossiers</td><td>Description des tâches réalisées :
➤ Cachet courrier arrivé avec folioteur éventuel.
➤ Agrafage de l'ensemble du dossier.</td></tr>
<tr><td>Liquidation</td><td>Étude de recevabilité et saisie des dossiers</td><td>➤ Vérification conformité feuille de soins.
➤ Vérification zones obligatoires.
➤ Vérification signature assuré.
➤ Vérification signatures exécutant de l'acte (exécution et paiement).
➤ Préparation des correspondances.
➤ Saisie des éléments figurant sur les documents (OPTIMUT 2).</td></tr>
<tr><td colspan="3">C/ DESCRIPTION DES MISSIONS EXERCÉES DANS LE CADRE DE LA POLYVALENCE</td></tr>
<tr><td>Activité ou métier 1 :
Courrier</td><td>Étapes principales de l'activité :
Courrier Arrivée</td><td>Description des tâches réalisées :
➤ Ouverture du sac postal, des recommandés, du courrier arrivée à l'accueil y compris le Chronopost du mercredi.
➤ Compostage et vérification.
➤ Tri et ventilation par activités et services.
➤ Comptage.
➤ Enregistrement des chèques et recommandés.</td></tr>
</table>

Cette fiche doit faire l'objet d'une signature conjointe du responsable hiérarchique et du salarié.

On trouvera ci-dessous une variante de présentation de la fiche de poste. Deux concepts de classement des activités ont été utilisés :

- la polyvalence de métier pour les deux activités exercées au quotidien en polyvalence (aide-ménagère et fichier),
- la polyvalence dite « de circonstance » pour les remplacements occasionnels (Courrier, chèques vacances et télétransmission).

Un exemple de fiche de poste (suite)

NOM : X PRÉNOM : Y SERVICE :
Polyvalence de métier : fonction Aide-ménagère :
• ENREGISTRER les demandes. • INSTRUIRE les demandes. • SAISIR les demandes dans l'outil. • RÉCEPTIONNER, TRIER, ENVOYER, CLASSER les notifications. • SAISIR les bordereaux de facturation dans l'outil. • CLASSER, ARCHIVER les bordereaux de facturation.
Polyvalence de métier : fonction fichier : • TRIER, COMPTER, CLASSER les pièces reçues. • SAISIR dans l'outil toutes les pièces reçues. • ÉTUDIER les dossiers. • RENVOYER par le biais de nombreux courriers les dossiers. • RÉPONDRE au courrier, au téléphone aux assurés. • CONSULTER les procédures pour les cas particuliers ou difficiles.
Polyvalence de circonstance :
Fonction Courrier : • OUVRIR, TRIER, RÉPARTIR par services. Fonction Chèques Vacances : • RÉPARTIR les chèques vacances à l'arrivée par dossier. • POINTER le bordereau. • CLASSER les dossiers. • SAISIR des dossiers déjà instruits. Fonction télétransmission : • CONSULTER, VALIDER, dans « Reflets » les lots dégradés. • CLASSER les lots dégradés. Le titulaire du poste, *nom et signature* Le responsable hiérarchique, *nom et signature*

VI.4.3 La mise en place de mesures de temps

Les définitions du Contrôle Interne qu'elles soient proposées par l'IFACI ou par le COSO mentionnent l'atteinte d'objectifs en matière d'efficacité et d'optimisation des opérations. Un des moyens d'y parvenir, et notamment dans des activités administratives de production, est d'instituer des mesures de temps de réalisation.

La mesure des temps est cependant un outil délicat à mettre en œuvre (pour des raisons psychologiques il peut être assimilé à « du flicage ») mais qui présente généralement d'indéniables avantages :

- il permet de mesurer de manière précise et objective la charge de travail d'une entité, soit de manière ponctuelle, pour en mesurer l'évolution, soit de façon permanente, si cela s'avère indispensable (calculer des factures clients par exemple) ;
- il favorise l'évaluation précise des coûts de fonctionnements des entités et/ou tâches mesurées ;
- il sert d'auto-diagnostic pour l'opérationnel et pour le manager (projet de réorganisation par exemple).

Le modèle de fiche de mesures se décompose en deux parties :

- le document intitulé « mesure des temps… » est à utiliser par chaque agent. Les heures de début et de fin sont à mentionner pour chaque opération en indiquant une croix dans la colonne concernée. Par exemple, pour une mise à jour de carte Vitale : renseigner 08 h 00 et 08 h 05 dans les colonnes heure début et heure fin et mettre un X dans la colonne mises à jour de carte Vitale. L'opération sera répétée sur une nouvelle ligne pour une autre mise à jour. Afin de simplifier le temps consacré à la mesure, il est aussi possible de regrouper des tâches récurrentes en notant dans la colonne concernée le volume correspondant au temps passé (par exemple en créant une colonne : paquet de 30 feuilles en liquidation). Par ailleurs, une colonne « divers » est prévue pour renseigner des tâches vraiment exceptionnelles qui devront faire l'objet d'une explication complémentaire ;
- le second document intitulé « statistiques générales mensuelles… » sert de synthèse à l'équipe de Direction. Cette synthèse peut être construite, en fonction de l'objectif recherché, soit agent par agent soit pour l'ensemble des employés. Le but est de récapituler sur une période donnée et pour

chaque tâche d'une activité le nombre et le temps passé. La case temps passé en Supervision permet d'identifier le temps passé par la hiérarchie sur le traitement et l'analyse de la mesure ainsi que sur la Supervision de terrain.

Modèle de fiche de mesures des temps de l'activité fichier (première partie)

Nom de l'agent :			**Mesure des temps de l'activité FICHIER** ***Mettre une croix et/ou volume dans la colonne concernée***				**Date :**
Heure de début	Heure de fin	**CAR** : Mise à jour de carte vitale	**BUD** : budget global	ATT : attestation carte vitale	**PEC** : prise en charge	**CUR** : prise en charge cures	**Divers** avec commentaire
EXEMPLES							
8 h 00	*8 h 05*	*X : 1*					
8 h 05	*8 h 20*			*X : 10*			
Etc.							

Modèle de fiche de mesures des temps de l'activité fichier (seconde partie)

Synthèse mensuelle des mesures de temps opérationnels de l'activité FICHIER

CAR Mise à jour carte vit.		BUD Budget global		ATT Attestations		PEC Prises en charge		CUR Prises en charge de cures	
nombre	*temps*	*nombre*	*temps*	*nombre*	*temps*	*nombre*	*temps*	*nombre*	*temps*

DIVERS

Statistiques générales mensuelles des mesures portant sur l'activité FICHIER

Date de début de période	Date de fin de période	Temps passé en supervision	Temps passé en mise à jour de la documentation	Temps passé en information des agents de fichier

VII •

COMMUNICATION ET CONSIDÉRATIONS PSYCHOLOGIQUES LIÉES À UNE DÉMARCHE DE CONTRÔLE INTERNE

VII.1 LES DIFFÉRENTS ASPECTS DE L'INFLUENCE DE LA COMMUNICATION SUR LE CONTRÔLE INTERNE PERMANENT

VII.1.1 Dans un acte de communication : quelle est la fidélité réelle de notre mode de représentation ?

Chacun sait aujourd'hui que dans le mécanisme de la pensée, les influx d'entrée ne donnent pratiquement jamais lieu « en sortie », dans notre cerveau, à des représentations fidèles. Les psychologues ont, depuis longtemps, montré l'existence de ce qu'ils appellent notre « carte du monde », c'est-à-dire l'existence d'un ensemble d'images préconçues, potentiellement tenues à disposition dans notre mémoire, et intervenant, avant même le processus de pensée consciente, afin de permettre une accélération de notre perception des images transmises par ces influx d'entrée, pour « comprendre plus vite ».

Des écoles de neurologues rejoignent ces conclusions en s'appuyant sur l'observation expérimentale de comportements sur des patients atteints de lésions accidentelles ou pathologiques de certains lobes du cerveau.

L'intérêt de ce dispositif est évident et grandit avec l'expérience de vie et le capital de connaissance et de culture. C'est aussi ce que l'homme essaie modestement de reproduire avec les systèmes informatiques dits « systèmes experts ».

L'inconvénient est tout aussi évident, car ce dispositif d'accélération nuit à la spontanéité de compréhension en nous conduisant parfois, à la limite, presque à vouloir comprendre avant même d'avoir reçu l'influx d'entrée. N'entend-on pas souvent dire dans un débat « mais écoute moi jusqu'au bout, laisse moi finir ».

Deux autres « importants-graves » « avantages-inconvénients » de cette capacité d'accélération de notre pensée tiennent au fait qu'il se passe très vite tout un ensemble de pré-examens des situations envisagées, des questions qu'elles soulèvent, peut-être même des « solutions » qui peuvent se présenter en réponse à ses questions. Or tout ceci se produit dans notre subconscient sans même que nous l'ayons présent à l'esprit. Ceci fait que notre mécanisme de pensée libre, volontaire, ne travaille, en fait, la plupart du temps à notre insu, que sur des ébauches préélaborées, triées, échnatillonnées, etc.

Les deux conséquences énoncées sont donc :

- Le risque de ne pas avoir conscience d'autres « réponses « potentielles à la question que l'on se pose et donc de perdre l'avantage d'un meilleur choix. *A contrario*, c'est ce qui nous permet aussi de « sortir » d'un ensemble complexe d'analyses, que nous risquerions sinon de ne jamais quitter : c'est le problème de l'indécis qui hésitera constamment, incapable de prendre LA décision finale.
- La tentation « d'aller tout de suite à la solution » en court-circuitant notre capacité de raisonnement. Dans ce cas notre subconscient s'est approprié un excès de « droit de penser à notre place ». ce phénomène, bien connu, ne nous conduit donc pas toujours à la « bonne » solution mais seulement à la « meilleure de ce qui reste à notre portée », en « oubliant » ainsi que nous limitons, sans le savoir, le champ d'investigation de notre analyse. *A contrario*, c'est peut-être ce qui fait la qualité d'un homme dont on dit qu'il a « un bon jugement », car cette disposition lui donne le moyen d'accéder plus vite au bon choix.

On soulignera à cette occasion, à nouveau, la convergence de point de vue entre les psychologues et les écoles de neurologues, dont il a été question ci-avant, qui tentent de démontrer par leurs observations cliniques combien le facteur « émotionnel » intervient finalement dans un processus de pensée que l'on pourrait croire a priori exclusivement « rationnel », en combattant notre héritage culturel qui voit encore souvent une image dichotomique simpliste. D'ailleurs, nous reproduisons de nouveau une forme simpliste de dichotomie analogue dans les systèmes experts entre la « pensé » (le moteur d'inférence) et la mémoire (la base de connaissance), alors que l'imbrication entre l'image-mémoire et l'utilisation de cette image-mémoire dans un processus argumentaire est en fait sûrement beaucoup plus complexe dans notre cerveau.

De nombreuses applications pratiques ont été extraites de ces observations, notamment dans les domaines de la communication, mais encore plus concrètement dans le métier du commerce, et de tout ce qui a trait à la négociation. Nous verrons alors plus loin combien ces explorations de nos mécanismes de pensée sont fondamentales pour maîtriser le fonctionnement d'une entreprise, c'est-à-dire pour élaborer une stratégie de sécurité aboutissant à la mise en place d'un véritable « contrôle interne permanent » entre les mains de chacun de ceux qui ont une responsabilité à exercer dans cette entreprise.

VII.1.2 Les approches techniques et psychologiques de la communication

Communiquer est un besoin évident, mais fait-on cependant toujours l'effort ?

L'intérêt essentiel est de bien distinguer à la fois l'aspect technique pour améliorer la qualité de la compréhension et l'efficacité des efforts de communication et les aspects psychologiques pour augmenter les capacités d'écoute et d'acceptation des opinions des autres ainsi que se donner les moyens de mieux motiver les collaborateurs.

L'aspect technique de la communication

Dans un projet de mise en place du contrôle interne, tout le monde ne participe pas avec la même intensité, pas au même moment, pas de la même façon, pas sur le même sujet et pas avec le même intérêt.

Ne pas communiquer, parce que soi-même, « on sait » et que l'on croit donc que l'autre « sait » est le plus sûr moyen de tuer le projet.

Nous pouvons alors utiliser ce que l'on nomme *la fiche d'expression spontanée du personnel* afin d'identifier au plus juste les messages réguliers et adaptés pour construire des messages positifs et motivants envers les acteurs du dispositif de construction du contrôle interne.

Cette fiche pose plusieurs questions qui sont d'ordre anonyme pour mieux permettre de connaître la perception des agents (hiérarchiques ou non) sur certains concepts et sur l'image interne de l'entreprise ; chacun étant ainsi plus libre de s'exprimer comme il l'entend.

Ce questionnaire est bien entendu facultatif, comme toute action d'expression d'une population libre. Une non réponse équivaudra quand même à une certaine réponse.

- *Voici un exemple de* ***message d'accompagnement***

« **Facultatif ne signifie pas « sans importance** », il est au contraire de votre intérêt de répondre de votre mieux en vue d'améliorer nos conditions de travail. C'est l'occasion de nous valoriser, chacun d'entre nous, à travers un meilleur professionnalisme et une meilleure réussite de notre travail.

Nous sommes sûrs qu'un grand nombre d'entre vous répondra. Pour ceux-là : ne passez guère plus d'un quart d'heure pour le faire, en sautant éventuellement les questions qui pourraient vous poser un problème d'interprétation.

Répondez-y surtout rapidement, pour être sûr de mieux capter vos premières images sur les sujets évoqués.

Ne craignez pas d'expliciter votre réponse de tous les commentaires qui vous paraîtront utiles. »

Enfin, nous précisons aux collaborateurs que l'exploitation des fiches sera faite en présence d'un Comité spécifique (consultant, hiérarchique...) pour établir un programme de communication interne et d'action sur le fonctionnement de l'organisation.

L'objectif avoué de ce type de fiche est bien de ne pas confondre ce qui relève de l'information (dire ce que l'on voudrait que l'autre entende, parce qu'on a envie de le lui dire) et de la communication (dire ce qu'il faut avant, pour que l'autre ait envie – et donc réclame après – ce que vous vouliez lui dire).

▸ *L'aspect psychologique de la communication*

Sans entrer dans les techniques de l'analyse transactionnelle ou les méthodes de face à face, le comportement et/ou les méthodes de structuration de la pensée d'une personne (hiérarchique ou non) a un impact direct sur l'efficacité d'une organisation.

À chaque niveau hiérarchique, il est intéressant de distinguer les comportements de chacun sur le plan de l'animation et le transfert de l'information.

Par exemple, on cherchera quelle est la position de vie (positive, négative, fortement positive, fortement négative) d'un agent ou bien encore pour un manager quel est le processus rationnel qui conduit à décider de la transmission de telle ou telle information.

Si nous identifions des difficultés dans ces domaines, on essayera de trouver alors des méthodes de redressement : relaxation, yoga, sport, hobby etc. Dans tous les cas, il s'agit de trouver un dérivatif : quel est le mien ? Est-il efficace ? Sinon quelle nouvelle solution pourrais-je trouver ? Dans tous les cas, le collaborateur ou le manager ne peut rester dans une position de vie qui ne soit pas positive. On peut constater d'ailleurs depuis plusieurs années maintenant l'émergence de la fonction de « coaching » auprès des managers pour justement les « maintenir » psychologiquement dans une spirale régulièrement positive.

Bien entendu, il est évident que le fait de vivre dans des milieux privés et de travail gais ou tristes influence notre comportement. Le décor compte donc, bien qu'il n'y ait pas de relation directe avec ce que l'on ait. De la même façon son « décor » psychologique peut avoir une influence, et décider chaque jour, de « vouloir être heureux et positif », quelles que soient les conditions réelles dans lesquelles on vivra cette journée, conditionne vraisemblablement à la longue le fait d'y parvenir, même si ce comportement paraît parfois cocasse vu de l'extérieur. Le problème n'est plus vraiment d'y croire ou pas, car ces techniques ont maintenant fait leur preuve. La difficulté la plus courante tient généralement à la peur du ridicule. L'essentiel est de ne pas se sentir ridicule soi-même à partir du moment où cette technique permet de relativiser avec bon sens.

En cas de doute sur sa capacité à y parvenir, il suffit quelquefois de dresser le bilan objectif de ce qui fait que l'on a des raisons d'être satisfait et celles que l'on a de ne pas l'être.

Il est donc important que chaque individu connaisse son mode de communication dominant, son égogramme en analyse transactionnelle ou sa capacité de maîtriser ses émotions. En effet, dans une démarche de contrôle interne, le hiérarchique qui « se connaît soi-même » et en mesure de faire participer ses collaborateurs en les mettant en condition psychologique adéquate à l'analyse des risques liés à leurs propres activités.

En conclusion, les techniques de communication (conduite de groupe, conduite de réunions, l'animation de séances de créativité...) ainsi que toutes les techniques voisines ou dérivées (être plus efficace, savoir gérer son temps...) sont suffisamment abondantes dans la presse pour avoir la moindre excuse de ne pas faire le moindre effort personnel, sans attendre obligatoirement l'existence d'un programme de formation en règle dans l'entreprise. C'est aussi une simple question d'hygiène intellectuelle personnelle.

En matière de contrôle interne, il ne s'agit plus de « technique ». C'est beaucoup moins facile que d'acquérir, par simple apprentissage, quelques recettes. Chacun est face à sa propre réalité, et c'est de la qualité de sa propre introspection que dépendra son succès.

La contrainte de devoir changer soi-même, si l'on veut que « l'autre » change aussi, conduira sans doute à l'utilité de la rappeler périodiquement, sachant qu'il est souvent trop « arrangeant » de l'oublier, et de compter, par facilité, sur l'inverse.

Vanter, autour de soi, les mérites de l'analyse transactionnelle ne relève pas d'un altruisme généreux mais d'un acte intéressé, quasi-égoïste. Reconnaissons, en effet, simplement que la diffusion de telles disciplines d'amélioration de la capacité relationnelle des « autres » est aussi un acte intéressé, car nous sommes malheureusement fortement dépendant du stress des autres pour moins subir « le nôtre ».

VII.2 LE MANAGEMENT D'UN DISPOSITIF DE CONTRÔLE INTERNE MET-IL EN JEU DES ACTES SPONTANÉS OU RATIONNELS ? QUELS MÉCANISMES SUIT-IL ?

Les propos qui suivent s'appuient sur trois catégories d'observations expérimentales :

• Celles de certaines écoles de neurologues, qui formulent l'hypothèse que les mécanismes décisionnels, y compris professionnels, que l'on croît souvent exclusivement résultant de la pensée réfléchie, sont intimement dépendants aussi bien des facteurs émotionnels que, et pas seulement, de la rationalité. Qu'est-ce qui fait prendre ou empêche de prendre telle ou telle décision, alors que, lorsqu'on n'y est pas directement confronté, on reconnaît aisément que son évidence « coule de source ».

• Celle des politologues, qui démontrent qu'à partir d'un certain degré de complexité un responsable d'entreprise est condamné aux hasards de l'approche heuristique s'il ne sait pas s'entourer de « coordonnateurs ». Par exemple, pourquoi la méta fonction si évidente de « gestionnaire global des risques » est-elle si peu présente dans les structures ?

• La nôtre, qui tend à prouver que le besoin humain, quasi physiologique, de « confiance » présente, notamment en matière de conduite de la gestion des risques, des effets pervers dus aux connations entre cette notion de confiance et son inverse, la « méfiance ». Ces effets pervers sont autant de pièges pouvant expliquer pourquoi les situations de non-sécurité observés « sur le terrain » sont souvent si évidentes et pourtant conscientes. Pourquoi par exemple confond-on si souvent les actions « assumer » et « contrôler » ?

Essayons alors dans ce qui suit d'appliquer nos propos au lien entre le management et le contrôle interne.

Manager, c'est conduire l'entreprise à la réalisation de ses missions ou plus exactement c'est l'art de mettre une organisation au service de la stratégie.

Aussi, compte tenu des risques qui la menacent (du simple fait qu'elle existe), manager l'entreprise revient, entre autres, à sécuriser ses ressources pour lui permettre de réaliser ces missions qui sont les siennes.

Le management et le contrôle interne (au sens large de fiabilité de fonctionnement) sont donc indissociables. C'est ainsi que la décision de sécuriser son entreprise apparaît, pour une Direction Générale, comme un acte évident de management.

En revanche, cette décision, comme tout processus de décision, est soumise à certains mécanismes, qui la rendent moins évidente que prévu. Il apparaît en effet que ces mécanismes sont d'autant plus fragilisés que :

- le nombre de paramètres est important,
- les contraintes (politiques, techniques, etc.) l'emportent sur la rationalité du rapport performance/coût,
- Les scénarios sont mal connus.

Or, une découverte, née ces dernières années par la pratique de multiples méthodes d'analyse des risques d'entreprise, montre que le nombre de paramètres concernant la sécurité du patrimoine d'une organisation est maximale puisqu'il concerne toutes les activités, non seulement celles correspondant à ses métiers primordiaux, mais aussi celles de ses métiers annexes de logistique, et y compris ceux de son management. Il en résulte que le processus décisionnel devient rationnellement impossible s'il n'est pas consensuel.

Par ailleurs, les contraintes (politiques ou autres) ont souvent une caractéristique pernicieuse, parce qu'elles répondent à d'autres intérêts immédiats que ceux propres à l'entreprise. Elles comportent donc en soi un « vice d'irrationalité ».

C'est ainsi qu'au lieu de « rationaliser » nous décidons souvent, par défaut, « à l'estime », de façon heuristique, et non selon un calcul linéaire algorithmique. *A contrario*, c'est aussi ce qui fait encore la différence de richesse entre la capacité de décision de l'homme et celle d'un « système expert ».

Mais c'est aussi ce qui peut nous conduire à des décisions erronées, bien que « reconnues comme satisfaisantes globalement » (ou pire, et plus fréquemment, à des non décisions). À l'extrême limite, l'exercice du pouvoir devient si complexe qu'il n'est plus possible de privilégier les choix rationnels. À ce stade, le décideur se trouve confronté à l'obligation de devoir se justifier après-coup, y compris à lui-même ; ce que les psychologues appellent le « biais cognitif », et ce qui n'est autre qu'une façon de légitimer un risque, voir un sinistre, se révélant excessif.

Parfois l'entreprise « s'invente » aussi de fausses contraintes. L'exemple le plus typique peut-être appelé le « syndrome du bouchon », bouchon que l'on « pousse » une fois de trop à droite, une autre fois trop à gauche.

Cette métaphore illustre par exemple les « mots bannis » qui varient d'une entreprise à l'autre. Chez l'une, on ne pourra prononcer le mot « qualité » sans se discréditer sur le champ alors que chez l'autre ce sera le concept de « correspondant » ou tout autre chose évoquant un souvenir douloureux d'un passé plus ou moins récent.

A contrario, dans d'autres circonstances on ne « jugera » plus que par telle ou telle nouvelle approche. Ce qui est interdit chez l'une (exemple le mot « schéma directeur ») sera la panacée pour l'autre. Désormais on « oublie » l'approche analytique cartésienne, on ne « décompose plus rien en éléments simples », mais on privilégie exclusivement les approches de type systémique (oubliant de ce fait qu'on perd tout espoir d'obtenir les spécifications détaillées indispensables) ou vice versa.

Dans toutes ces circonstances, on montre clairement une certaines primauté de l'émotion sur la raison.

L'apport important des neurologues est de formuler l'hypothèse que ces quelques irrationalités ne sont pas culpabilisantes, mais spontanément naturelles (et même plus ou moins purement chimiques). L'intérêt qui en découle est de rompre avec notre héritage culturel malheureux de clivage entre l'esprit et le corps.

En effet on « pardonnera » plus facilement un défaut dont l'origine matérielle aura été mise en évidence, alors qu'on jugera plutôt responsable une conséquence d'un comportement apparemment rationnel.

On parvient ainsi à déculpabiliser l'auteur de ces irrationalités et donc à mieux le mettre en situation de prendre conscience de certains des caractères irrationnels de ses jugements et comportements, puis de changer.

Une contrainte parente et tout à fait consciente tient aussi souvent aux images mentales qui sont à la base essentielle de nos pensées et constituent un stock de représentations potentielles, a priori, qui sont parfois susceptibles de fausser complètement l'écoute d'un message avant même que l'exposé de celui-ci ne soit terminé.

C'est ce que les psychologues appellent notre « carte du monde ».

Ces images conduisent souvent l'être humain à des stratégies de raisonnement et donc à des prises de décision qui ne sont pas toujours les plus adéquates.

Par exemple, en matière de gestion des risques entend-on souvent :

- « Vous me parlez de contrôle interne, mais j'ai déjà un service d'audit... » : cette remarque met en évidence la non prise de conscience des deux (voire plus) degrés dans le « contrôle interne » et en tout cas la non conscience que le véritable contrôle interne se situe chez l'acteur opérationnel et non au sein d'une quelconque fonction spécialisée (sans ôter toute légitimité au bien-fondé de cette dernière).
- « Nous avons déjà mis en place toutes les procédures de contrôle opérationnelles possibles... » : cette remarque illustre à son tour la non conscience des différents niveaux d'action du contrôle interne (et souvent l'ignorance du besoin des procédures de gestion, des procédures de contrôle opérationnelles elles-mêmes).
- « Notre dispositif de contrôle dispose déjà d'un système expert très performant... » : cette dernière remarque souligne l'absence de prise en considération de l'aspect humain des acteurs au profit d'un intérêt exclusif à la technique (or cette technique en question se révèle bien souvent des « jouets » d'experts et non des outils de travail pour une population exerçant simplement son métier).

On retrouve ce dernier travers sous la forme de mise en œuvre de « questionnaires » (« check-list » d'auto-contrôle, « grilles » de self-audit, etc.).

Rien n'est pire d'une part pour responsabiliser leur utilisateur (« puisqu'ils ont sûrement pensé à tout,... ») et aussi pour tuer en lui toute capacité d'exploiter son « intelligence » du métier qu'il exerce, notamment dans l'identification et le classement de ses risques.

Il en résulte évidemment des failles dans le cortège des solutions de secours à prévoir.

Pour que cette intelligence se révèle, il faut lui en donner les moyens en laissant intervenir l'intuition autant que la raison au cours de séances réelles de créativité.

En outre, l'expérience montre aussi souvent qu'au lieu de gagner du temps avec ces questionnaires tout préparés à l'avance (ce qui était le but originel recherché), l'analyste s'égare souvent en considérations systématiques mais inutiles. Il n'est plus capable de discerner rapidement ce qui est à écarter d'office.

La liste de ces contraintes est longue, comme le prouve l'expérience, et la première plus value apportée par le professionnel dans ce domaine est précisément de commencer par redresser ces images dans les schémas de pensée des décideurs afin de leur ouvrir de nouvelles possibilités de développement de leur entreprise.

Il faut aussi ajouter une autre contrainte qui est celle de la prise en compte très fréquente du « court terme ».

Là aussi, l'influence des facteurs émotionnels sur la rationalité est évidente. Le professionnalisme d'un « bon » gestionnaire consiste précisément à savoir trouver l'équilibre entre les réponses aux exigences du moment et celles répondant aux prévisions de développement de l'entreprise.

Néanmoins, si la prudence est une vertu essentielle de gestion, les difficultés économiques actuelles ont tendance à desservir les organisations par excès de prudence.

Or la « volonté », c'est-à-dire la capacité de décider, ne consiste-t-elle pas à opérer des choix en fonction d'un objectif à plus long terme plutôt que d'un objectif à court terme ? N'est-ce pas précisément ce qui manque au fumeur, au drogué et à toute autre forme de dépendance physiologique ou psychologique ?

À partir du moment où la réalité de l'effort à court terme est acceptable il n'y a aucune raison de ne pas aller dans le sens de la survie de l'entreprise, sauf à devenir dépendant de la peur de ses propres responsabilités (d'où l'importance capitale de maîtriser le nombre de paramètres à prendre en considération, de bien connaître ses scénarios de risques, etc.).

Il est indéniable qu'une des caractéristiques de l'être intelligent est de savoir déterminer son comportement et donc ses décisions, non pas en fonction d'objectifs immédiats mais de perspectives plus lointaines.

Enfin, une ultime contrainte reste le « temps », qui nous pousse toujours spontanément à « tout vouloir tout de suite ».

Or si l'on convient que dans un changement d'organisation, l'homme aussi doit changer pour s'adapter, on oublie trop facilement qu'un « changement » de culture et de comportement est toujours nécessairement voué à respecter une autre contrainte « temps », complètement à l'opposé de la première.

Une démarche de changement doit s'intégrer intimement dans le processus d'évolution de l'entreprise, obligeant à la patience d'obtention des résultats [1]

En outre, l'exercice de mise en place d'un dispositif de contrôle interne, demande l'imagination de scénarios qui ne sont pas spontanés, et qui, à l'expérience, se révèlent même souvent « répulsifs ».

En effet comme on l'a vu, les récentes études de neurologie montrent bien que le processus de la décision est fortement influencé par l'action simultanée des motivations émotionnelles. C'est peut-être ce qui définit « le bon sens » avec toutes ses vertus et ses risques intrinsèques.

Or l'émotivité, liée au concept de « confiance », interactive considérablement dans les processus décisionnaires relatifs au contrôle interne. Ceci tient essentiellement à deux raisons :

- l'imagination de scénarios de sinistres n'a rien de profondément agréable, et l'on a au contraire un besoin quasi physiologique de

1. Dans son livre « l'erreur de DESCARTES », Antonio DAMASIO (Directeur du Département de Neurologie de l'Université de l'IOWA) écrit « les circuits (chimico-électriques de notre cerveau) qui nous permettent sans étonnement, de reconnaître aujourd'hui notre visage dans le miroir, ont changé de façon subtile, afin de s'adapter aux modifications que le passage du temps lui a imposé ».

« confiance » dans le système où l'on vit et en particulier celui où on travaille.

- Ce concept de « confiance » est aussi souvent assimilé, à tort, à celui de « non méfiance » (d'où l'amalgame rapidement fait entre « contrôle » et « méfiance »), parce que notre culture ne nous a pas appris à distinguer le vrai sens du « contrôle », souvent pris comme une activité négative, au lieu de son vrai sens, en termes de management, d'intérêt que l'on porte à ce que l'on contrôle. Ceci explique souvent l'absence « d'envie » dans les processus décisionnaires relatifs à la sécurité. On peut ainsi être retenu par une sorte de gêne.

Or, par définition, on ne peut avoir confiance que dans un système fiable, et un tel système est nécessairement un système contrôlé.

En gestion, un risque peut être hardi (donc mesuré) mais ne peut être téméraire (le risque du joueur par excellence).

Par exemple, assurer qu'un système est sûrement fiable parce qu'il existe un organe de contrôle, fait courir un risque d'illusion, par confusion des rôles.

On sait que la proclamation de cette assurance résulte parfois d'une réticence naturelle à imaginer le pire. Elle peut aussi résulter d'une vue insuffisamment globale des risques (l'absence de coordination centrale des risques empêche en soi de prendre conscience de la nécessité de cette fonction). Elle peut également résulter de l'absence de méthodologie d'analyse globale des risques.

En conclusion le management d'un dispositif de contrôle interne (au sens sécuritaire du terme), on mettra l'accent sur le fait que le contrôle (dans ses deux sens : vérification et gestion) ne se délègue pas. En effet, le propre du contrôle est d'assumer une responsabilité de garantie sur ce qui a été délégué, justement parce que cela a été délégué. Cela revient aussi à dire que l'on ne peut assumer que son propre contrôle, et non celui des autres, notamment de ceux à qui on a délégué. Cela reviendrait, sinon, à assumer à leur place, donc à déléguer aussi les responsabilités, alors que celles-ci ne peuvent que se partager de façon solidaire (c'est le contraire de la démission).

Si on considère que la façon la plus courante d'assumer et de signer, cela nous conduit à constater que l'on ne peut signer que ce qui est de sa propre responsabilité. En particulier, il serait donc illogique (et vain) de signer pour le compte d'un autre. Le propre de la signature est bien d'identifier celui qui signe afin qu'on puisse le reconnaître, et de « marquer » ainsi celui qui « a fait » sur ce qu'il a fait [1].

En corollaire, si le contrôle par un tiers est toujours envisageable, et même souvent souhaitable (selon les enjeux des risques encourus), il doit avant tout rester du ressort de celui qui « assume » au premier chef.

Ainsi le contrôle est essentiellement du ressort d'une hiérarchie (à chaque niveau de l'arborescence de l'organigramme) avant d'être celui de ceux qui ont en charge une fonction plus globale de contrôle (audit par exemple).

VII.3 LES CONSIDÉRATIONS PSYCHOLOGIQUES UTILES POUR LE TRAVAIL SUR LE TERRAIN

Comme nous l'avons évoqué précédemment, l'analyse des risques à l'aide de la méthode « MIRIS » consiste à mener des entretiens et à réaliser des séances dites de créativité pour identifier et hiérarchiser les risques. Lors de ce travail avec les opérationnels, certaines considérations psychologiques sont à prendre en compte [2]. En effet, l'analyse des risques se base sur l'existence de scénarios de menaces pouvant porter atteinte à l'organisation. Or, l'imagination et l'examen systématique de menaces de toutes sortes (accident, erreurs graves, malveillances diverses) est une activité qui non seulement n'engendre pas de bien-être, mais génère plutôt des sentiments désagréables pouvant conduire au rejet même de l'idée de réaliser un tel effort.

---

1. Si par exemple vous donnez un pouvoir à un tiers sous forme de « mandat » lui donnant le droit de signer les chèques émis sur votre compte, cela lui donne le droit de signer les chèques qu'il émettra lui-même, pas les vôtres, et vice versa. Lorsque l'un ou l'autre émet un chèque, il signe « son » chèque.
2. Cette partie a été rédigée sur la base des travaux menés par Guy Robin, cabinet Parme Conseil.

Dans la vie courante, les expressions populaires traduisent abondamment ce sentiment et les artifices souvent inconscients pour y échapper sont nombreux.

Ainsi, trois grandes catégories d'attitudes peuvent être signalées :

➤ **le déterminisme** : on fait référence au hasard, « à quoi bon, de toute façon on ne peut rien faire contre l'imprévu ».

➤ **le syllogisme** dans son sens péjoratif de raisonnement fondé sur un certain irréalisme qui engendre une grande difficulté à accepter l'idée qu'il faille analyser les circonstances les plus dramatiques. Par exemple, penser qu'il est vrai et logique qu'un phénomène donné n'arrivera pas pour refuser de penser aux conséquences dramatiques si cela arrivait tout de même.

➤ **les difficultés techniques** telles que : la difficulté à chiffrer des conséquences qui ne semblent au départ que d'ordre qualitatif ou bien l'incapacité à cerner l'opportunité de mettre en place des actions de maîtrise (approche avantages/inconvénients).

VII.3.1 Le déterminisme

Le hasard joue un rôle dans la matérialisation des menaces, mais l'homme a aussi sa part de responsabilité. Nous considérons en effet que la tâche d'un opérationnel en la matière est de prévoir, y compris ce qui pourrait être aléatoire grâce à une analyse des risques bien menée avec identification, prise de conscience, hiérarchisation et choix du niveau de maîtrise voulu (allant du risque totalement assumé au risque totalement maîtrisé).

Pour résumer, le concept est de passer, lorsque cela est possible d'un risque couru, car méconnu à un risque pris en toute connaissance de cause.

De plus, pour lever au mieux les réticences, on s'attachera au rôle de l'homme dans son sens positif de correcteur d'anomalies et non avec un sens négatif de recherche de « faute ». Il est donc indispensable de marteler constamment le message que ce sont les situations qui sont jugées et non les hommes pour dédramatiser les sentiments de gêne pouvant naître ici ou là.

VII.3.2 Le syllogisme

Dans une situation de refus inconscient, notre subconscient utilise bien des subterfuges et notamment ce que nous appelons les faux raisonnements.

L'expérience montre que ces « faux » raisonnements sont nombreux et courants lors de la mise en place d'une démarche Contrôle Interne. En témoigne, le florilège suivant des tactiques de résistances que nous avons entendues :

- *jusqu'à maintenant on a fait comme cela et il ne s'est jamais rien passé de grave,*
- *c'est impossible, cela n'arrivera pas chez nous,*
- *nous ne pouvons pas faire cela le coût en serait exorbitant,*
- *pourquoi chercher les situations les pires, les plus dramatiques alors qu'elles n'arriveront jamais ?*
- *vous êtes tordus, votre projet c'est de la sinistrose,*
- *mais nous avons déjà un programme de sécurité,*
- *oui, mais maintenant nous sommes trop occupés, la sécurité n'est pas notre priorité*
- *rien de mal ne peut nous arriver, j'ai confiance en mon équipe,*
- *est-ce que quelqu'un d'autre l'a déjà fait ?,*
- *on ne peut rien faire de mieux que ce qui est déjà fait,*
- *prudence avant tout, je vais réfléchir (il est urgent d'attendre),*
- *ce n'est pas réaliste,*
- *vous allez nous monter une usine à gaz, nous n'avons pas le temps,*
- *ce n'est pas à moi de le faire, ce n'est pas mon problème,*
- *c'est si peu probable, cela n'arrive qu'une fois tous les dix ans,*
- *de toute façon si une chose doit aller de travers, elle ira de travers,*
- *pourquoi se préoccuper de situations éventuelles alors que les problèmes quotidiens ne sont pas encore résolus (sous entendu, que fait le siège !),*

- *pourquoi imaginer le cas le plus catastrophique ? (le cas moyen suffira sûrement),*
- *oui, mais il ne faut pas faire de la paranoïa de la sécurité,*
- *jusqu'ici jamais rien de semblable n'est arrivé,*
- *etc.*

Il faudra donc s'appliquer à déjouer ces techniques de résistance en apportant les arguments appropriés. Ce n'est qu'à ce prix que les opérationnels adhéreront à la démarche de Contrôle Interne.

VII.3.3 Les difficultés techniques

Le but de la démarche est de ne faire porter ses efforts de sécurité que sur ce qui représente un enjeu relatif important (approche avantages/ inconvénients).

Pour juger de l'importance relative d'un enjeu, il faut pourvoir classer tous les enjeux de risques plausibles les uns par rapport aux autres. Deux difficultés pratiques sont alors généralement rencontrées :

1) difficulté de chiffrer ce qui n'apparaît que de l'ordre du qualitatif : comment, par exemple, chiffrer des pertes financière indirectes liées à une perte de clientèle consécutive à la dégradation de l'image de l'entreprise (exemples : marée noire pour les pétroliers, listéria pour l'agroalimentaire et la grande distribution...) ?

2) difficulté de cerner l'opportunité de mettre en œuvre des actions de maîtrise : une technique, qui n'est pas la seule, consiste à retenir un ordre de grandeur volontairement exagéré puis de faire évoluer l'ampleur des actions de contrôle selon les résultats obtenus. Par exemple, on contrôle arbitrairement 50 % des dossiers traités sur une tâche présentant un risque majeur et, en fonction du taux d'erreur constaté, on décide, pour le futur, de renforcer ou d'alléger ce point de contrôle.On peut également mesurer la charge de travail inhérente au contrôle pour la rapprocher des gains obtenus suite au contrôle.

VIII • QUESTIONNAIRES, RÉFÉRENTIELS DE RISQUES ET BONNES PRATIQUES, MODES OPÉRATOIRES

Un référentiel de Contrôle Interne **est l'ensemble des informations qui va permettre d'encadrer la démarche de Contrôle Interne**. Ce référentiel est généralement alimenté par :

- l'ensemble des procédures et notes relative à une organisation,
- la définition des objectifs de l'organisation, les risques y afférent, les conséquences associées et les points de contrôle destinés à prévenir et/ou à circonscrire ces risques.

Théoriquement, le référentiel est tenu à jour par les « opérationnels ».

Afin de vous assister dans la rédaction d'un référentiel de Contrôle Interne, plusieurs exemples, développés par CBA management, membre de Grant Thornton, sont présentés ci-dessous dans les domaines suivants :

- le processus Achats avec ses risques et ses bonnes pratiques,
- le processus Management avec ses points de contrôle,
- le processus Trésorerie avec des exemples de points de contrôle, risques et bonnes pratiques,
- le processus Publication et Remontées des Informations Comptables et Financières avec des exemples de points de contrôle, risques et bonnes pratiques,
- le processus Organisation Comptable et Financière conformément au guide d'application de l'Autorité des Marchés Financiers (AMF),

- le processus Ressources Humaines avec des exemples de points de contrôle, risques et bonnes pratiques,
- le processus Systèmes d'Information avec des exemples de points de contrôle, risques et bonnes pratiques,
- exemple de plan de rapport tel que requis par la LSF ou le décret du 13 mars 2006.

VIII.1 Processus Achats : risques et bonnes pratiques

▸ *Affaires générales*

➔ Des délégations d'autorisations d'engagements de dépenses sont-elles mises en place au sein de la société ?

➔ Des délégations de pouvoirs en place pour engager des dépenses sont-elles mises en place au sein de la société ?

Risques : processus d'autorisation et de contrôle non mis en place dans la société.

Les dépenses de la société sont effectuées par des personnes non autorisées.

Les dépenses ne peuvent être contrôlées du point de vue financier.

Bonnes Pratiques suggérées : une autorisation d'engagements de dépenses est émise avec une délégation interne de pouvoirs autorisant les délégataires à émettre un besoin et à proposer l'achat de biens ou de services.

La proposition d'engagement des dépenses doit être incorporée dans le cadre du budget autorisé.

L'engagement des dépenses est effectué par délégations externes de pouvoir autorisant ceux qui en bénéficient à engager des fonds au nom de la société, à signer les bons de commandes et les contrats.

Les délégations de pouvoirs doivent fixer des limites de montants, nécessitant une autorisation d'un responsable hiérarchique : plus le montant est important, plus le niveau d'autorisation hiérarchique doit être élevé.

Les délégations des pouvoirs doivent être revues, re-confirmées, validées et actualisées régulièrement et notamment après chaque embauche afin de déléguer le niveau adéquat de pouvoirs.

▶ Existe-t-il un formulaire spécifique d'autorisation d'engagement de dépenses au sein de la société ?

Risques : les processus d'approbation et de contrôle de la société ne sont pas dûment formalisés et documentés.

Bonnes pratiques suggérées : la préparation d'un formulaire d'autorisation d'engagement de dépenses (AED) permet d'évaluer la pertinence d'une dépense, budgétée ou non.

Afin de suivre le processus d'approbation et de contrôler l'engagement de chaque dépense, un formulaire d'AED doit être formalisé et approuvé.

Le formulaire d'AED doit notamment respecter le processus suivant :

- le demandeur formalise l'AED (définition des besoins),
- le Contrôleur Financier revoit l'AED afin de contrôler les dépenses engagées,
- approbation par un employé autorisé en ligne avec ses délégations de pouvoirs.

Ce formulaire doit être mis en place pour toute dépense au delà d'un seuil financier à définir et formalisé avant l'engagement.

Un seuil d'autorisation additionnel doit être définit dans le cas où l'engagement actuel dépasse l'autorisation initiale (généralement dépassement supérieur de 15 %).

L'AED doit définir la période de validité, nécessitant une nouvelle approbation (en particulier d'une période budgétaire à l'autre) et être archivée avec les AED, les bons de réceptions et les factures.

▶ Le principe de séparation des tâches est-il respecté ?

Risques : conflit d'intérêts lorsqu'un employé participe à plusieurs phases du processus d'achats : création d'un fournisseur, engagement, passation d'une écriture, paiement.

Bonnes pratiques suggérées : sauf en cas d'impossibilité, les tâches suivantes doivent être réalisées par des employés différents :

- création d'un fournisseur dans le système,
- création d'une autorisation d'engagement de dépenses (AED),
- autoriser l'engagement de dépenses,
- approuver les factures,
- enregistrer des écritures comptables,
- autoriser le déclenchement d'un paiement,
- autoriser le paiement.

Les incompatibilités ci-dessous citées imposent la séparation des 5 tâches suivantes :

- création d'un fournisseur,
- engagement,
- autorisation de paiement (approbation de la facture),
- paiement,
- saisie de l'écriture comptable.

Une procédure d'achats a-t-elle été mise en place ?

Risques : non-application des bonnes pratiques d'achat dans la société.

Bonnes pratiques suggérées : une procédure d'achats devrait être formalisée, autorisée par un expert du service d'achats et expliquée à tous les utilisateurs participants au processus.

La procédure doit atteindre les objectifs suivants afin de s'assurer que :

- seulement les achats autorisés sont engagés,
- les achats sont effectués au meilleur ratio qualité/prix possible,
- les engagements sont maîtrisés,
- les achats payés sont préalablement autorisés et réceptionnés.

L'efficacité de la procédure d'engagements et de commandes d'achats est-elle mesurée ?

Risques :

- procédure d'engagement de dépenses inefficace / inefficiente,
- démotivation des employés/utilisateurs si la procédure ne remplit pas les objectifs attendus,
- absence de contrôle des dépenses.

Bonnes pratiques suggérées : il est souhaitable :

- d'établir un ratio d'accomplissement pour chaque responsable budgétaire (numéro de dépenses dûment autorisées et engagées, dûment livrées et facturées sur le total de dépenses) et de le suivre ;
- de suivre le taux d'accomplissement (factures sans numéro de commande, factures non reçues au Service Comptabilité) et d'en communiquer le ratio aux responsables budgétaires et Comité de Direction pour établissement d'un plan d'action.

Organisation

L'ensemble des achats au sein de la société est-il centralisé et géré par des employés spécialisés (*i.e.* les acheteurs) ?

Risques : achats dupliqués et/ou responsables achats n'ayant pas les mêmes procédures opérationnelles et pratiques standardisées pour le processus d'achats.

Bonnes pratiques suggérées : tout achat devrait être géré par des employés placés sous l'autorité du responsable des achats, partageant les mêmes pratiques communes et approches d'achat par l'intermédiaire d'acheteurs professionnels travaillant au quotidien pour plusieurs départements.

Un service ou département d'achats, selon la taille de la société, doit être capable de promouvoir les pratiques d'achat et de se focaliser sur la qualité des fournisseurs, le référencement, la négociation et l'optimisation du prix.

Une personne spécifique intervenant comme acheteur, différente des demandeurs minimise le risque de collusion.

Une approche en binôme, demandeur / acheteur, permet de mieux négocier avec des fournisseurs.

Néanmoins, l'absence d'un Service Achats pourrait être justifiée par :

- la taille de la société,
- le volume d'achats,
- la nature des achats (achats intra-groupe par exemple).

Les dépenses sont-elles bien suivies ?

Risques :

- les achats ne sont pas effectués au meilleur ratio prix/qualité/valeur,
- les employés en charge des achats ne sont pas au courant des pratiques d'achat et n'obtiennent pas le meilleur ratio prix/qualité/valeur grâce aux négociations,
- processus non formalisé / non documenté entraînant une plus forte exposition au risque de collusion.

Bonnes pratiques suggérées : dans le cas où un service/département Achats n'est pas en place au sein de la société, il est souhaitable que toutes les commandes d'achat soient centralisées auprès d'un employé, archivées de façon adéquate pour permettre la traçabilité. Cet employé doit être initié aux pratiques d'achat via des formations et avec l'appui de la direction.

La Direction Générale donne-t-elle son appui au Service Achats ou aux personnes responsables des achats pour sensibiliser et orienter les employés vers des bonnes pratiques d'achats ?

Risques : les responsables achats ou employés chargés des achats n'ont pas assez de pouvoirs pour réaliser pleinement leurs tâches.

Les responsables achats ou employés chargés des achats peuvent être contournés s'ils sont sous la même responsabilité que les demandeurs.

Bonnes pratiques suggérées : le Département Achats doit rendre compte directement à la Direction Générale afin de permettre sa totale indépendance et de renforcer sa fonction dans la société.

Le Département Achats doit être indépendant d'autres départements afin d'éviter tout conflit d'intérêts.

➲ Les responsables achats ou employés chargés des achats ont-ils une vision claire et globale des différents types de dépenses au sein de la société (éléments stockés, non stockés, achats immobilisés, etc.) ?

Risques :

- les responsables achats ou employés chargés des achats n'ont pas une vision globale des dépenses de la société,
- les responsables achats ou employés chargés des achats sont contournés sur certains achats pour lesquels certaines dépenses pourraient être optimisées.

Bonnes pratiques suggérées : les responsables achats ou employés chargés des achats devraient analyser au moins une fois par an les dépenses de la société et déterminer le niveau de couverture du département achats.

Le ratio de couverture doit être élargi à toute sorte d'achat négociable. L'extension du ratio de couverture pourrait être fixée comme objectif à atteindre pour les responsables achats ou employés chargés des achats.

➲ La société a-t-elle défini des objectifs quantifiables pour le service achats ou les employés chargés des achats ?

➲ Ces objectifs sont-ils réalistes ?

➲ Les responsables achats ou les employés chargés des achats sont-ils motivés avec des bonus sur des objectifs à atteindre ?

Risques : les responsables achats ou employés chargés des achats ne sont ni motivés par des bonus ni challengés par des objectifs quantifiables.

Bonnes pratiques suggérées : les responsables achats ou employés chargés des achats doivent être suivis et avoir des objectifs pour les challenger, de la même façon que des commerciaux.

Le Département Achats ou les employés chargés des achats ont-ils des outils de suivi performants pour quantifier la réalisation des objectifs ?

Risques : les objectifs fixes aux responsables achats ou employés chargés des achats ne sont pas suffisamment mesurables par des critères quantifiables, ce qui est propice à un service d'achats inefficace.

Bonnes pratiques suggérées : le département achats et ses employés doivent avoir des outils de mesures afin d'évaluer ses réalisations dans la société et notamment :

- évolution dans le temps de l'index de prix unitaire pour des éléments clés sélectionnés,
- évolution du ratio de couverture,
- chiffre d'affaires des fournisseurs.

Définition des besoins

- *Éléments stockés*

La définition des besoins d'achat est-elle basée sur des informations fiables ?

La définition des besoins est-elle effectuée avec la participation du Département Planning ou du service effectuant le planning ?

La quantité minimum à commander a-t-elle été prise en compte lors de la définition des besoins ?

Le temps de transport ou *lead-time* a-t-il été pris en compte lors de la définition des besoins ?

Le principe de « stock de sécurité » a-t-il été pris en compte lors de la définition des besoins ?

Risques : les besoins ne sont pas clairement définis et peuvent conduire à des achats non adaptés et/ou un excès ou manque de stock.

Bonnes pratiques suggérées : les achats stockés devraient être effectués en collaboration avec les Départements Planning, Production et Ventes afin d'intégrer les prévisions de ventes, la charge de production et le délai de livraison (délais fournisseur et/ou production) et se rapporter également aux problématiques de gestion d'inventaires.

- *Éléments non stockés*

La définition des besoins a-t-elle été effectuée en s'appuyant sur un cahier des charges clair et détaillé ?

Risques :

- une définition floue des besoins ne permet pas de faire des appels d'offre fournisseurs sur une base pragmatique et comparable ;
- les utilisateurs ont tendance à éviter les acheteurs en justifiant que la spécificité des achats de leur fonction n'est pas assujettie à la négociation.

Bonnes pratiques suggérées : les utilisateurs doivent travailler en concertation étroite avec les acheteurs pour pouvoir obtenir des éléments tangibles dans le but de faire des appels d'offres et pouvoir négocier avec des fournisseurs.

Des projets trop vastes et non focalisés en matière de définition des besoins doivent être évités.

Les acheteurs doivent participer aussi en amont que possible à la rationalisation lors de la définition des besoins avec les utilisateurs/demandeurs.

Les acheteurs ou employés responsables des achats travaillent-ils en concertation étroite avec les utilisateurs/demandeurs tout au long du processus achat ?

Risques :

- les acheteurs ou employés responsables des achats ne sont pas consultés systématiquement et ne sont pas capables d'optimiser les achats effectués par la société ;
- les acheteurs ou employés responsables des achats ne participent pas suffisamment en amont pour apporter de la valeur ajoutée aux achats à effectuer ;

- les acheteurs ou employés responsables des achats sont considérés comme des administratifs en gérant uniquement la documentation liée au processus d'achat.

Bonnes pratiques suggérées : les acheteurs ou employés responsables des achats doivent participer en amont du processus, accompagnant les utilisateurs tout au long du processus dès la définition des besoins jusqu'au règlement des achats. Une approche en binôme doit être favorisée lors de la négociation avec le fournisseur, avec des échanges réguliers permettant d'optimiser l'achat et de l'effectuer au meilleur prix possible.

Les acheteurs ou employés responsables des achats doivent suivre aussi la livraison des achats (spécialement quant il s'agit des services) afin de contrôler la qualité des achats tout au long du processus et de prendre, si nécessaire, des mesures correctrices vis-à-vis des fournisseurs.

▸ *Mise en concurrence*

Des mises en concurrence sont-elles effectuées régulièrement pour des achats significatifs (au-delà d'un certain montant) ?

Risques :

- absence de mise en concurrence pour certains achats et manque de sélection des fournisseurs ne permettant pas d'obtenir le meilleur ratio qualité/prix ;
- des fournisseurs récurrents ne sont pas challengés et ne font pas un effort suffisant pour fournir des améliorations continues de leurs produits ou services ;
- risques de collusion avec des fournisseurs récurrents.

Bonnes pratiques suggérées : des mises en concurrence doivent être effectuées pour chaque achat (au-delà d'un certain montant à définir).

Des accords « cadre » avec des commandes récurrentes doivent être revus au moins une fois par an. Ces accords doivent faire mention de renégociations annuelles des conditions commerciales et des remises de fin d'année sur la base des volumes atteints.

Si un fournisseur Groupe existe sur la base d'un contrat cadre, la société doit favoriser son emploi. Si des fournisseurs locaux sont utilisés, la société doit les mettre en concurrence avec le fournisseur Groupe afin d'évaluer leur compétitivité.

Les conditions générales d'achat (CGA) de la société (si elles existent) doivent être prioritairement utilisées. Toute dérogation aux CGA de la société doit être approuvée par un responsable financier dûment autorisé.

Les conditions contractuelles avec le fournisseur doivent être compétitives selon les conditions du marché en termes de prix, qualité, délai de paiement et service après vente.

Le fournisseur doit accepter formellement la charte Éthique de la société (éviter d'employer des enfants, ne pas pratiquer la discrimination – politique, religion… – des employés ni le travail forcé…).

Des nouveaux fournisseurs sont-ils régulièrement inclus dans les appels d'offre ?

Risques :

- ne pas sélectionner les fournisseurs offrant le meilleur ratio qualité/prix,
- ne pas challenger les fournisseurs existants avec des nouveaux fournisseurs pouvant apporter des nouvelles solutions et des nouvelles conditions tarifaires.

Bonnes pratiques suggérées : des mises en concurrence doivent inclure au moins un nouveau fournisseur afin de permettre l'accès à des nouvelles technologies et d'évaluer le marché de temps en temps.

En cas d'achats récurrents, des négociations annuelles sont-elles réalisées ?

Risques : des achats récurrents ne sont pas réalisés au meilleur ratio qualité/prix dans une démarche continue d'amélioration.

Bonnes pratiques suggérées : pour des achats récurrents – fournitures de bureau, dépenses de voyage, achats promotionnels… – une renégociation *a minima* annuelle doit être réalisée en référence au volume annuel d'achats attendu.

▶ Les acheteurs ou employés responsables des achats sont ils suffisamment formés pour réaliser la phase de négociation avec succès ?

Risques : les achats ne sont pas effectués au meilleur ratio qualité/prix.

Bonnes pratiques suggérées : les acheteurs doivent présenter tous les capacités requises pour les négociations et donc recevoir une formation adéquate.

L'éthique des acheteurs doit être rappelée (*i.e.* pas d'acceptation d'un cadeau ou de faveurs de la part du fournisseur) afin d'éviter toute collusion.

▶ Les fournisseurs sont-ils évalués *a minima* annuellement afin d'incorporer le résultat de l'évaluation lors des futurs appels d'offres ?

Risques : ne pas sélectionner les fournisseurs offrant le meilleur ratio qualité/prix.

Bonnes pratiques suggérées : les fournisseurs doivent être évalués régulièrement selon les critères suivants : qualité, délais de livraison, prix et conditions commerciales, services après-vente… et l'évaluation régulièrement révisée pour des futurs appels d'offres.

▸ *Sélection des fournisseurs*

▶ La sélection d'un fournisseur prend-elle en considération les prix et les conditions commerciales (conditions de paiement) ?

▶ La sélection d'un fournisseur prend-elle en considération les délais de livraison ?

Risques : ne pas intégrer tous les paramètres lors de la sélection des fournisseurs.

Bonnes pratiques suggérées : les acheteurs doivent intégrer tous les paramètres lors de la sélection des fournisseurs (conditions commerciales, délais de livraison, critères de qualité, etc.) et pas uniquement les prix.

▶ La société fait-elle une visite annuelle de ses principaux fournisseurs (*i.e.* ceux représentant au moins 50 % du volume annuel d'achats) ?

Risques : absence de connaissance des fournisseurs clés (*i.e.* équipements, nouveaux services fournis…).

Bonnes pratiques suggérées : il est souhaitable d'établir un suivi régulier des fournisseurs en incluant des comptes rendus des réunions annuelles avec les principaux fournisseurs et les conclusions de la réunion.

➧ La sélection d'un fournisseur prend-elle en compte sa santé financière ?

Risques : la société a des relations commerciales avec des fournisseurs non solides, mettant en danger la chaîne d'approvisionnement des produits critiques en cas de problème.

Bonnes pratiques suggérées : il est souhaitable de prendre en considération la dépendance du fournisseur vis-à-vis de la société et le potentiel de croissance à long terme des fournisseurs.

Des fournisseurs alternatifs doivent être recherchés (au moins 3 pour des catégories de biens / services stratégiques).

➧ Le choix d'un fournisseur prend-il en considération le niveau de dépendance du fournisseur avec la société cliente ?

Risques : la société cliente peut être considérée comme propriétaire *de facto* du fournisseur étant donnée la dépendance de celui-ci vis-à-vis d'elle.

Bonnes pratiques suggérées : les relations commerciales doivent être refusées avec des fournisseurs compétitifs mais de très petite taille dans lesquelles la société serait responsable d'une grande partie du chiffre d'affaires (*i.e.* > 30 %).

➧ Lorsqu'il s'agit de contrats très importants (au-delà d'un seuil financier à définir), une clause d'audit aux frais du fournisseur est-elle prévue ?

Risques : absence de mesure de la performance fournisseurs.

Bonnes pratiques suggérées : les principaux contrats doivent être revus par le Service Juridique et une clause d'audit prévue pour les fournisseurs majeurs.

➧ Existe-t-il un processus spécifique pour la gestion des réclamations ?

➔ Existe-t-il un outil spécifique pour la gestion des réclamations, spécialement en ce qui concerne la qualité des produits reçus ?

➔ Le Département Achats ou les employés participant aux achats participent-ils à la gestion des réclamations fournisseurs ?

Risques : la performance du fournisseur et la qualité du service ne sont pas suivies une fois le fournisseur sélectionné.

Bonnes pratiques suggérées : le Département Achats ou les employés participant aux achats doivent s'occuper de la gestion des réclamations et de l'analyse des causes des défauts et erreurs des fournisseurs.

Le Département Achats ou les employés participant aux achats doivent tracer les réclamations afin de permettre d'obtenir des preuves lorsqu'il s'agit de réévaluations périodiques des fournisseurs défaillants.

➔ Des actions sont-elles prises immédiatement vis-à-vis des fournisseurs défaillants ou mauvaises prestations ?

➔ Existe-t-il une liste formalisée de fournisseurs interdits ?

Risques : continuer à travailler avec des fournisseurs interdits.

Bonnes pratiques suggérées : les réclamations doivent être strictement suivies et le Service Achats doit participer systématiquement à l'évaluation des fournisseurs (possibilité d'interdire des fournisseurs des prochains appels d'offres) et formaliser une liste de fournisseurs interdits.

▸ *De la demande d'achat au paiement*

• *Demande d'achat*

➔ **Une demande d'achat est-elle systématiquement utilisée pour tous les achats à effectuer ?**

➔ **Existe-t-il une procédure formalisée pour gérer le processus de demande d'achats ?**

Risques :

- un achat est engagé sans autorisation formelle d'un Département ou employé dûment autorisé,

- les dépenses de la société sont engagées par des employés non dûment autorisés,
- les dépenses de la société ne sont pas suivies dans un cadre budgétaire.

Bonnes pratiques suggérées : une demande d'achat doit être systématiquement émise, détaillant la justification des besoins et les spécifications. La demande d'achats doit être dûment autorisée par des employés ayant la délégation appropriée pour engager les dépenses.

▸ La demande d'achat fait-elle référence à des éléments clairement identifiés dans le budget de la société (lignes budgétaires) ?

Risques : les engagements de dépenses ne sont pas en ligne avec le budget de la société.

Bonnes pratiques suggérées : une demande d'achat doit se référer systématiquement au budget de la société afin de suivre les dépenses globales. En cas de dépenses non budgétées, une demande d'achat doit permettre qu'un employé ou département autorisé évalue la pertinence de la demande.

▸ La demande d'achat est-elle systématiquement approuvée par un employé / département dûment autorisé ?

Risques :

- un achat est engagé sans approbation formelle d'un département ou employé dûment autorisé,
- les dépenses de la société sont engagées par des employés non dûment autorisés,
- les dépenses de la société ne sont pas suivies dans un cadre budgétaire.

Bonnes pratiques suggérées : la demande d'achat devrait être autorisée par des employés ayant la délégation de pouvoirs appropriée pour engager des dépenses.

Les délégations pour engager des dépenses devraient être établies avec des seuils financiers demandant une autorisation hiérarchique supérieure pour la validation des dépenses selon le montant.

◘ Existe-il une date effective de la réquisition indiquée dans la demande ?

Risques :

- une date de réquisition souhaitée irréaliste pour une demande d'achat (très proche de la date d'autorisation) ne laissant pas le temps suffisant au Service d'Achat pour réaliser des appels d'offres nécessaires et d'optimiser les achats ;
- une date de réquisition souhaitée irréaliste ne permettant pas l'évaluation de la performance réelle des fournisseurs.

Bonnes pratiques suggérées : la période entre la date d'autorisation et la date de réquisition souhaitée doit être suffisant pour permettre au Service Achats d'avoir une approche d'optimisation des achats.

En cas d'achat d'éléments stockés avec des fournisseurs préalablement retenus (short-list), un temps minimum doit être défini lors de la prise en compte de la demande d'achats.

◘ Sauf pour les achats récurrents, les demandes d'achats sont-elles systématiquement transmises à l'acheteur en charge (responsable administratif effectuant les achats dans le cas de petites organisations) ?

Risques : les responsables achats sont dépassés ou non consultés dans une approche d'optimisation des achats.

Bonnes pratiques suggérées : une procédure de demande d'achats doit mentionner les responsables Achats à consulter systématiquement afin de considérer si nécessaire un processus d'appel d'offres.

- *Bon de commande*

◘ Le bon de commande est-il émis par le responsable achats ou les employés chargés des achats ?

Risques : la commande d'achats est un engagement vis-à-vis des tiers ; il existe un risque de collusion avec des fournisseurs si les demandeurs/utilisateurs négocient directement avec les fournisseurs.

Bonnes pratiques suggérées : les responsables achats doivent être les seuls employés autorisés à engager la société vis-à-vis des tiers afin de respecter efficacement le principe de séparation des tâches entre demandeurs/utilisateurs et responsables des achats en contact avec des fournisseurs.

➡ Le bon de commande est-il formellement approuvé par des employés dûment autorisés à engager la société ?

Risques : des employés engagent la société sans délégations formalisées de pouvoirs.

Bonnes pratiques suggérées : les fournisseurs doivent être informés de la liste de personnes dûment autorisées à engager la société. Des accords cadre en place doivent mentionner clairement la liste de personnes dûment autorisées à engager des dépenses au nom de la société.

➡ Le bon de commande a-t-il un numéro séquentiel ?

➡ Le bon de commande fait-il mention de la quantité, prix unitaire et valeur ?

Risques : malentendus avec des fournisseurs lors que des commandes d'achats sont émises sans des détails spécifiques.

Bonnes pratiques suggérées : afin d'éviter des litiges avec des fournisseurs, les bons de commandes transmis aux fournisseurs devraient mentionner les termes et les conditions commerciales tels que préalablement négociés.

➡ Les bons de commandes sont-ils archivés physiquement et incluent-ils entre autres : bon de commande, information sur l'appel d'offres, critères pour la sélection du fournisseur, etc. ?

Risques : absence de documents disponibles pour tracer l'exhaustivité des achats en cas de litige avec un fournisseur.

Bonnes pratiques suggérées : les bons de commande doivent être centralisés et archivés par le service d'Achats.

L'archivage centralisé favorise les meilleures pratiques telle que l'optimisation de la démarche d'achats.

➡ Une copie du bon de commande est-elle transmise au Service Comptable ?

Risques :

- absence d'information suffisante du Service Comptable pour qu'il effectue le rapprochement des factures,
- absence d'information suffisante du Service Comptable pour faire la dotation des provisions à chaque clôture comptable en cas de systèmes d'information non intégrés (ERP) et/ou en cas de comptabilisation par engagements.

Bonnes pratiques suggérées : une copie du bon de commande doit être systématiquement transmise au Service Comptable en charge de la saisie du paiement et de la dotation des provisions.

Les bons de commande sont les documents justificatifs pour calculer des provisions dans le cas où la société aurait adopté le principe comptable d'enregistrement par engagements.

- *Réception des biens*

➡ Les biens reçus sont-ils systématiquement rapprochés du bon de commande ?

Risques :

- accepter des biens ou services qui n'ont pas été commandés ou qui ne sont pas conformes à la commande,
- payer des produits qui n'ont pas été reçus.

Bonnes pratiques suggérées : pour les achats stockés, la réconciliation des biens reçus doit être réalisée avec une écriture des stocks de la quantité réellement reçue par rapprochement avec le bon de commande.

Pour les achats non stockés, un accusé de réception doit être obtenu des employés dûment autorisés, généralement les utilisateurs du produit et/ou du service, afin de valider l'accusé de réception.

▶ La livraison partielle est-elle possible (et si c'est le cas, est-elle suivie) ?

Risques :

- accepter des biens ou services qui n'ont pas été commandés ou non conformés à la commande,
- payer des produits qui n'ont pas été reçus (suivi incorrect des livraisons partielles).

Bonnes pratiques suggérées : pour les achats stockés, la réception des biens devrait être effectuée par rapprochement avec le bon de commande lorsque l'écriture d'inventaire est passée.

Pour les achats non-stockés, l'accusé de réception doit mentionner systématiquement la référence (numéro) du bon de commande d'achat et spécifier la réception partielle lorsqu'elle a lieu (exemple dans le cas d'un grand projet identifié dans la commande d'achat).

▶ En cas d'écart entre le bon de commande d'achat et la livraison existe-il une procédure spécifique pour gérer une telle situation ?

Risques :

- accepter des biens ou services qui n'ont pas été commandés ou qui ne sont pas conformes à la commande ;
- payer des produits qui n'ont pas été reçus.

Bonnes pratiques suggérées : tout écart entre la livraison et le bon de commande doit être mentionné au Responsable Achats en relation avec les fournisseurs afin d'assurer un suivi performant et une prise d'action corrective appropriée.

▶ Les biens reçus sont-ils assujettis à des contrôles qualités formalisés ?

Risques : accepter des biens non conformes à des standards qualités.

Bonnes pratiques suggérées : des contrôles techniques doivent être réalisés par des employés/services appropriés et autorisés selon des délégations de pouvoirs internes afin de fournir une validation technique.

La validation technique de la réception des biens devrait être clairement spécifiée dans une procédure opérationnelle interne.

▶ **Une copie des documents de réception (bon de livraison) avec la validation technique/qualité est-elle transmise au Service Comptable ?**

Risques : absence d'information suffisante disponible auprès du Service Comptable pour réaliser les provisions à chaque clôture comptable en cas de système d'information non intégré (ERP).

Bonnes pratiques suggérées : une copie du bon de livraison avec les validations techniques/qualité doit être systématiquement transmise au Service Comptable responsable de la saisie du paiement et de la passation des provisions.

- *Réception des factures*

▶ **Les factures sont-elles transmises au Service Comptable dès leur réception ?**

Risques : retard dans l'enregistrement des factures conduisant à des problèmes de *cut-off* (séparation des exercices comptables avec des dépenses appartenant à une année comptable comptabilisées dans une autre année) et un résultat sur/sous-évalué.

Bonnes pratiques suggérées : toutes les factures fournisseurs doivent être envoyées au Service Comptable dès leur réception et dûment comptabilisées.

Sur la base des informations concernant la réception des biens, le Service Comptable doit calculer et comptabiliser les provisions afin de respecter le principe de séparation d'exercices/principe du *cut-off*.

▶ **Un cachet avec la date de réception est-il systématiquement apposé sur la facture après leur réception ?**

▶ **Une facture originale est-elle identifiée comme telle avec la mention « facture originale ou similaire » dès sa réception ?**

Risques : paiements non justifiés (paiements dupliqués, biens non reçus, avances non déduites…).

Bonnes pratiques suggérées : un cachet avec la date de réception et la mention « facture originale » devrait être apposé sur chaque facture reçue.

• *Comptabilisation*

➡ Les factures de dépenses sont-elles comptabilisées en utilisant systématiquement des comptes de tiers ?

Risques :

– Impossibilité de suivre les paiements effectués à des tiers.

– Absence de vision globale des dépenses effectuées avec des tiers.

Bonnes pratiques suggérées : L'enregistrement comptable des dépenses doit être effectué systématiquement en utilisant des comptes de tiers afin d'assurer leur suivi et d'obtenir une vision globale des dépenses par fournisseur.

Le paiement des factures devrait être effectué séparément par un autre service financier/administratif.

La comptabilisation des factures directement à des comptes de banque doit être proscrite.

Éviter dans la mesure du possible l'utilisation du compte fournisseurs divers afin de mieux tracer les opérations fournisseurs.

L'auxiliaire fournisseurs doit cadrer avec le compte général fournisseurs.

➡ La facture originale est-elle systématiquement utilisée lors de l'enregistrement comptable ?

Risques : enregistrement comptable insuffisamment justifié et risque de paiement dupliqué.

Bonnes pratiques suggérées : seules les factures avec cachet « original » doivent être comptabilisées afin d'éviter des doublons d'enregistrement.

• *Paiement des factures*

➡ L'autorisation formelle de la facture est-elle en phase avec les documents suivants : commande d'achat, accusé de réception des biens/services et facture originale ?

Risques : paiements non justifiés : règlement dupliqués, biens non reçus, avances non déduites…

Bonnes pratiques suggérées : les documents concernant la facture d'achats doivent être rapprochés après réception de la commande d'achats et de l'accusé de réception des biens par le Service Comptable.

Ces contrôles doivent être formalisés afin de procéder au règlement des factures.

➔ L'employé chargé du contrôle et de l'approbation des factures est-il dûment autorisé selon des délégations de pouvoir internes formalisées ?

Risques : paiement des factures effectué sans autorisation formalisée et dûment validée.

Bonnes pratiques suggérées : le Service Comptable (Comptabilité Fournisseurs) devrait être le seul service chargé de contrôler et traiter le paiement des factures en s'appuyant sur les informations ci-dessus mentionnées. L'employé chargé du contrôle et de l'approbation des factures devrait être clairement autorisé selon une délégation de pouvoir interne formalisée.

Afin de renforcer l'environnement de Contrôle Interne :

- une autorisation hiérarchique supérieure pour valider les dépenses devrait être considérée si le montant des factures dépasse un certain seuil à définir,
- l'approbation hiérarchique devrait suivre les délégations des pouvoirs internes formalisées préalablement établies.

➔ Lorsque c'est le cas, les écarts entre la facture, le bon de commande et le bon de livraison (quantité, valeur) sont-ils systématiquement analysés ?

Risques : des paiements non justifiés : paiements dupliqués, biens non reçus, avances non déduites…

Bonnes pratiques suggérées : les écarts entre le bon de commande, le bon de livraison / accusé de réception et la facture doivent être transmis au Service Achats pour une prise d'actions correctrices appropriées (investiguer avec les utilisateurs/demandeurs et fournisseurs pour résoudre les écarts).

Une fois le problème identifié, l'information et instructions du Service Achats (avec autorisation additionnelle selon une procédure interne selon le cas) devrait être transmise au Service Comptable pour traitement administratif.

▶ Les contrôles et approbations formalisés des factures sont-ils des étapes nécessaires pour le traitement administratif du paiement au sein de la société ?

Risques : des paiements non justifiés : paiements dupliqués, erreurs, détournements, biens non reçus, avances non déduites...

Bonnes pratiques suggérées : le bon à payer doit être réalisé par le Service Comptable en s'appuyant sur les informations ci-dessus mentionnées en suivant les actions correctrices dictées par le Service des Achats si nécessaire (en cas de litige/écart).

Le bon à payer des factures est l'autorisation formalisée de procéder au règlement pour le Service Trésorerie.

L'utilisation d'un auxiliaire fournisseurs par ancienneté peut être utile pour tracer les erreurs telles que des factures non réglées.

▶ Les avances payées aux fournisseurs, le cas échéant, sont-elles suivies et prises en compte par le Service Comptable (Service Comptabilité Fournisseurs) lors du traitement administratif du paiement de la facture ?

Risques : des paiements non justifiés : paiements dupliqués, paiements effectués pour des biens non reçus, avances non déduites...

Bonnes pratiques suggérées : les avances devraient être isolées en un compte spécifique tiers pour permettre leur suivi.

Des avances devraient être accordées seulement si c'est la pratique du marché pour le bien/service commandé (*i.e.* intérim) et uniquement après autorisation formalisée d'un responsable financier. En cas de doute sur son remboursement une provision doit être passée. Toute écriture liée à une avance non récupérable doit être validée par un responsable financier.

Lors de la réception de la facture définitive du fournisseur, le Service Comptable devrait contrôler et vérifier que les avances sont dûment déduites du montant global avant de demander au Service Trésorerie d'effectuer le règlement.

➡ Les règlements sont-ils traités administrativement sur la base des factures originales ?

Risques : paiements non justifiés et/ou règlements dupliqués.

Bonnes pratiques suggérées : le règlement des factures doit être réalisé uniquement sur la base des documents originaux.

➡ Les factures payées sont-elles clairement identifiées ?

Risques : des règlements non justifiés et/ou dupliqués.

Bonnes pratiques suggérées : les factures payées doivent être marquées avec le tampon « PAYÉ ».

➡ Les fournisseurs débiteurs sont-ils régulièrement identifiés et analysés ?

Risques : paiements dupliqués ou anomalies du compte fournisseur.

Bonnes pratiques suggérées : le Service Comptable (Comptabilité Fournisseurs) devrait identifier et analyser régulièrement la liste des fournisseurs débiteurs pour détecter les doubles paiements et autres anomalies.

- *Provisions*

➡ À chaque clôture comptable, la société passe-t-elle des écritures de provisions pour les factures non parvenues sur la base des accusés de réception des biens/services et/ou bons de livraison ?

Risques :

- les dépenses ne sont pas comptabilisées sur la période où elles sont réalisées,
- mesure inexacte de la rentabilité de la société,
- principe du *cut-off* non respecté.

Bonnes pratiques suggérées : à chaque clôture comptable, le Service comptable (Comptabilité Fournisseurs) devrait contrôler toutes les livraisons des biens/ accusés de réception des services pour lesquels les factures n'ont toujours pas été reçues et passer les écritures comptables adéquates.

À chaque clôture comptable, la société enregistre-t-elle des provisions pour factures prépayées (charges constatées d'avance) ?

Risques :

- les dépenses ne sont pas comptabilisées sur la période où elles sont réalisées, mesure inexacte de la rentabilité de la société,
- principe du *cut-off* non respecté.

Bonnes pratiques suggérées : à chaque clôture comptable, le Service Comptable (Comptabilité Fournisseurs) devrait revoir toutes les factures comptabilisées pour lesquelles la livraison des biens / accusé de réception des services n'a pas encore été effectuée.

Des charges constatées d'avance devraient aussi être prises en compte pour des factures globales réparties sur plusieurs périodes d'activité.

Les provisions enregistrées en fin d'année devraient être suivies et actualisées après la clôture (*i.e.* premier trimestre après clôture) afin de vérifier l'exactitude de la provision pour charges constatées d'avance et ainsi améliorer le prochain calcul. Dans certains cas, des charges constatées d'avance (CCA) peuvent fausser les états financiers et la rentabilité (CCA non justifiées).

Sécurité de la base fournisseurs

La création et/ou modification des comptes/données fournisseurs sont-elles systématiquement approuvées par un responsable financier dûment autorisé (notamment ses conditions de paiement) ?

Risques :

- création d'un fournisseur fictif,

- modifications incontrôlées des données fournisseurs (dérogation des conditions générales de paiement),
- achats auprès d'un fournisseur ayant une situation financière non pérenne ou ayant une grande dépendance auprès de la société,
- achats réalisés auprès d'un fournisseur non performant.

Bonnes pratiques suggérées : il est souhaitable de s'assurer que le nombre de fournisseurs est en adéquation avec le type d'achat (un excès de fournisseurs ou un nombre trop faible pour des besoins stratégiques pourrait présenter une non optimisation du processus achat).

La création et/ou modification des données fournisseurs doit être systématiquement approuvée par un responsable financier après vérification des coordonnées bancaires du fournisseur et des conditions de paiement.

Les données financières des sociétés de rating (*i.e.* Dun & Bradstreet, Moody's...) et la composition de l'actionnariat peuvent être obtenues pour vérifier la santé financière du fournisseur et l'absence de collusion avec les intérêts des employés de la société (un certificat d'indépendance peut-être aussi demandé).

➔ Existe-il un responsable clairement identifié de l'intégrité de la base fournisseurs ?

Risques :

- manipulation incontrôlée des coordonnées bancaires,
- fournisseur fictif.

Bonnes pratiques suggérées : il est souhaitable d'identifier et de limiter le nombre d'employés ayant accès aux modules de création et modification de la base fournisseurs.

VIII.2 Processus Management : exemples de points de contrôle

Organisation générale

- *Organigramme*

- Existe-t-il un organigramme à jour précisant les liens hiérarchiques existants entre chacun des postes ?
- Cet organigramme est-il bien distinct de tout autre organigramme (par exemple à vocation plus descriptive « statutaire », ou plus descriptif des effectifs) ?
- Cet organigramme comporte-t-il une cotation des risques ?
- L'organigramme est-il publié et facilement accessible ?
- Existe-t-il une fonction de coordinateur local de gestion des risques, et cette fonction est-elle réellement assumée ?

- *Délégations de pouvoirs*

- Existe-t-il une liste descriptive à jour des activités (et éventuellement des sous activités) ?
- Pour chaque activité ou sous activité sensible existe-t-il un seul et unique responsable qui a le contrôle sur toutes ces activités et qui a les moyens d'assumer ses responsabilités ?
- À chaque poste de l'organigramme hiérarchique correspond-il un document écrit à jour des fonctions déléguées ?
- Chaque lettre de mission est-elle cosignée contractuellement en deux exemplaires par le donneur d'ordre et le délégué ?
- Chaque poste de l'organigramme comporte-t-il dans la lettre de mission un énoncé quantitatif à jour des objectifs annuels (ou de productivité journalière, etc.) ?
- Chaque poste de l'organigramme comporte-t-il dans la lettre de mission la désignation à jour des conséquences du non respect des objectifs ?

- La liste des personnes autorisées à signer est-elle explicitement constituée et disponible ?
- Les personnes non autorisées à signer sont-elles explicitement avisées de leur responsabilité en cas de non respect des droits (usurpation de droit) ?
- Tous les collaborateurs autorisés à pratiquer des actes sensibles tels que les recrutements, les achats, etc. sont-ils explicitement avisés et sont-ils systématiquement amenés à émarger les délégations de pouvoirs des modifications les concernant ?
- La procédure de changement de fonctions d'un collaborateur prévoit-elle un contrôle systématique du retrait effectif et immédiat de ses anciens droits ?
- Les travaux réclamant une habilitation informatique (un mot de passe) sont-ils recensés ?
- Y a-t-il des applications informatiques ne nécessitant aucune habilitation, mais pour lesquelles une analyse des risques a conclu à la nécessité de mise en place d'habilitations ?
- La liste des personnes autorisées est-elle explicitement constituée (tenue confidentiellement et conservée en sécurité) ?
- Le gestionnaire détenteur du pouvoir d'attribuer ces droits d'accès est-il parfaitement identifié (par action et par collaborateur autorisé) et est-il unique ?
- Les travaux traditionnels (non informatisés) réclamant une autorisation particulière sont-ils recensés ?
- Cette liste s'appuie-t-elle sur une analyse méthodologique des risques ?

▶ *Formation du personnel*

- Les besoins de formation ont-ils été recensés avec les intéressés ?
- Existe-t-il un suivi de la satisfaction, en délai et en qualité, des besoins de formation ayant reçu une réponse favorable ?

- Lors de formation individuelle d'un collaborateur à un nouveau savoir-faire, ou une nouvelle connaissance, organise-t-on à son retour une séance de retransmission pour ses collègues de travail ?

- *Information du personnel*

- Les besoins d'information générale ont-ils été recensés avec les intéressés ?
- Les besoins de « veille » technologique ou méthodologique sont-ils recensés de la même façon ?
- Existe-t-il un suivi de la satisfaction des demandeurs concernant les réponses apportées aux besoins d'information satisfaits ?

- *Animation du personnel*

- A-t-on le sentiment que le climat social est satisfaisant ?
- Les collaborateurs sont ils incités régulièrement à communiquer à la hiérarchie toutes les anomalies ou présomptions d'anomalies rencontrées ?
- Pratique-t-on régulièrement (par exemple au cours de l'entretien annuel) un test de vérification de la perception des responsabilités par le collaborateur (par exemple en lui demandant de re-décrire sa fiche de poste en ce sens pour vérifier sa perception) ?
- Attire-t-on régulièrement l'attention (par exemple lors de l'entretien annuel) sur les règles élémentaires de sécurité (confidentialité, devoir de réserve, etc.) ?
- Apporte-t-on systématiquement une attention particulière à la sensibilisation des nouveaux collaborateurs (mutation ou recrutement) sur les thèmes de la sécurité et du Contrôle Interne ?

- *Contrôle*

- Chaque hiérarchique connaît-il avec précision la hauteur de risques de chacun de ces actes et de chacune des activités qu'il a déléguées ?

- En conséquence, le suivi de chacun de ces risques (indicateurs et tableaux de bord spécifiques) est-il assuré jusqu'au plus haut niveau adéquat avec la hauteur de chacun de ces risques ?
- Chaque hiérarchique, à quel que niveau que ce soit, a-t-il une connaissance technique précise et complète des procédures de Contrôle Interne ?
- Applique-t-on systématiquement pour toute activité sensible le principe de la séparation des tâches ?
- Les contrôles informatisés font-ils l'objet de vérification périodique de la qualité de ces contrôles ?

Activités de contrôle

- *Documentation (procédures, directives, cartographie des risques, etc.)*

- Existe-t-il une documentation explicite à jour des procédures ?
- La documentation terminologique (glossaires, lexiques, etc.) des termes employés dans le métier existe-t-elle, est-elle à jour et répond-elle aux besoins des agents ?
- Les questionnaires d'analyse de risques existent-ils ?
- S'assure-t-on de l'adéquation entre les besoins théoriques et l'équipement réel ?
- Dispose-t-on de méthodes appropriées pour analyser et maîtriser les risques localement ?
- La fonction de coordination locale des risques a-t-elle les moyens (documentation, communication, etc.) de répondre aux besoins de prévention des risques dans son domaine et les moyens de communication avec la cellule de coordination centrale ?
- Dispose-t-on d'un catalogue complet des grands scénarios de sinistres (en général) transversaux (incendie des locaux, indisponibilité longue et grave du système d'information, grève longue des transports publics, etc.) ?

- Chacun de ces risques a-t-il fait l'objet d'études spécifiques de recherche de modes de fonctionnement de substitution ?
- Pour chacun de ces risques a-t-on clairement identifié les partages de responsabilités entre les entités opérationnelles et le Siège ?
- Existe-t-il une documentation explicite à jour des procédures de production dans le cadre d'un fonctionnement dégradé en cas de sinistre grave ?
- Existe-t-il une documentation explicite à jour des procédures de retour à la situation normale à la suite d'un passage en fonctionnement dégradé après réparation d'un sinistre grave ?

- *Plan Permanent de Contrôle Interne*

- Y a-t-il une révision systématique des différents types de risques identifiés après chaque modification importante des processus de travail (organisationnels ou informatiques) ?
- Cette révision entraîne-t-elle aussi la mise à jour des mesures prises pour maîtriser les risques ?
- Y a-t-il une réunion où le sujet du Contrôle Interne est systématiquement inscrit à l'ordre du jour au moins une fois par semestre ?

▸ *Gestion des accès et sécurité*

- *Droit d'accès physique (immeuble, ou local)*

- Les travaux ou objets de gestion réclamant un accès particulier à un endroit sensible sont-ils recensés ?
- Cette liste s'appuie-t-elle sur une analyse méthodologique des risques ?
- La liste des personnes autorisées est-elle explicitement constituée (tenue confidentiellement et conservée en sécurité) ?
- Les personnes autorisées sont-elles explicitement avisées de leur responsabilité en cas de non respect des droits (distribution des clés ou badges, etc.) ?

- Existe-t-il un règlement écrit précisant les procédures de sécurité et les règles de confidentialité de conservation des documents situés dans les bureaux (quel que soit le support) en dehors des heures ouvrées ?
- Existe-t-il un règlement écrit précisant les procédures de sécurité et les règles de confidentialité de conservation des documents situés dans les bureaux (quel que soit le support) pendant les heures ouvrées (absences momentanées, heure du déjeuner…) ?
- Les moyens techniques permettant de satisfaire à ces règles sont-ils adéquats ?

- *Dossiers sensibles*

- Les dossiers ou documents réclamant une autorisation particulière d'accès sont-ils recensés ?
- Cette liste s'appuie-t-elle sur une analyse méthodologique des risques du domaine ?
- Existe-t-il un règlement écrit précisant, en fonction des degrés de confidentialité, les procédures de sécurité physique et les règles de confidentialité de transmission des documents sensibles ?
- Existe-t-il un règlement écrit précisant, en fonction des degrés de confidentialité, les procédures de sécurité physique et les règles de confidentialité d'archivage et de destruction des documents sensibles ?

VIII.3 Processus trésorerie : exemples de points de contrôle, risques et bonnes pratiques

Cette partie présente uniquement des exemples de points de contrôle, risques et bonnes pratiques afin d'éviter d'être trop détaillée au sein de ce livre.

Nous avons sélectionné certains thèmes qui nous semblent particulièrement importants dans ce processus tels que l'environnement général et organisation, les réconciliations bancaires, les transferts bancaires électronique, les besoins de financement et les expositions au risque de change.

Afin de traiter l'exhaustivité des risques liés au processus Trésorerie, d'autres points de contrôles devraient également être détaillés et notamment associés aux sous processus suivants : la gestion des banques, les encaissements, les décaissements, les paiements manuels, les campagnes de règlements, le processus EDI, la gestion de la caisse, les flux de trésorerie (services web et le processus de gestion des flux de trésorerie), la gestion des excédents de trésorerie et placements et les états de reporting de trésorerie.

▸ *Environnement général et organisation*

• *Environnement*

▣ Une analyse de l'environnement bancaire est-elle effectuée régulièrement (niveaux d'inflation, des taux d'intérêt, contrôle des changes) ?

Risques :

L'environnement bancaire est suffisamment instable pour que l'activité et les performances de la société puissent être pénalisées tant au niveau local qu'au niveau Siège :

- stabilité des banques,
- haut niveau d'inflation,
- taux d'intérêt élevés,
- forte exposition au risque de change,
- fort contrôle des changes.

Bonnes pratiques suggérées :

- le département Trésorerie en local doit s'assurer que les risques de son environnement bancaire sont bien identifiés et sous contrôle,
- une régulière revue de la couverture de ses risques est requise,
- la Direction Corporate Trésorerie doit être régulièrement tenue informée de la situation locale,

- la mise en œuvre de ces suivis et contrôles permet d'optimiser l'exposition aux risques de trésorerie.

- *Organisation*

➡ Des délégations de pouvoirs spécifiques ont-elles été formalisées pour les personnes impliquées dans les opérations de trésorerie ?

➡ Toutes les transactions de trésorerie réalisées sont elles systématiquement recensées et formellement encadrées par des délégations de pouvoirs ?

Risques :

- Pas de processus d'approbation et/ou de contrôle mis en place au sein de la société.
- Réalisation des transactions de trésorerie de la société par des personnes non autorisées.
- Cadre de fonctionnement de la Trésorerie mal défini.
- Contrôle des engagements de la société vis-à-vis de tiers mal défini et/ou pas encadré par des autorisations formelles.

Bonnes pratiques suggérées : toutes les personnes impliquées dans la conduite des opérations financières quotidiennes engageant la société vis-à-vis de tiers doivent être identifiées et recensées au sein de délégations de pouvoirs internes et externes. Des délégations de pouvoirs organisées et formalisées permettent de renforcer la sensibilisation et la responsabilisation des personnes habilitées à opérer pour la société.

Le processus de règlements doit, par exemple, être encadré par des délégations de pouvoirs externes autorisant un/des délégué/s à procéder aux règlements fournisseurs pour le compte de la société, et ainsi à signer des moyens de paiement.

Toute délégation de pouvoirs consentie, qu'elle soit interne ou externe, doit tenir compte de limites financières impliquant une hiérarchie supérieure autorisée en cas de dépassement et doit être organisée en respectant le principe de séparation des fonctions.

Les délégations de pouvoirs internes et externes doivent faire l'objet de revues, de confirmations et de mises à jour validées régulièrement, spécifiquement lors de nouvelles nominations impliquant la mise en place d'un niveau approprié de délégations.

▸ *Banques*

• *Réconciliations bancaires*

▣ Les transactions réalisées suite aux montants mis en rapprochement sont elles individualisées, datées et analysées ?

Risques : impossibilité/difficulté de justifier les soldes en comptabilité et les soldes en banque.

Bonnes pratiques suggérées : plusieurs principes régissent le suivi des rapprochements bancaires :

- Ne jamais laisser en suspens et non documentés des écarts inexpliqués, notamment s'il s'agit de faibles montants résultant d'écarts de décimales.
- Les décaissements non comptabilisés en rapprochement doivent être saisis sur la base de documents support obtenus de la banque ou du département trésorerie.
- Aucune prévision de décaissement et/ou d'encaissement ne doit figurer dans les comptes comptables de banque.

▣ Les réconciliations bancaires sont elles contrôlées ?

▣ Les réconciliations bancaires sont elles formellement approuvées ?

▣ Le principe de séparation des fonctions est-il pris en compte dans l'organisation du processus de réconciliation bancaire : réalisation, contrôle et approbation ?

Risques : risque de fraude et/ou de détournement pas suffisamment circonscrit.

Bonnes pratiques suggérées : afin d'assurer un contrôle effectif des flux financiers et de respecter une séparation appropriée des fonctions, au moins deux personnes doivent être impliquées dans le processus de réconciliation bancaire :

- au mieux, les réconciliations bancaires ne doivent pas être effectuées par une personne impliquée dans les processus de suivi/enregistrement des encaissements et des décaissements ;
- les réconciliations bancaires doivent être systématiquement contrôlées par une personne différente de celle qui les effectue. Les contrôles effectués sur les réconciliations bancaires doivent être formalisés ;
- au mieux, les réconciliations bancaires doivent être approuvées par le Directeur Financier.

▸ *Moyens de règlement*

- *Transferts bancaires électronique*

➡ **Dans le cas où la société utilise les transferts bancaires comme moyen de règlement des fournisseurs, existe-t-il une procédure encadrant ce mode de fonctionnement ?**

➡ **Existe-t-il une procédure permettant de tracer, d'identifier et de gérer les virements bancaires électroniques rejetés par le système ou logiciel utilisé ?**

➡ **Une solution/application logicielle spécifique a-t-elle été mise en place pour procéder aux virements bancaires électroniques ?**

➡ **Si une telle solution a été implémentée, est-elle installée sur un poste informatique spécifique ?**

➡ **Le poste informatique utilisé pour procéder aux virements bancaires électroniques est-il gardé éteint quand il n'est pas utilisé ?**

➡ **L'accès à ce poste informatique est-il restreint aux seules personnes dûment autorisées à procéder aux règlements fournisseurs par virements bancaires électroniques ?**

➡ **L'accès à ce poste informatique est-il sécurisé par des mots de passe individuels et changés régulièrement ?**

➡ Les personnes habilitées à procéder aux règlements fournisseurs par virements bancaires électroniques, sont-elles sensibilisées à l'importance de garder ce mot de passe confidentiel et de manière sécurisée ?

Risques :

- politique de règlements électroniques encadrée par une procédure peu sécurisante et des principes de sécurité mal établis ;
- risques de fraude et de détournements (accès, données, ... non sécurisés).

Bonnes pratiques suggérées : si les règlements fournisseurs par virements électroniques sont autorisés en pratique, un contrat doit formellement être passé avec la banque afin d'autoriser de telles pratiques.

Un tel contrat doit nécessairement prévoir des clauses sur la sécurité, la confidentialité et la traçabilité des informations échangées et des transactions réalisées.

Afin de s'assurer du correct encadrement des transactions réalisées et des données transmises par virement bancaire électronique, une procédure sur les contrôles à effectuer doit être formalisée, communiquée et appliquées.

Cette procédure doit notamment prévoir :

- nomination de personnes autorisées à saisir des coordonnées bancaires fournisseurs, à réaliser des transactions par virement bancaire électronique et dédiées au contrôle des transactions et données transmises, en tenant compte du principe de séparation des fonctions ;
- accès à la solution logicielle utilisée limité aux profils préalablement définis et gestion de mots de passe sécurisés ;
- typologie des transactions autorisées par virement bancaire électronique ;
- description du mode opératoire ;
- liste des contrôles permettant de s'assurer que les transmissions de données sont sécurisées et conformes aux factures approuvées pour paiement et programmées ;
- liste des documents support requis permettant de s'assurer que les transactions sont correctement réalisées et en toute sécurité ; ces documents

doivent être gardés avec les factures originales au Département Fournisseurs ;

- afin de prévenir tout risque d'erreur et de perte d'information, une procédure doit permettre de recenser la liste des erreurs possibles d'opérations, des rapports d'incident existants et doit décrire le mode opératoire à suivre pour la récupération des données éventuellement égarées.

▸ *Excédents et financements*

- *Besoins de financement*

➔ Si la situation nette de trésorerie de la société est en position excédentaire, la trésorerie a-t-elle reçu des instructions écrites approuvées par la Direction pour l'utilisation de ces excédents ?

➔ Si la situation nette de trésorerie de la société est en position excédentaire, des règles d'utilisation des excédents ont elles été définies et formalisées au sein d'une procédure : type d'investissements autorisés, seuils et limites d'utilisation... ?

Risques : risque de manque d'encadrement des opérations d'investissements financiers : pas de délégation de pouvoir formelle accordée au trésorier pour engager la société, pas de procédure en vigueur pour encadrer les opérations, potentiel manque d'implication de la Direction de la société sur ce type d'opérations.

Dans le cas où la société appartient à un Groupe, potentiel manque de coordination entre le management local et la Direction Corporate Trésorerie pour l'optimisation de la trésorerie du Groupe.

Bonnes pratiques suggérées : encadrer les opérations de placement de trésorerie et anticiper tout risque de manque de contrôle des opérations réalisées par :

- sensibilisation et responsabilisation du trésorier par des délégations de pouvoirs et des procédures formalisées (typologie des opérations, seuils et limites d'engagement...) ;

- définition des règles et obligation d'un suivi formalisé et régulier des performances pour impliquer efficacement la Direction locale, en vue également de l'optimisation des performances ;
- définition des outils de placement et des institutions financières autorisées pour ce type d'opération à engager la société ;
- dans le cas où la société appartient à un Groupe, s'assurer au préalable que la Direction Corporate Trésorerie autorise ce type de pratique et lui en rendre compte régulièrement pour une bonne coordination des opérations et une meilleure utilisation possible des synergies ;
- un tel cadre de fonctionnement doit surtout permettre de limiter tout débordement et empêcher tout trésorier de travailler pour son propre compte.

Expositions au risque de change

La politique de change est-elle formalisée au sein d'une procédure ?

Cette procédure décrit-elle la politique éventuelle de couverture du risque de change ?

Dans le cas où la société appartient à un Groupe, cette procédure autorise-t-elle toute filiale à couvrir ses transactions import et export ?

Dans le cas où la société appartient à un Groupe, cette procédure requiert-elle, au-delà d'un certain seuil, l'approbation par la Direction Corporate Trésorerie de toute couverture de transaction import et export ?

Risques : être exposé à un fort risque de change (surtout dans le cas où la monnaie de transaction courante de la société est flottante) :

- pas de politique précise sur la couverture des expositions au risque de change,
- existence d'une politique et de procédures mais mal comprises et pas suivies,

- utilisation d'outils/de produits de couverture mal maîtrisés ou non autorisés dans le cas où la société appartient à un Groupe.

Bonnes pratiques suggérées : l'exposition au risque de change doit être suivie et anticipée :

- définir une politique de couverture du change et des règles de fonctionnement et de contrôle du correct encadrement des opérations de change,
- définir des outils de couverture du risque de change,
- dans le cas où la société appartient à un Groupe, s'assurer au préalable que la Direction Corporate Trésorerie a défini une politique de couverture Groupe et la suivre.

VIII.4 Processus publication et remontées des informations comptables et financières : exemples de points de contrôle, risques et bonnes pratiques

Comme pour le processus Trésorerie, cette partie présente uniquement des exemples de points de contrôle, risques et bonnes pratiques afin d'éviter d'être trop détaillée au sein de ce livre.

Nous avons sélectionné certains thèmes qui nous semblent particulièrement importants dans ce processus tels que les Comités de comptes, la Direction de l'Audit Interne, la ségrégation des fonctions, l'ajustement et le passage des comptes statutaires locaux aux comptes retraités Groupe et les états de reporting au niveau corporate.

Afin de traiter l'exhaustivité des risques liés au processus Publication et Remontées des Informations Comptables et Financières, d'autres points de contrôles devraient également être détaillés et notamment associés aux sous processus suivants : Sarbanes-Oxley Act, le Comité d'Audit, le système comptable et plan de comptes, les enregistrements comptables, le processus de clôture mensuelle des comptes, les transactions interentreprises, le sous-processus de clôture annuelle des comptes…

▸ *Généralités & organisation*

- *Comités des comptes*

Existe-t-il un Comité des Comptes au sein du Groupe ?

Le Comité des Comptes a-t-il participé à la mise en place de procédures et des revues relatives à la production et à la publication des états financiers du Groupe ?

Le Comité des Comptes est-il impliqué dans les revues et contrôles pour s'assurer de la fiabilité et de l'intégrité des états financiers produits et publiés ?

Risques : pas d'organe central ayant une supervision globale du processus de production des états financiers consolidés.

➤ Pas de procédures et contrôles formalisés pour s'assurer de l'homogénéité des états financiers.

➤ Non-conformité aux nouvelles réglementations financières, notamment avec le Sarbanes-Oxley Act, pouvant entraîner des sanctions financières (jusqu'à 5 Millions de dollars US) et pénales (jusqu'à 20 ans d'emprisonnement), telles que décrites dans le Section 906 du Sarbanes-Oxley Act.

Bonnes pratiques suggérées : le Comité des Comptes doit assister les responsables opérationnels de la Direction Financière en charge de la définition des processus et des procédures pour s'assurer de l'homogénéité, de l'exhaustivité et les délais impartis pour la production et la remontée des états financiers aux bornes du Groupe.

➤ Le Comité des Comptes doit s'assurer que l'ensemble des informations requises pour la publication des états financiers aux autorités boursières compétentes soit enregistrées selon les normes comptables en vigueur dans le Groupe, dûment justifiées, formalisées, répertoriées et transmises au Corporate dans les délais impartis pour revue et traitements appropriés s'il y a lieu.

➤ Le Comité des Comptes doit être également impliqué dans la revue et la Supervision des communiqués de presse à caractère financier, de l'information à destination des actionnaires pour s'assurer de l'intégrité et de la cohérence des informations publiées à destination du public.

➤ Dans le cadre du Sarbanes-Oxley Act, le Comité des Comptes doit initier une revue et une évaluation de l'efficacité des procédures relatives à la production et à la publication des états financiers, dans le 90 jours précédant la publication des documents de références 10-K, 20F, ou 10-Q pour les documents références des sociétés publiant leurs comptes sur une fréquence trimestrielle.

➤ Dans le cadre de la Loi de Sécurité Financière, le Comité des Comptes (ou organe équivalent) est amené à évaluer et à apprécier l'efficacité des procédures relatives à la production et à la publication des états financiers. Cette appréciation sera formalisée dans un rapport du Président ou du Président Conseil de Surveillance ; rapport qui sera revu et commenté par les commissaires aux comptes s'il y a lieu.

- *Direction de l'Audit Interne*

Existe-t-il une Direction de l'Audit Interne au sein du Groupe ?

Le rôle de la Direction de l'Audit Interne est-il soutenu et encouragé par la Direction Générale ?

Les membres du Comité Exécutif reçoivent-ils régulièrement les rapports et conclusions des travaux d'audit concernant les sujets importants ou à risques, ainsi que le rapport de suivi de mise en œuvre des actions correctrices ?

Les recommandations d'audit sont-elles exprimées avec une proposition de plan d'actions discutés et acceptés des audités ?

Les recommandations sont-elles suivies pour s'assurer de leur bonne application dans les délais impartis ?

Existe-t-il au sein de la Direction de l'Audit Interne un processus de mises à jour des informations concernant le fonctionnement, l'organisation et le business des activités du Groupe, tels que nominations, programmes d'investissements, plans marketing, changement de périmètres de responsabilités et d'organisation ?

➡ Existe-t-il un programme de formation spécifique et approprié au sein de la Direction de l'Audit Interne ?

➡ Le programme de formation comprend-il des besoins en formation tant sur les techniques d'audit que sur des sujets business et opérationnels du Groupe ?

Risques :

➤ non-conformité avec les réglementations du NYSE, pour les sociétés qui y sont cotées ;

➤ mauvaise adaptation des ressources et moyens mis à la disposition des auditeurs pour effectuer leur revue de manière efficace et constructive au sein du Groupe ;

➤ les revues d'audit ne collent pas assez aux préoccupations des opérationnels et ne participent pas à promouvoir le rôle participatif de création de valeur au sein du Groupe.

Bonnes pratiques suggérées : les Groupes d'envergure internationale doivent disposer d'un organe assurant la fonction d'Audit Interne, soit par une Direction existante, soit par la sous-traitance à une société autre que son commissaire aux comptes, afin de respecter les bonnes pratiques de Corporate Gouvernance.

➤ La Direction de l'Audit Interne devrait être rattachée à la Présidence du Groupe afin d'assurer son indépendance d'action vis-à-vis des opérationnels du Groupe.

➤ Les réglementations américaines du NYSE ont formalisé les dispositions relatives à la mission et au fonctionnement d'une Direction d'Audit Interne au sein des Groupes cotés.

➤ La Direction de l'Audit Interne doit s'assurer notamment :

- de la qualité et de la bonne formation de ses équipes,
- de l'indépendance du rôle de l'Audit Interne, avec la suggestion de reporter à la Présidence,

- de l'implication des principaux responsables opérationnels dans le mise en place des recommandations d'audit formulées dans leur domaine de compétence et de responsabilités,
- de la bonne et régulière information des sujets importants et critiques issus des revues d'Audit aux membres du Comité Exécutif.

▸ *Processus comptable*

- *Ségrégation des fonctions*

Existe-t-il une liste formalisée et mise à jour des délégations de fonctions octroyées au sein de la société, mentionnant notamment les postes, le champ de responsabilités et les limitations pour exercer les différentes opérations comptables ?

Les principales fonctions comptables sont-elle correctement ségréguées (comptabilité fournisseurs, comptabilité clients, gestion des banques et trésorerie, comptabilité générale) ?

Existe-t-il une définition de fonction et description de poste détaillées pour chaque personne au sein de la direction comptabilité ?

Les fonctions de maintien de la comptabilité générale sont-elles bien distinctes et séparées des comptabilités auxiliaires ?

Existe-t-il des procédures formalisées pour chaque fonction et chaque tâche à effectuer lors des clôtures mensuelles et clôtures annuelles ?

Les procédures concernant les clôtures mensuelles ou annuelles sont-elles spécifiquement détaillées pour le respect des règles de rattachement des charges à l'exercice (*cut-off*) ?

Les documents comptables sont-ils correctement classés et archivés dans de bonnes conditions de conservation et de confidentialité ?

L'accès aux documents et informations financières et comptables est-il limité uniquement aux personnes dûment autorisées ?

Risques : les délégations de fonctions ne sont pas en vigueur au sein du département comptabilité, pouvant entraîner des risques de manipulations dans l'enregistrement des opérations comptables et affecter l'ensemble de l'intégrité des états financiers produits.

Bonnes pratiques suggérées : les règles de ségrégation de fonctions doivent permettre de réduire le nombre d'erreurs (intentionnelle ou non intentionnelle) dans la saisie des opérations comptables, contribuant à la production des états financiers fiables et exhaustifs.

➤ Les règles de ségrégation de fonctions doivent être mises en place, notamment :

- pour favoriser une organisation claire et un fonctionnement efficace des départements comptabilité et finance,
- pour responsabiliser les personnes en charge, avec des descriptions de postes et une limitation des responsabilités,
- pour éviter le cumul de fonctions ayant reçus des délégations de pouvoirs internes et externes.

➤ Bien que des délégations de pouvoirs internes n'aient pas de valeur légale, elles peuvent cependant limiter l'exposition du Président (mandataire social) en cas de litiges.

▸ *États financiers & reporting*

- *Ajustement et passage des comptes statutaires locaux aux comptes retraités Groupe*

➡ Existe-t-il un système de reporting spécifique et déployé au sein du Groupe ?

➡ Existe-t-il une procédure spécifique concernant les informations à saisir et à reporter dans le système de reporting ?

➡ Le système de reporting est-il fourni avec la documentation appropriée aux opérationnels en charge de son utilisation ?

➡ La documentation est-elle largement diffuse au sein du département comptabilité, notamment aux personnes impliquées dans le processus de reporting ?

➡ Le déploiement du système de reporting a-t-il été accompagné d'une formation appropriée au sein des filiales ?

➡ Le Groupe a-t-il défini des procédures et des contrôles types applicables pour le processus de reporting ?

➡ Existe-t-il des procédures spécifiques détaillant la nature des ajustements comptables à opérer pour retraiter des comptes statutaires locaux au format de comptes consolidés Groupe ?

➡ Les retraitements comptables opérés sont-ils dûment formalisés, documentés et justifiés (règles d'amortissements, règles de provisions...) ?

➡ Les procédures et documentations relatives aux retraitements comptables prévoient-elles la formalisation d'une table de passage pour matérialiser et justifier les retraitements entre les comptes statutaires et les comptes consolidés ?

➡ Un état de synthèse des retraitements est-il systématique fourni dans les liasses de reporting ?

➡ Les écritures de retraitement sont-elle identifiables dans le système de reporting et effectivement tracées ?

➡ Les retraitements sont-ils revus et approuvés de manière formalisée par le responsable du département comptabilité ?

Risques :

➤ les ajustements ne sont pas tracés, analysées pour s'assurer de la pertinence des comptes retraités ;

➤ les ajustements ne sont pas justifiés ; risques de manipulation des états financiers ayant impact que l'intégrité des comptes publiés ;

➤ des irrégularités sur les comptes ayant un impact matériel peut entraîner les pénalités financières et pénales dans la cadre du Sarbanes Oxley Act (Section 906).

Bonnes pratiques suggérées : tout retraitement des comptes doit être systématiquement documenté, justifié et tracé.

➤ Un état de synthèse des retraitements entre comptes statutaires et comptes consolidés doit être formalisé et transmis lors du processus de reporting, afin de permettre l'analyse et l'appréciation de l'impact sur les comptes.

➤ Les comptes locaux doivent être rapprochés des états comptables existants (balance générale, balances auxiliaires...).

➤ Les procédures Groupe doivent spécifier les informations requises dans le processus de reporting mensuel des comptes, ainsi que la procédure d'utilisation du système de reporting.

➤ Les procédures Groupe relatives aux processus de reporting doivent également assurer la correcte ségrégation des fonctions dans le processus de production des comptes, de retraitement, de remontée des comptes retraitées.

- *États de reporting au niveau corporate*

Dans l'hypothèse de retraitement ayant un impact matériel, le Corporate informe-t-il les entités des ajustements à opérer ?

Les ajustements et écritures comptables sont-ils systématiquement effectués par les entités responsables de l'intégrité et de l'exhaustivité de leurs états financiers ?

Risques :

➤ les états financiers reportés et publiés ne sont pas fiables et ne reflètent pas la réalité de la situation économique ;

➤ les retraitements sont effectués par le Corporate, sans consultation et validation préalable des entités, ayant la responsabilité de l'intégrité des comptes dans leur périmètre ;

➤ les ajustements ne sont pas justifiés : risques de manipulation des états financiers ayant impact que l'intégrité des comptes publiés ;

➤ l'application du Sarbanes-Oxley Act implique des risques de sanctions financières et pénales (Section 906) en cas de processus de remontée et de publication des états financiers faible, entraînant la production de comptes non fiables.

Bonnes pratiques suggérées : les procédures et processus de remontée des états financiers doivent prévoir les retraitements des comptes à effectuer, documenter, formaliser et à reporter au Corporate.

➤ En cas de besoins de retraitement complémentaires exprimés par le Corporate, des instructions spécifiques doivent être transmises aux entités, avec justification et explication, pour que celles-ci ajustent les comptes en conséquence. Les entités sont responsables de l'intégrité et de l'exhaustivité des comptes dans leurs périmètres de compétences.

VIII.5 Processus Organisation Comptable et Financière conformément au guide d'application de l'Autorité des Marchés Financiers (AMF) – exemples de tests

Cadre de référence – AMF 01/2007

Process	Sous process	Risk Type	Risk response Type	Critère de contrôle	Test	Chapitre doc AMF
Organisation comptable et financière	Principes	Organisation	Séparation des pouvoirs	La séparation des fonctions et des tâches permet-elle un contrôle indépendant ?	1/ Obtenir le dernier organigramme à jour. 2/ S'assurer de l'existence d'un document officiel spécifiant pour chaque Responsable ses fonctions et tâches (description de poste, délégation de pouvoirs...).	1.1.1
Organisation comptable et financière	Principes	Organisation	Séparation des pouvoirs	Les opérations sont-elles correctement approuvées / engagées ?	1/ Obtenir les délégations de signature mises à jour. 2/ S'assurer que les personnes pouvant engager la société ont dûment été habilitées.	1.1.1
Organisation comptable et financière	Organisation générale	Informations	Documentation	Les principes de comptabilisation, de contrôle des opérations et de leurs flux sont-ils documentés ?	1/ S'assurer que les principes comptables, les principes de contôle et les flux sont documentés. 2/ S'assurer que la documentation est maintenue à jour.	1.1.1
Organisation comptable et financière	Organisation générale	Informations	Contrôles	Les processus et circuits d'information sont-ils clairement définis ? Les circuits en place permettent-ils une centralisation rapide des données vers la comptabilité et une homogénéisation des traitements comptables ?	1/ Obtenir le descriptif des modes opératoires des processus Achats, Ventes, Personnel (parties comptables), Juridique, Engagements... 2/ S'assurer que les circuits d'information permettent une centralisation rapide et un traitement homogène des données.	1.1.1

Process	Sous process	Risk Type	Risk response Type	Critère de contrôle	Test	Chapitre doc AMF
Organisation comptable et financière	Organisation générale	Informations	Contrôles	Existe-t-il des contrôles de la mise en œuvre des circuits d'information existants ?	1/ Recenser les contrôles en place permettant de s'assurer que l'ensemble des événements économiques sont saisis en comptabilité. 2/ Tester les contrôles.	1.1.1
Organisation comptable et financière	Organisation générale	Qualité & Performance	Management opérationnel	Existe-t-il un calendrier de clôture des opérations comptables ? Dans le cas d'un Groupe, ce calendrier est-il suffisamment diffusé pour les besoins de clôture « à temps » des comptes publiés de la société mère ?	1/ Obtenir l'évidence d'un calendrier de clôture et vérifier sa correcte diffusion au sein du Groupe. 2/ Dans le cas d'un Groupe, s'assurer que les informations comptables et financières sont élaborées dans les temps par les entités pour les besoins des comptes publiés de la société mère.	1.1.1
Organisation comptable et financière	Organisation générale	Organisation	Moyens humains	Les différents acteurs de l'arrêté des comptes sont-ils identifiés ?	S'assurer qu'il existe un processus d'identification des différents acteurs de l'arrêté des comptes du Groupe : liste de diffusion des instructions d'arrêté des comptes...	1.1.1
Organisation comptable et financière	Organisation générale	Organisation	Management opérationnel	Les responsables de l'établissement de l'information comptable et financière publiée sont-ils identifiés ?	S'assurer qu'il existe un processus d'identification des différents responsables de l'établissement de l'information comptable et financière publiée : nomination, liste de diffusion des instructions d'arrêté des comptes...	1.1.1
Organisation comptable et financière	Organisation générale	Informations	Pilotage	Les collaborateurs participant au processus d'établissement de l'information comptable et financière ont-ils accès à l'information nécessaire pour appliquer, faire fonctionner et/ou surveiller le dispositif de contrôle interne ?	1/ S'assurer de l'existence d'un référentiel de contrôle interne, d'un guide d'instructions, de procédures d'arrêté des comptes et de contrôles détaillés. 2/ S'assurer que ces matériaux, s'ils existent, sont accessibles facilement (intranet, booklet d'instruction) aux acteurs identifiés. 3/ S'assurer que ces matériaux sont à jour : date de la dernière version validée, liste de diffusion à jour, cohérence des instructions et des contrôles avec les outils effectivement en place...	1.1.1
Organisation comptable et financière	Organisation générale	Organisation	Séparation des pouvoirs	La Direction comptable dispose-t-elle d'une autorité lui permettant de faire valoir la règle comptable ?	1/ S'assurer de l'existence de délégations de pouvoirs propres au Directeur Comptable prévoyant une suffisante autonomie/autorité pour faire valoir la règle comptable. 2/ S'assurer éventuellement qu'un rappel sur l'autorité comptable est mentionné dans les référentiels / guides d'instruction d'arrêté comptable ou notes de diffusion...	1.1.1

Process	Sous process	Risk Type	Risk response Type	Critère de contrôle	Test	Chapitre doc AMF
Organisation comptable et financière	Organisation générale	Qualité & Performance	Documentation	Existe-t-il des procédures permettant de s'assurer de l'effectivité des contrôles en place, de tracer les différents écarts par rapport à la norme et les actions correctrices initiées ou à mettre en place ?	1/ Si une procédure permet de s'assurer de l'effectivité des contrôles en place, l'obtenir. 2/ S'assurer de la correcte application de cette procédure en récupérant les éléments formalisés des contrôles effectués. 3/ Vérifier que ces éléments permettent de tracer les différents écarts par rapport à la norme comptable, que ces écarts ont été dûment validés et que des actions correctrices ont été initiées.	1.1.1
Organisation comptable et financière	Gestion des ressources comptables	Informations	Management opérationnel	Existe-t-il un processus RH visant à bien identifier les ressources nécessaires au bon fonctionnement de la fonction comptable ?	1/ S'assurer de l'existence d'un processus d'identification des ressources nécessaires à la fonction comptable auprès des Directions Financières et RH. 2/ En cas de besoin confirmé, vérifier la correcte application du processus décrit : postes à pourvoir en interne/ externe diffusé sur un intranet/ internet, s'assurer à la lecture du descriptif de poste que les ressources recherchées correspondent bien au besoin identifié...	1.1.2
Organisation comptable et financière	Gestion des ressources comptables	Ressources	Moyens humains	L'effectif de la fonction comptable est-il suffisant et adapté à la taille et à la complexité des opérations ?	Vérifier l'existence d'un suivi permettant d'adapter les effectifs et les compétences à la taille et à la complexité des appels à des prestataires externes experts, intérimaires qualifiés...	1.1.2

VIII.6 Processus Ressources Humaines : exemples de points de contrôle, risques et bonnes pratiques

Comme pour les processus précédents, cette partie présente uniquement des exemples de points de contrôle, risques et bonnes pratiques afin d'éviter d'être trop détaillée au sein de ce livre.

Nous avons sélectionné certains thèmes qui nous semblent particulièrement importants dans ce processus tels que l'organisation, le processus de recrutement, la préparation de la paie, l'émission de la paie, la comptabilisation de la paie et le paiement de la paie.

Afin de traiter l'exhaustivité des risques liés au processus Ressources Humaines, d'autres points de contrôles devraient également être examinés et notamment associés aux sous processus suivants : le budget, les dossiers du personnel, le processus de sortie, le système de paie, les autres éléments liés aux employés tels que les congés payés, les avantages aux employés, fonds de pension, prêts aux employés, avantages en nature, notes de frais, gestion des avances, dettes sociales et fiscales liées aux employés…

▸ *Organisation*

Existe-t-il des organigrammes formalisés au sein de la société ?

Sont-ils régulièrement mis à jour et diffusés à l'ensemble du personnel ?

Risques :

- les équipes n'ont pas une vision claire de leurs différents liens hiérarchiques et de leur périmètre de responsabilité ;
- les organisations et les liens hiérarchiques ne sont pas clairement définis au sein des différentes structures, les processus de décision sont ralentis.

Bonnes pratiques suggérées : lorsque les organisations évoluent et/ou des personnes sont nouvellement nommées, l'information doit être largement diffusée au sein des structures concernées favorisant ainsi l'efficience des chaînes de responsabilité et des processus de décision.

▸ *Gestion des ressources humaines*

• *Processus de recrutement*

Avant d'initier le processus de recrutement, les demandes de recrutement font-elles l'objet d'un format d'approbation spécifique ?

Les directions Ressources Humaines, Finance et Opérations sont-elles impliquées dans le processus de validation des demandes de recrutement ?

➔ Afin de favoriser la promotion et la motivation des salariés, les postes à pourvoir sont-ils largement diffusés et proposés prioritairement en interne ?

➔ Des objectifs de promotion interne sont-ils clairement définis, fixés à la Direction des Ressources Humaines et intégrés au sein de la procédure de recrutement ?

➢ les recrutements ne sont ni approuvés, ni budgétés,

➢ la Direction des Ressources Humaines n'est pas systématiquement impliquée, le processus de recrutement n'est pas optimisé,

➢ les compétences et les qualités des candidats ne sont pas bien évaluées,

➢ les promotions internes sont moins favorisées que les recrutements externes.

Bonnes pratiques suggérées : la procédure de recrutement doit être élaborée et formalisée en accord avec les délégations de pouvoirs en vigueur au sein de la société en associant les Directions des Ressources Humaines, Finance et Opérations, diffusée à l'ensemble des personnes concernées et intégrer les points suivants :

➢ demande de recrutement mentionnant si le recrutement était budgété ou non ;

➢ type de contrat, caractéristiques du poste (fonction, classification, le salaire annuel, autres formes de rémunération, date de recrutement souhaitée…) ;

➢ raison de la demande (création, remplacement : départ, transfert, l'absence, congés de maternité…) ;

➢ formulaire de signature indiquant le demandeur, le responsable financier, le responsable des ressources humaines et le responsable opérationnel.

La Direction des Ressources Humaines doit gérer le processus de recrutement après identification des besoins en accord avec les opérationnels et évaluer :

➢ la qualité de la description de poste,

- ➢ la nécessité d'une demande de recrutement interne et/ou externe,
- ➢ les besoins liés aux recrutements : annonces, cabinet de recrutement…

> **La procédure de recrutement doit également mentionner les principes de gestion de promotion interne et ses objectifs associés.**

▸ *Gestion de la paie*

- *Préparation de la paie*

Les parties variables de la paie sont-elles systématiquement intégrées lors de la préparation de la paie ?

Risques : les employés sont payés sur la base d'informations incomplètes et/ou erronées.

Bonnes pratiques suggérées : les parties variables de la paie doivent être élaborées à partir des éléments suivants :

- ➢ heures travaillées,
- ➢ heures supplémentaires,
- ➢ primes et/ou bonus récurrents ou non,
- ➢ bonus des commerciaux…

Ces éléments doivent être fournis à la Direction des Ressources Humaines par les Directions Opérationnelles avec l'ensemble des documents supports, et doivent préalablement avoir été approuvés en fonction des délégations de pouvoirs en vigueur. Les éléments variables de la paie doivent être également classés et archivés.

Des contrôles sur la gestion des parties variables doivent être réalisés tout au long du processus de paie afin d'en assurer sa cohérence et sa conformité.

- *Émission de la paie*

L'état récapitulatif de la paie est-il édité une seule fois ?

Risques : absence de confidentialité sur la rémunération des employés.

Bonnes pratiques suggérées :

➤ afin d'assurer la confidentialité et la conformité des rémunérations allouées, un seul état récapitulatif de la paie doit être édité et formellement approuvé en accord avec les délégations de pouvoir en vigueur ;

➤ les bulletins de salaires des employés doivent être imprimés au sein de la Direction des Ressources Humaines et uniquement en présence d'employés habilités ;

➤ pour des raisons de traçabilité et de confidentialité, les bulletins de salaires doivent être conservés, archivés dans un lieu sécurisé au sein de la Direction des Ressources Humaines.

• *Comptabilisation de la paie*

La procédure de comptabilisation de la paie est-elle formalisée ?

Des contrôles sont-ils régulièrement réalisés sur les saisies comptables automatiquement générées par le système de paie ?

Risques : la comptabilisation de la paie n'est pas satisfaisante et/ou erronée.

Bonnes pratiques suggérées : les éléments de la paie issus du système de paie doivent être préparés par la Direction des Ressources Humaines, et seuls les montants globaux doivent être diffusés à la Comptabilité pour des raisons de confidentialité des rémunérations.

➤ Les éléments de la paie pour comptabilisation doivent mentionner les points suivants :

– le salaire brut,

– les parts sociales (employées et patronales),

– le salaire net à payer.

Afin de respecter le principe de séparation des fonctions, les éléments de la paie comptabilisés manuellement (en cas d'absence d'interface automatique entre le système de paie et le système comptable) doivent être transmis à la Comptabilité pour contrôle.

Lorsque les entrées comptables sont générées automatiquement, les réconciliations entre les données issues du système de paie et les

éléments préparés et transmis par la Direction des Ressources Humaines doivent être réalisées par la Comptabilité.

- *Paiement de la paie*

➡ Les virements bancaires relatifs à la paie des employés sont-ils réalisés par la Direction des Ressources Humaines ?

Risques : absence de confidentialité de la rémunération.

Bonnes pratiques suggérées : les virements bancaires relatifs à la paie des employés doivent être réalisés par la Direction des Ressources Humaines, en accord avec les règles établies par la Direction Trésorerie, tout en respectant le principe de séparation des tâches :

➤ les virements bancaires, préparés par la personne en charge de la paie au sein de la Direction des Ressources Humaines, doivent être soumis à une validation électronique. Seules les personnes habilitées à signer au sein de la Direction des Ressources Humaines et de la Direction Finance doivent détenir les codes et effectuer l'opération ;

➤ lors de la validation électronique et de l'exécution, l'état récapitulatif de la paie approuvé doit être présent et permettre ainsi aux signataires de réaliser des tests de cohérence ;

➤ un certificat de réception doit être émis par la banque, réconcilié en mouvement et en global avec l'état récapitulatif de la paie et archivé pour des raisons de traçabilité par la Direction des Ressources Humaines.

➡ Les chèques individuels émis aux employés sont-ils émis au sein de la Direction des Ressources Humaines ?

Risques : absence de confidentialité des rémunérations.

Bonnes pratiques suggérées : afin d'assurer la confidentialité, l'émission de chèques individuels aux employés doit être effectuée au sein de la Direction des Ressources Humaines et respecter les points suivants :

➤ les chèques, préparés par la personne responsable de cette tâche au sein de la Direction des Ressources Humaines, devraient être signés par deux personnes afin de respecter le principe de double signature ;

➤ les personnes habilitées, en accord avec les délégations de pouvoir en vigueur, doivent être, de préférence, de la Direction des Ressources Humaines et de la Direction Finance.

Lors de la signature de chèques, l'état récapitulatif de la paie approuvé doit être présent et permettre ainsi aux signataires de réaliser des tests de cohérence.

VIII.7 Exemple de plan de rapport tel que requis par la LSF ou le décret du 13 mars 2006

I. PRÉPARATION ET ORGANISATION DES TRAVAUX DU CONSEIL D'ADMINISTRATION

1. Organisation de la société
2. Composition du Comité de Direction
3. Le Conseil d'Administration et ses Commissions
    3.1. Le Conseil d'Administration
    3.2 Les commissions spécialisées.
4. Rémunération des membres du Conseil d'Administration
5. Relations entre le Comité de Direction et le Conseil d'Administration

II. LE DISPOSITIF GÉNÉRAL DE CONTRÔLE INTERNE PERMANENT

2.1. Objectifs du Contrôle Interne

2.2. Méthodologie et composantes du Contrôle Interne

2.3. Périmètre de la gestion des risques

2.4. Principes d'organisation du Contrôle Interne

2.5. Procédures de Contrôle Interne

- 2.5.1. Procédures de Contrôle Interne liées au risque de Management/ Gouvernance
- 2.5.2. Procédures de Contrôle Interne liées aux risques opérationnels
- 2.5.3. Procédures de Contrôle Interne liées aux risques techniques

2.5.4. Procédures de Contrôle Interne liées aux risques financiers

2.5.5. Animation et évaluation du dispositif de Contrôle Interne et de gestion des risques

2.5.6. Dispositif d'évaluation, gestion et contrôle des risques sur les engagements et les montants de capitaux associés

2.5.7. Mesures pour vérifier la conformité du dispositif de Contrôle Interne et de gestion des risques

III. AXES D'AMÉLIORATION ENVISAGÉES

CONCLUSION

La question centrale à l'origine de l'écriture de ce livre était la suivante : **quel est l'intérêt pour l'entreprise de mettre en place une démarche de Contrôle Interne ?**

Nous y avons apporté de multiples réponses, théoriques et pratiques, permettant de comprendre, au-delà de l'analyse réductrice de simples coûts supplémentaires que cela ne manquera pas d'entraîner pour certains, les objectifs et les bénéfices d'une telle démarche à la fois pour les entreprises et pour l'ensemble des acteurs économiques.

Tout d'abord, le premier facteur obligeant les entreprises à insuffler une démarche de Contrôle Interne est exogène puisqu'il provient d'une contrainte extérieure. En effet, les actionnaires demandent de plus en plus de transparence, de garanties et de sécurité au niveau de la gestion des entreprises sous peine de sanctions immédiates. De même, l'État entend être le porte-parole de ces actionnaires en renforçant le cadre réglementaire par la mise en place de nouvelles lois plus contraignantes assorties de sanctions : la loi Sarbanes-Oxley (dite SOX) aux États-Unis, la loi de Sécurité Financière en France et Solvabilité II en Europe, notamment à l'aide des articles 302 et 404 respectivement sur les procédures de publication des états financiers et sur l'évaluation du niveau de Contrôle Interne. L'objectif étant de limiter les risques (faillite, fraudes…) en analysant et évaluant régulièrement les processus ayant un impact direct sur les comptes et la situation financière des entreprises.

Le second facteur est endogène aux entreprises qui, poussées par une mondialisation croissante avec, pour corollaire des organisations et des activités qui sont de plus en plus complexes, doivent pour demeurer pérennes modeler leur organisation de manière encore plus flexible et décentralisée. Cela implique la superposition de multiples strates au niveau des processus de décision engendrant, de facto, un accroissement des délégations de pouvoirs et donc un besoin systématique de renforcement des mesures et dispositifs de contrôle mis en place pour s'assurer que tout fonctionne dans le cadre qui a été préalablement déterminé et que les responsabilités octroyées sont donc bien maîtrisées.

De ce point de vue, on ne peut donc plus considérer le Contrôle Interne comme une démarche isolée mais comme un processus transversal mis en œuvre par le conseil d'administration, les dirigeants, l'ensemble du personnel et notamment les « process owners ». En effet, le Contrôle Interne devient un ensemble d'actions/décisions qui se doit d'être intégré dans toutes les activités de l'organisation et par voie de conséquence dans les procédures. Par ailleurs, il doit également, comme nous l'avons indiqué, trouver sa place au côté des autres fonctions de contrôle : audit, qualité, contrôle de gestion…

De plus, l'entreprise soumise à la concurrence n'est évidemment jamais en état « stable » et se doit donc de repérer les évolutions qui constituent pour elle une opportunité alors que, dans le même temps, elle a besoin de rechercher les moyens d'améliorer sa performance tout en réduisant ses charges, c'est-à-dire en comprimant notamment effectifs et budgets. Toutefois, les entreprises ont à leur disposition un autre axe d'économie, souvent méconnu, et d'autant plus rentable qu'il n'affaiblit en rien leurs ressources. Il s'agit des économies réalisées à moyens constants, d'une part, en réduisant le manque à gagner dû aux pertes, tant par accidents, qu'erreurs ou même malveillance externe ou interne, et, d'autre part, en réduisant les pertes dues, par les mêmes facteurs, à des défauts d'organisation. Contrairement aux risques aléatoires, les problèmes d'organisation sont directement de la responsabilité de la gestion et non du hasard. C'est pourquoi, l'analyse de leurs risques d'activités et la gestion de ces risques, indépendamment de toute contrainte de toutes sortes, est tout à fait susceptible d'apporter aux entreprises des gains non négligeables.

Comment également ne pas parler du risque de fraude interne ou externe comme argument majeur militant en faveur de l'adoption d'une démarche de Contrôle Interne au sein des entreprises. Sans rappeler ici l'ampleur du phénomène car nous l'avons déjà abondamment développé chiffres à l'appui, nous considérons que le Contrôle Interne ne garantit pas entièrement le risque de fraude, soit en raison du coût élevé des mesures qu'il serait nécessaire d'instituer, soit par les déviations constatées dans son application. Néanmoins, la recherche de mesures suffisantes peut apporter une garantie raisonnable contre la malveillance à condition de juger périodiquement de la qualité du Contrôle Interne sur cet axe. En effet, la constatation des fraudes révèle que le plus souvent, celles-ci n'auraient pu se produire si les règles fondamentales du contrôle interne avaient été respectées. Quoi qu'il en soit, force est de constater que les enquêtes menées par des cabinets spécialisés, les renseignements généraux ou la répression des fraudes arrivent toutes à la même conclusion : les entreprises ne semblent pas avoir pris la mesure du risque de fraude ou de malveillance dans leur organisation. En effet, il est très rare que les leviers classiques comme l'assurance, les audits ou les inspections soient utilisés à bon escient par les sociétés alors qu'ils constituent un gage d'efficacité dans la lutte contre les manipulations frauduleuses. De surcroît, les solutions de type « monsieur anti-fraude » ont bien été expérimentées dans certaines organisations mais se révèlent peu adaptées à notre culture « latine ». Par conséquent, la prévention contre le risque de fraude doit être une combinaison « intelligente » d'un management présent, d'un Contrôle Interne performant, et de l'honnêteté des salariés. Le plus important de ces trois facteurs repose sur un management de qualité favorisant l'exemplarité de la Direction et des responsables hiérarchiques. Cela est d'autant plus vrai, que toutes les études concluent que le problème de la sécurité informatique est de plus en plus un problème de comportement humain et d'organisation allant bien au-delà des seules considérations purement techniques (système anti-intrusion, codes secrets...). Ces dernières ont essentiellement un aspect dissuasif mais limitent cependant les risques de manière substantielle. Par ailleurs, les prises de position de l'ECIIA (European Confederation of Institutes of Internal Auditing) militent pour un renforcement du rôle de l'Audit Interne afin de contribuer plus efficacement à la prévention et à la détection de la fraude par une évaluation régulière et rigoureuse de ce paramètre au même titre que les autres risques. Les auditeurs disposent en effet d'outils et de techniques d'audit pour mettre au jour la fraude. Enfin, pour répondre aux nouveaux enjeux inhérents à l'augmentation manifeste des cas de fraudes et à la professionnalisation des fraudeurs, nous signalons l'existence de solutions informatiques complètes qui permettent de piloter encore mieux le risque de fraude en favorisant une démarche proactive. Ces solutions utilisent des méthodes statistiques simples ou plus complexes (arbre de décision, régression...) pour rechercher des comportements frauduleux dans un ensemble de données afin de proposer des systèmes d'alertes efficaces.

Abordé sous un autre prisme, le Contrôle Interne induit également une démarche de changement amenant l'entreprise à se positionner à la fois sur l'adéquation de ses structures aux missions poursuivies, sur les partages de responsabilités et leurs frontières précises entre les différents acteurs ainsi que sur la construction des systèmes de contrôle (procédures opérationnelles, hiérarchiques, d'audit). Pour accompagner ce changement, nous avons mis en place une méthodologie dite MIRIS (Maîtrise Interne des RIsques et Sécurité) basée essentiellement sur la technique de l'autosuggestion, sur l'acquisition d'une meilleure connaissance des risques liés aux activités exercées grâce à l'imagination de scénarios de risque, à leur hiérarchisation puis à la recherche en commun de solutions adaptées. Les solutions sont ensuite traduites dans des plans d'actions dont la réalisation sera suivie régulièrement. En effet, nous pensons qu'un des facteurs clé de réussite lors de la mise en place d'un projet de Contrôle Interne permanent réside dans l'appropriation de la méthodologie et des outils par les acteurs de terrain qui seront également chargés d'entretenir au quotidien le dispositif mis en place c'est-à-dire de manager leurs risques et leur responsabilité. À cet égard, une telle démarche est donc nécessairement délocalisée. Cela suppose donc précisément tout le contraire d'une « intellectualisation » outrancière des outils mis en place, mais, bien entendu, par sa délocalisation, la démarche demande également un consensus entre les collaborateurs pour garantir la cohérence d'ensemble.

D'autre part, certaines considérations psychologiques sont à prendre en compte lors du travail avec les opérationnels. En effet, l'analyse des risques se base sur l'existence de scénarios de risques pouvant porter atteinte à l'organisation. Or, l'imagination et l'examen systématique de risques de toutes sortes (accident, erreurs graves, malveillances diverses) est une activité qui génère plutôt des sentiments désagréables pouvant conduire au rejet même de l'idée de réaliser un tel effort. Le résultat à atteindre est d'amener chacun à changer de comportement face au risque : jusqu'ici passif, le comportement doit évoluer de la prise de conscience à la vigilance et à l'action. Gérer les risques est donc par définition une action de changement qui modifie le management d'entreprise. Or, la première action de changement à réaliser est celle de la gestion du projet de mise en place du dispositif.

En conséquence, la mise en place d'un dispositif de Contrôle Interne est un véritable projet à conduire comme tel et avec la plus grande rigueur pour accroître ses chances de réussite. Il faut tout d'abord cerner le contexte et les objectifs précis à atteindre avant d'en définir les étapes incontournables puis les moyens associés et, enfin, les modalités de suivi. Par ailleurs, il convient d'apporter une démarche construite et opérationnelle mais de la soumettre, avant toute exploitation à grande échelle dans l'entreprise, à une modélisation destinée à la rendre la plus adéquate possible à la culture et au contexte de la société. Dans l'exemple de l'entreprise de service, le nouveau modèle a ainsi été mis en œuvre sur un site choisi comme site pilote avant généralisation à tous les sites réalisant des activités de même nature. La première phase dite d'analyse de l'existant et de réalisation des outils (scénarios, questionnaires, cartographie des risques, référentiels de risques et bonnes pratiques) a ainsi précédé la phase de mise en œuvre du dispositif durant laquelle les outils ont été élaborés et les opérationnels sensibilisés et formés à la démarche lors d'intenses et de nombreuses sessions de formation.

Lorsque le dispositif de Contrôle Interne est installé, tout n'est pas terminé pour autant. En effet, nous avons vu que les nouvelles réglementations imposent de procéder à une évaluation régulière du dispositif Contrôle Interne et de gestion des risques allant en ce sens bien au-delà du recensement initial et des actions entreprises. Pour ce faire, un pilotage adéquat doit être impulsé. D'un point de vue intellectuel, il ne saurait en être autrement car une analyse des risques non réactualisée dans un environnement en perpétuelle évolution ne présenterait qu'un intérêt faible pour ne pas dire nul. Il est donc indispensable de mettre en place un modèle d'organisation et de pilotage de la fonction Contrôle Interne comme nous le décrivons en définissant explicitement les rôles et objectifs des acteurs ainsi que les modes de reporting associés. Ce modèle s'appuiera sur un outil de pilotage ainsi que sur une fonction que nous avons appelée « observatoire des risques » chargée principalement de collecter les événements survenus ici et là dans l'organisation, de les analyser pour renvoyer en retour ces enseignements dans le réseau des acteurs de l'organisme.

La finalité du Contrôle Interne est d'assurer un pilotage performant favorisant le développement du cycle vertueux suivant :

> Identification des risques → Quantification des risques → Stratégie de réponses aux risques → Identification des contrôles → Comparaison risques / contrôles → Mise en place des contrôles → Évaluation des contrôles.

Ce n'est selon nous qu'à cette condition que l'on pourra atteindre la notion de maîtrise permanente des risques maintes fois évoquée dans le livre. Bien entendu, la réussite du projet reposera sur les qualités humaines de l'ensemble des acteurs ainsi que sur la capacité de la Direction à faire adhérer les opérationnels et à valoriser les actions correctrices menées.

ANNEXE

Transposition de la 8e Directive Européenne

La Directive 2006/43/CE du 17 mai 2006 dite huitième directive sur le contrôle légal des comptes, a réformé au plan communautaire les règles gouvernant les conditions d'exercice des activités des commissaires aux comptes. Pour ce faire, elle a procédé à une modernisation de la Directive 84/253/CEE tirant les conséquences des scandales survenus au début des années 2000 (comme les affaires Enron, Worldcom ou Parmalat) qui ont mis en évidence les problématiques inhérentes au manque d'indépendance de certains professionnels.

Faisant suite à l'habilitation donnée au Gouvernement par la loi 2008-649 d'adaptation du droit des sociétés au droit communautaire du 3 juillet 2008, l'ordonnance 2008-1278 du 8 décembre 2008 (JO du 9 décembre, p. 18720 et rapport au Président de la République, p. 18719), parachève la transposition de la directive CE 2006/43 du 17 mai 2006 concernant les contrôles légaux des comptes annuels et des comptes consolidés, initiée par le décret 2007-179 du 9 février 2007.

Faute de précision dans l'ordonnance, la plupart de ces mesures sont entrées en vigueur immédiatement, soit le 10 décembre 2008, mais pour certaines d'entre elles, signalées au fil des développements qui suivent, l'ordonnance prévoit une entrée en vigueur différée.

1 / La transposition initiée par le décret 2007-179 du 9 février 2007 :

Cette transposition a modifiée le Décret 69-810 du 12 août 1969 relatif à l'organisation et au statut professionnel des commissaires aux comptes. Parmi les nombreuses dispositions que le décret modifie, les principales concernent les aspects suivants :

• La liste des commissaires aux comptes : le décret fixe avec une grande précision le contenu de la liste établie par les commissions régionales d'inscription des commissaires aux comptes.

• Le renforcement des obligations en cas de contrôle de comptes consolidés : à compter du 1er juin 2008, les commissaires aux comptes devront examiner les travaux effectués par les professionnels non inscrits dans les États membres de la Communauté européenne en charge du contrôle des comptes des entités entrant dans le périmètre de consolidation.

• L'obligation de publication d'un rapport de transparence annuel pour les commissaires aux comptes désignés auprès de sociétés faisant publiquement appel à l'épargne : les commissaires aux comptes devront publier sur leur site internet, dans les trois mois suivant la clôture de l'exercice, un rapport de transparence signé par le commissaire aux comptes ou le représentant légal de la société de commissaires aux comptes.

2 / L'ordonnance 2008-1278 du 8 décembre 2008 :

Nous allons décrire cette ordonnance en réalisant la synthèse des champs qui y sont référencés et qui orientent l'action dans deux directions :

• Les nouvelles règles à appliquer par les commissaires aux comptes.

• La mise en place de comités spécialisés d'audit pour les sociétés auditées.

a) L'ensemble des règles nouvelles concernant les commissaires aux comptes :

L'application en France des normes internationales d'audit adoptées par la Commission européenne : La directive CE 2006/43 prévoit la possibilité pour la Commission européenne d'harmoniser les pratiques d'audit en adoptant les normes internationales d'audit (ISA) élaborées par l'International auditing and assurance standards board (IAASB). En France, les commissaires aux comptes doivent exercer leur mission conformément à ces normes internationales ou se conformer, si elles n'existent pas, aux normes d'exercice professionnel (NEP) élaborées par la Compagnie nationale des commissaires aux comptes et homologuées par le ministre de la justice, après avis du H3C. Lorsqu'une norme internationale d'audit a été adoptée par la Commission européenne, le ministre français de la justice peut, soit d'office, après avis de la Compagnie nationale des commissaires aux comptes (CNCC) et du H3C, soit sur proposition de la CNCC et après avis du H3C imposer des diligences ou des procédures complémentaires qui doivent être communiquées à la Commission européenne et aux autres États membres préalablement à leur publication ; et, à titre exceptionnel, écarter certains éléments de la norme internationale afin de tenir compte de spécificités de la loi française.

La reconnaissance des auditeurs des pays tiers passe par les règles ci-après. Les commissaires aux comptes et sociétés de commissaires aux comptes agréés dans un État non membre de la Communauté européenne ou non partie à l'accord sur l'Espace économique européen (EEE) qui certifient les comptes annuels ou les comptes consolidés de personnes ou d'entités n'ayant pas leur siège dans un État membre de la Communauté européenne ou dans un autre État partie à l'accord sur l'EEE, mais qui émettent des titres admis à la négociation sur un marché réglementé en France, doivent s'inscrire sur la liste des commissaires aux comptes et se soumettre aux règles de contrôle et de discipline fixées par le Code de commerce. Le texte prévoit également les aspects complémentaires suivants :

• **Ne sont pas visés** par le texte les commissaires aux comptes qui interviennent auprès de personnes ou d'entités qui émettent uniquement des titres de créances admis à la négociation sur un marché réglementé en France dont la valeur nominale unitaire est au moins égale à 50 000 € ou, pour des titres de créances libellés dans une devise autre que l'euro, dont la valeur nominale unitaire est équivalente à 50 000 € au moins à la date d'émission.

• **Dérogation.** Sous réserve de réciprocité, peuvent être exemptés de l'obligation d'inscription les commissaires aux comptes et sociétés de commissaires aux comptes agréés dans un État non membre de la Communauté européenne ou non partie à l'EEE qui bénéficient d'une dispense délivrée par arrêté du ministre de la justice, lorsque le système de supervision publique, d'assurance qualité, d'enquête et de sanctions de l'État concerné a été reconnu par la Commission européenne comme équivalent aux exigences posées par la directive CE 2006/43 ; ou bien, en l'absence de décision de la Commission européenne, le système doit répondre à des exigences équivalentes à celles requises par la réglementation française ou avoir été précédemment évalué par un autre État membre et reconnu équivalent. L'inscription ou la dispense d'inscription conditionne la validité en France des rapports de certification signés par ces professionnels, sans leur donner le droit de mener des missions de contrôle légal des comptes auprès de personnes ou d'entités dont le siège est situé sur le territoire français. Les modalités de mise en œuvre de ces dispositions sont toutefois renvoyées à un décret.

• **Période transitoire.** Les commissaires aux comptes et sociétés de commissaires aux comptes agréés par les autorités compétentes des États non membres de la Communauté européenne ou non parties à l'accord sur l'Espace économique européen (EEE), qui certifient les comptes annuels ou les comptes consolidés de personnes ou d'entités n'ayant pas leur siège social dans un État membre de la Communauté européenne ou dans un autre État partie à l'accord sur l'EEE mais dont les titres sont admis à la négociation sur un marché réglementé en France, seront dispensés de l'inscription sur la liste des commissaires aux comptes pour les exercices qui auront débuté au cours de la période allant du 29 juin 2008 au 1er juillet 2010. Ils seront néanmoins soumis à une obligation d'inscription dont les conditions et les modalités seront fixées par décret.

L'ordonnance 2008-1278 ouvre le capital et les organes de direction des sociétés de commissaires aux comptes aux professionnels inscrits dans d'autres États membres de la Communauté européenne et remplace la référence aux parts de capital par une référence aux droits de vote conformément à la directive CE 2006/43.

Ainsi, les trois quarts des droits de vote des sociétés de commissaires aux comptes doivent être détenus par des commissaires aux comptes ou des sociétés de commissaires aux comptes inscrits sur la liste ou être régulièrement agréés dans un autre État membre de la Communauté européenne pour l'exercice du contrôle légal des comptes.

Lorsqu'une société de commissaires aux comptes a une participation dans le capital d'une autre société de commissaires aux comptes, les actionnaires ou associés non commissaires aux comptes ne peuvent pas détenir plus d'un quart de l'ensemble des droits de vote des deux sociétés.

Par ailleurs, le gérant, le président du conseil d'administration ou du directoire, le président du conseil de surveillance et le directeur général, les trois quarts au moins des membres des organes de gestion, d'administration, de direction ou de surveillance et les représentants permanents des sociétés de commissaires aux comptes associés ou actionnaires doivent impérativement être des commissaires aux comptes inscrits sur la liste ou, désormais, être régulièrement agréés dans un autre État membre de la Communauté européenne pour l'exercice du contrôle légal des comptes

Les commissaires aux comptes procédant à une revue indépendante ou contribuant au dispositif de contrôle de qualité interne sont astreints au secret professionnel. La revue indépendante des travaux consiste à évaluer les appréciations de l'équipe d'audit et les conclusions qui sont formulées dans le rapport sur les comptes, afin de mettre en œuvre des procédures de contrôle qualité complémentaires avant la signature du rapport. Elle a été introduite dans le Code de déontologie de la profession au titre des mesures d'organisation interne du cabinet . La pratique de la revue indépendante concerne les entités d'intérêt public et les personnes morales faisant appel public à l'épargne, elle peut également résulter d'une disposition légale ou réglementaire.

L'ordonnance reconnaît également la possibilité d'une communication entre commissaires aux comptes qui se succèdent pour l'exercice d'une mission auprès d'une même personne ou société. Ainsi, quelle que soit la cause de cessation des fonctions d'un commissaire aux comptes (expiration des fonctions, révocation, relèvement, suspension, interdiction temporaire d'exercer, radiation, omission, démission), celui-ci doit permettre au commissaire aux comptes qui lui succède d'accéder à toutes les informations et à tous les documents pertinents concernant la personne ou la société dont les comptes sont certifiés.

Enfin, l'ordonnance renforce la règle dite de « rotation des mandats » selon laquelle un commissaire aux comptes personne physique, ou un membre signataire d'une société de commissaires aux comptes, ne peut pas exercer ses fonctions plus de six années consécutives auprès d'une même société faisant appel public à l'épargne (ou d'une même personne morale de droit privé non commerçante ayant une activité économique ou d'une même association faisant appel à la générosité publique), afin d'éviter que se créée une trop grande familiarité entre contrôleur et contrôlé. Elle assortie la règle d'un « **délai de viduité** » en vertu duquel le commissaire aux comptes ou le membre signataire intéressé ne peut prendre part à nouveau à la mission exercée auprès de la personne ou société concernée avant l'expiration d'un délai de deux ans à compter du terme de sa précédente mission.

b) La mise en place de comités spécialisés d'audit pour les sociétés auditées :

À la suite des rapports Viénot sur le gouvernement d'entreprise de 1995 et 1999, une pratique s'était développée dans les sociétés cotées tendant à instituer des comités d'audit (ou « comités des comptes ») pour la surveillance des risques et le contrôle de la sincérité de l'information financière. Le comité d'audit recevait son mandat du conseil d'administration ou de surveillance et comptait parmi ses membres un ou plusieurs administrateurs ou membres du conseil de surveillance compétents en matière comptable et financière. Il avait notamment pour mission d'examiner les comptes soumis au conseil d'administration ; d'évaluer la qualité du contrôle interne ; de s'assurer de l'indépendance et de l'objectivité des commissaires aux comptes appartenant à des réseaux ; de fixer le programme de travail des commissaires aux comptes et le budget correspondant.

La directive CE 2006/43 (art. 41.1) préconisait, quant à elle, la création d'un comité d'audit dans toutes les entités d'intérêt public (EIP), qui sont qualifiées ainsi en raison de leur domaine d'activité, de leur taille, de leurs effectifs ou dont le statut juridique fait qu'elles possèdent un large éventail d'actionnaires. La directive inclut expressément dans cette catégorie les sociétés dont les valeurs mobilières sont admises aux négociations sur un marché réglementé, les banques, les institutions financières, les entreprises d'assurance et des entités de taille importante dont la définition est laissée à la l'appréciation des États membres. Les EIP doivent faire l'objet de règles d'indépendance plus rigoureuses en raison du caractère sensible de leur activité.

L'ordonnance 2008-1278 (art. 13 à 18) consacre l'existence du comité d'audit dit « **comité spécialisé** » qui sera chargé, au sein des sociétés contrôlées, sous la responsabilité exclusive et collective de leur conseil d'administration ou de leur directoire et de leur conseil de surveillance, d'assurer le suivi des questions relatives à l'élaboration et au contrôle de l'information comptable et financière. Le comité spécialisé sera obligatoire dans les sociétés dont les titres sont admis aux négociations sur un marché réglementé, les établissements de crédit, les entreprises d'assurances et de réassurances, les mutuelles et les institutions de prévoyance (C. com. art. L 823-19, al. 1 nouveau ; Ord. 2008-1278 art. 14). D'autres sociétés ne répondant pas à ces critères pourront se doter d'un tel comité sur une base volontaire.

La **composition** du comité spécialisé sera fixée par le conseil d'administration ou de surveillance de la société contrôlée. Ses membres devront être des membres du conseil d'administration ou du conseil de surveillance en fonction dans la société, à l'exclusion de ceux exerçant des fonctions de direction. L'un des membres au moins du comité devra être qualifié en matière financière ou comptable et être indépendant suivant des critères précisés et rendus publics par le conseil d'administration ou de surveillance (C. com. art. L 823-19, al. 2 nouveau ; Ord. 2008-1278 art. 14).

Ce comité émettra une recommandation sur les commissaires aux comptes avant leur désignation, sera chargé d'assurer le suivi :

- du processus d'élaboration de l'information financière ;
- de l'efficacité des systèmes de contrôle interne et de gestion des risques ;
- du contrôle légal des comptes annuels et, le cas échéant, des comptes consolidés par les commissaires aux comptes ;
- de l'indépendance des commissaires aux comptes.

Enfin, il devra rendre compte régulièrement au conseil d'administration ou de surveillance de l'exercice de ses missions et l'informer de toute difficulté rencontrée.

Lorsqu'ils interviendront auprès de sociétés dotées d'un comité spécialisé, les **commissaires aux comptes** devront examiner avec lui les risques d'atteinte à leur indépendance et les mesures de sauvegarde prises pour atténuer ces risques et l'informer des faiblesses significatives du contrôle interne pour l'élaboration et le traitement de l'information comptable et financière. Ils devront en outre communiquer chaque année au comité :

– une déclaration d'indépendance ;

– une actualisation des informations relatives à l'affiliation du commissaire aux comptes à un réseau national ou international, détaillant les prestations fournies par ses membres et celles accomplies au titre des diligences directement liées à la mission.

L'ordonnance prévoit cependant des **dérogations** à l'obligation de créer un comité spécialisé. En effet, des exceptions sont prévues pour certaines entités d'intérêt public, afin de tenir compte des contraintes particulières à celles-ci ou de la nature de leur activité (Ord. 2008-1278, art. 14 à 18). Ces dérogation visent les entités suivantes :

– les sociétés contrôlées par une société (C. com. art. L 233-16 ; contrôle exclusif ou conjoint) qui est elle-même soumise à l'obligation de disposer d'un comité spécialisé ;

– les organismes de placement collectif de l'article L 214-1 du Code monétaire et financier ;Il s'agit des organismes de placement collectif en valeurs mobilières, des organismes de titrisation, des sociétés d'épargne forestière, des organismes de placement collectif immobilier.

– les établissements de crédit dont les titres ne sont pas admis à la négociation sur un marché réglementé et qui n'ont émis que des obligations, à condition que le montant total nominal de ces titres reste inférieur à cent millions d'euros et qu'ils n'aient pas publié de prospectus ;

– les personnes et sociétés disposant d'un organe remplissant les fonctions du comité spécialisé, qui peut être le conseil d'administration ou de surveillance, sous réserve de l'identifier et de rendre publique sa composition.

Les articles 15 à 18 de l'ordonnance 2008-1278 modifient donc le Code des assurances, le Code monétaire et financier, le Code de la mutualité et le Code de la sécurité sociale afin d'adapter ces dérogations aux mutuelles d'assurances, à certains établissements de crédit, à certaines mutuelles et à certains organismes de sécurité sociale.

L'ensemble des dispositions relatives au comité spécialisé **entreront en vigueur** à l'expiration « d'un délai de huit mois qui suivra la clôture du premier exercice ouvert à compter du 1er janvier 2008 au cours duquel un mandat au sein du conseil d'administration ou de surveillance viendra à échéance » (Ord. 2008-1278, art. 21).

Il résulte de ce texte, pris à la lettre, que dans une société à conseil d'administration dont l'exercice coïncide avec l'année civile et dans laquelle le prochain mandat parviendra à échéance le 3 avril 2009 (aucun mandat n'ayant pris fin en 2008), le comité devra être constitué au plus tard le 31 août 2010.

Ajoutons que l'ordonnance ne vise que « l'échéance » du mandat, c'est-à-dire le terme, si bien que la démission, la révocation et le décès d'un administrateur n'ont pas à être pris en compte.

GLOSSAIRE

Activité :

Une activité est un ensemble de tâches élémentaires d'une fonction. Une fonction est la description idéale d'un groupe cohérent et homogène d'activités. À une description de fonction, correspond une (ou des) mission qu'effectue le collaborateur au sein d'un poste (selon une lettre de mission). Le Contrôle Interne met l'accent sur le rôle fondamental de la hiérarchie (activités de management) au niveau des actions de Supervision en particulier.

AMF (Autorité des Marchés Financiers) :

Créée par la Loi de Sécurité Financière du 1/8/03, l'Autorité des marchés financiers est issue de la fusion de la COB, du CMF et du CDGF, Inaugurée le 24 novembre par Ministre de l'économie & des finances.

Son objectif est de renforcer l'efficacité & la visibilité de la régulation de la place financière française.

AAI : Autorité administrative indépendante, dotée de la personnalité morale et disposant d'une autonomie financière.

L'AMF participe à la régulation des marchés financiers aux échelons européen et international et a pour missions de veiller :

- à la protection de l'épargne,
- à l'information des investisseurs,
- au bon fonctionnement des marchés.

Assumer :

L'acte d'assumer consiste à signer ce que l'on fait soi-même afin d'assurer la traçabilité des opérations. Il permet de mettre en évidence les responsabilités : « je signe et j'ai donc vérifié que ce j'ai fait est bien fait ».

Assurance :

L'assurance ne doit donc être envisagée qu'en dernier lieu pour se garantir contre les risques « résiduels » après avoir appliqué toutes les solutions possibles d'auto-sécurité. Les risques qui ne trouvent pas de solution (ni sécurité, ni assurance) sont dits « assumés ».

Audit Interne :

« L'Audit Interne est une activité indépendante et objective qui donne à une organisation une assurance sur le degré de maîtrise de ses opérations, lui apporte ses conseils pour les améliorer, et contribue à créer de la valeur ajoutée.

Il aide cette organisation à atteindre ses objectifs en évaluant, par une approche systématique et méthodique, ses processus de gestion des risques, de contrôle, et de gouvernement d'entreprise, et en faisant des propositions pour renforcer leur efficacité ».

Définition approuvée le 21 mars 2000 par le Conseil d'Administration de l'IFACI.

Traduction de la définition internationale approuvée par l'IIA le 29 juin 1999.

Barème de probabilité :

Le barème de probabilité est une échelle de 5 graduations cotées de 0 à 4 donnant un niveau de probabilité de la réalisation du risque reconnu consensuellement par l'entreprise.

4	C'EST TRÈS POSSIBLE	Cela arrivera sûrement à court ou moyen terme.
3	C'EST BIEN POSSIBLE	Cela arrivera certainement un jour ou l'autre.
2	ON NE PEUT PAS DIRE QUE CE SOIT RAISONNABLEMENT IMPOSSIBLE	Techniquement possible.
1	RAISONNABLEMENT IMPOSSIBLE	Il est possible que cela puisse se produire un jour.
0	STRICTEMENT IMPOSSIBLE	Cela n'arrivera jamais.

Barème de gravité :

Le barème de gravité est une échelle de 5 graduations cotées de 0 à 4 donnant un niveau de gravité du risque reconnu de façon consensuelle par l'entreprise.

4	INADMISSIBLE	Met l'équilibre de l'entreprise en cause, voire sa survie.
3	VRAIMENT GRAVE	Ne met pas vraiment l'entreprise en péril complet mais très grave et doit impérativement être traité.
2	RELATIVEMENT GRAVE	Ne peut être toléré que dans un premier temps, à titre provisoire.
1	GÊNANT	Porte à conséquence, mais reste tolérable.
0	INSIGNIFIANT	Sans aucune conséquence remarquable.

Barème de vulnérabilité :

Le barème de vulnérabilité (ou criticité) peut être représenté comme suit :

4	VULNÉRABITÉ TRÈS GRANDE	Action prioritaire, à faire d'urgence.
3	GRANDE VULNÉRABILITÉ	Des actions correctives sont à mettre en place à moyen terme.
2	VULNÉRABILITÉ MOYENNE	Les actions à mettre en œuvre ne sont pas prioritaires, elles peuvent être envisagées à plus long terme.
1	VULNÉRABILITÉ FAIBLE	Aucune action nouvelle à mettre en place, les dispositifs actuels doivent être suivis et entretenus.
0	VULNÉRABILITÉ NULLE	Rien à ajouter.

Cartographie des risques :

Une cartographie des risques enclenche une réflexion sur le processus de Management des Risques : il s'agit d'identifier et d'évaluer ces risques, de les traiter et de suivre leur évolution.

Cette cartographie doit permettre de s'assurer du respect des lois et des bonnes pratiques.

L'élaboration d'une cartographie peut être motivée pour des raisons internes telles que mettre en place le plan stratégique, apporter des informations sur le contrôle des risques, ajuster le programme d'assurance ou pour des raisons externes telles que répondre à une attente du marché ou des actionnaires.

Généralement on séquence une cartographie des risques en 5 phases :

- lancement de la démarche
- identification des processus clés et des risques associés

– validation et modélisation
– hiérarchisation et analyse des risques
– résultats des risques.

Conséquence d'un risque :

Un risque est un élément susceptible d'affecter ou de contrarier la réalisation d'un objectif.

Contrôle :

« to control » signifie conserver la maîtrise de la situation alors qu'en français le mot « contrôle » est davantage compris comme le fait d'exercer une action de surveillance sur quelque chose pour l'évaluer (inspection, pointage, vérification).

Contrôle Interne :

Il n'existe pas une définition mais des définitions :

Définition classique :

« Le Contrôle Interne est un ensemble de dispositifs ayant pour but, d'un côté d'assurer la protection, la sauvegarde du patrimoine et la qualité de l'information, de l'autre d'assurer l'application des instructions de la Direction et de favoriser l'amélioration des performances. »

Définition du CNCC :

« Les procédures de Contrôle Interne impliquent le respect des politiques de gestion, la sauvegarde des actifs, la prévention et la détection des fraudes, l'exactitude et l'exhaustivité des enregistrements comptables, l'établissement en temps voulu d'informations comptables et financières stables »

Norme CNCC 2-301

« Évaluation du risque et Contrôle Interne », para 08, Référentiel normatif CNCC, juillet 2003.

Définition du COSO :

Le Contrôle Interne est un processus mis en œuvre par le conseil d'administration, les dirigeants et le personnel d'une organisation, destiné à fournir une assurance raisonnable quant à la réalisation des objectifs suivants :

– la réalisation et l'optimisation des opérations,
– la fiabilité des informations financières,
– la conformité aux lois et aux réglementations en vigueur.

Définition du groupe « de Place » défini par l'AMF :

Il comprend un ensemble de moyens, de comportements, de procédures et d'actions adaptés aux caractéristiques propres de chaque société qui :

- contribue à la maîtrise de ses activités, à l'efficacité de ses opérations et à l'utilisation efficiente de ses ressources, et
- doit lui permettre de prendre en compte de manière appropriée les risques significatifs, qu'ils soient opérationnels, financiers ou de conformité.

Le dispositif vise plus particulièrement à assurer :

- la conformité aux lois et règlements ;
- l'application des instructions et des orientations fixées par la direction générale ou le directoire ;
- le bon fonctionnement des processus internes de la société, notamment ceux concourant à la sauvegarde de ses actifs ;
- la fiabilité des informations financières.

Le contrôle interne ne se limite donc pas à un ensemble de procédures ni aux seuls processus comptables et financiers.

La définition du contrôle interne ne recouvre pas toutes les initiatives prises par les organes dirigeants ou le management comme par exemple la définition de la stratégie de la société, la détermination des objectifs, les décisions de gestion, le traitement des risques ou le suivi des performances. »

Définition du MEDEF :

« Les procédures de Contrôle Interne veillent à ce que les actes de gestion ou de réalisation des opérations ainsi que les comportements des personnels s'inscrivent dans le cadre défini par les orientations données aux activités de l'entreprise par les organes sociaux, par les lois et les règlements applicables, et par les valeurs, normes et règles internes de l'entreprise.

Par ailleurs, elles permettent de vérifier que les informations comptables, financières et de gestion communiquées aux organes sociaux de la société reflètent avec sincérité l'activité et la situation de l'entreprise. »

Décret du 13 mars 2006 :

Le Décret du 13 mars 2006 vient modifier l'article 336-1 du Code des Assurances. Il précise que toute compagnie d'assurances faisant appel public ou non à l'épargne, et quelque soit son statut juridique, doit mettre en place un dispositif permanent de Contrôle Interne.

Cela implique que chaque groupement d'assurances réalise et propose au moins une fois par an à son Conseil d'Administration et/ou son Conseil de Surveillance, un rapport détaillé sur son dispositif de gestion des risques. Le Décret stipule également que le rapport soit transmis à l'Autorité de Contrôle Prudentiel (ACP) pour analyse et vérification.

En outre, le Décret exige que le rapport de Contrôle Interne se décline en deux grandes parties :

- La première partie, détaille les conditions de préparation et d'organisation des travaux du Conseil d'Administration ou du Conseil de Surveillance et, le cas échéant, présente les limitations apportées par le Conseil d'Administration aux pouvoirs du Directeur Général dans l'exercice de ses fonctions. Le Décret, précise que « toutefois, les entreprises faisant appel public à l'épargne ne sont pas tenues de fournir ces éléments lorsqu'elles transmettent à l'Autorité de Contrôle des Assurances et des Mutuelles le rapport mentionné à l'article L. 225-37 ou à l'article L. 225-68 du Code de Commerce ».
- La seconde partie du rapport, développe plus finement le dispositif de Contrôle Interne mis en place. Il comprend :
    - L'organisation du Contrôle interne : objectifs, méthodologie et position de la fonction dans l'organigramme de l'entreprise et compétences de ceux qui l'anime.
    - Les procédures de vérification de la conformité des opérations internes au regard des dispositions législatives et réglementaires.
    - Les méthodes utilisées pour assurer l'évaluation et le contrôle des placements.
    - La gouvernance du dispositif de contrôle de la gestion des placements : répartition des responsabilités, personnes chargées de leur suivi, délégations de pouvoirs mises en œuvre…

- Les procédures et méthodes mis en place pour maîtriser tous les risques : engagements financiers, capitaux suffisants, tarification, gestion des sinistres, activités externalisées...
- Les procédures d'élaboration et de vérification de l'information financière et comptable.

Décret du 19 mai 2008 :

Il faut attendre le décret du 19 mai 2008 pour que l'obligation de mettre en place un dispositif de contrôle interne s'étende aux mutuelles. Elles doivent également rendre annuellement à l'Autorité de Contrôle Prudentiel (ACP) un rapport de contrôle interne. Le renforcement de la législation française fait preuve d'une certaine anticipation de nouvelles contraintes réglementaires liées à l'adoption de la directive européenne Solvabilité II.

COSO :

En 1991, la société de conseil en affaires Coopers & Lybrand aux États-Unis a élaboré, sous les auspices de la Tradeway Commission, un cadre conceptuel de réflexion sur le Contrôle Interne : Committee of Sponsoring Organization of the Treadway Commission. C'est actuellement le référentiel de Contrôle Interne le plus utilisé, notamment dans le cadre de l'application du SOX.

« COSO 2 » :

Étude réalisée aux États-Unis dans la foulée de SOX. Il ne propose pas un référentiel de Contrôle Interne (au contraire du COSO) mais un modèle de gestion des risques. Il s'appuie sur le COSO comme référentiel de Contrôle Interne.

Échelle des responsabilités :

L'un des buts fondamentaux d'une démarche de Contrôle Interne est de rétablir une connaissance très précise des responsabilités. Leur connaissance existe le plus souvent mais de façon plus ou moins informelle engendrant ainsi des situations à risque. Le but est de ne faire maîtriser que ce qui doit l'être par celui qui doit le faire.

Entretien du dispositif :

La démarche de Contrôle Interne passe par une révision permanente des risques identifiés. Les acteurs assistés lors du projet initial sont susceptibles d'avoir acquis ensuite le savoir-faire suffisant pour entretenir seuls leur dispositif de Contrôle Interne : occasionnellement à chaque changement important d'organisation (modification des méthodes de travail, modifications externes légales...) ou lors de toute information nouvelle (sinistre, incident, etc.).

Fraude :

Définition du Code pénal :

La fraude recouvre tous les actes malhonnêtes et malveillants prévus par le code pénal et dont le préjudice est purement financier. Il s'agit de faux et d'usage de faux, du vol non caractérisé, de l'extorsion de pièces, du détournement de gages, de l'abus de blanc seing, de l'abus de confiance, et enfin de la fraude informatique.

La fraude recouvre tout acte malhonnête ou frauduleux prévu par le Code pénal au titre des articles 121-7, 311-1 à 311-6, 313-1 à 313-3, 314-1 à 314-4, 321-1, 323-1 à 323-7, 441-1 à 441-11, étant entendu que ces articles définissent :

- Le vol,
- Le recel,
- L'escroquerie,
- L'abus de confiance,
- L'atteinte aux systèmes de traitement automatisé des données,
- Le faux et l'usage de faux.

Définition de l'Association des Certified Fraud Examiners (définition retenue dans ce livre) :

La fraude interne est l'utilisation de son propre emploi afin de s'enrichir personnellement tout en abusant ou en détournant délibérément les ressources ou les actifs de l'entreprise.

Gestion des risques :

« La gestion des risques est l'affaire de tous les acteurs de la société. Elle vise à être globale et doit couvrir l'ensemble des activités, processus et actifs de la société.

La gestion des risques est un dispositif dynamique de la société, défini et mis en œuvre sous sa responsabilité.

La gestion des risques comprend un ensemble de moyens, de comportements, de procédures et d'actions adaptés aux caractéristiques de chaque société qui permet aux dirigeants de maintenir les risques à un niveau acceptable pour la société.

Le risque représente la possibilité qu'un événement survienne et dont les conséquences seraient susceptibles d'affecter les personnes, les actifs, l'environnement, les objectifs de la société ou sa réputation. «

La gestion des risques est un levier de management de la société qui contribue à :

- créer et préserver la valeur, les actifs et la réputation de la société,
- sécuriser la prise de décision et les processus de la société pour favoriser l'atteinte des objectifs
- favoriser la cohérence des actions avec les valeurs de la société,
- mobiliser les collaborateurs de la société autour d'une vision commune des principaux risques et les sensibiliser aux risques inhérents à leur activité. »

(Cf. document : Les Dispositifs de gestion des risques et de contrôle interne : cadre de référence de l'AMF 2010.)

Loi de Sécurité Financière :

La loi de Sécurité Financière, votée le 1er août 2003, est composée de 140 articles avec le plan suivant :

- Titre 1er : Modernisation des autorités de contrôle
- Chap. 1 (art. 1 à 21) : AMF
- Chap. 2 : Autorités de régulation des assurances, établissements de crédit et entreprises d'investissement (art. 22 à 35)
- Titre II : Sécurité des épargnants et des assurés
- Chap. 1 : Réforme du démarchage bancaire & financier et des conseils en investissement. Financier (CIF)
- Chap. 2 : sécurité des épargnants et déposants ; règles prudentielles des OPCVM et mesures diverses

- Titre III : modernisation du contrôle légal des comptes et transparence
- Chap. 1 : réforme du commissariat aux comptes

– Chap. 2 : de la transparence dans les entreprises (art. 117 à 126)
– Chap. 3 : dispositions diverses (127 à 140 dont 133).

Comme la loi Sarbanes-Oxley, la Loi de Sécurité Financière se veut « une réponse, à la fois politique et technique, à la crise de confiance dans les mécanismes du marché et aux insuffisances de régulation dont le monde économique et financier a pris conscience »* suite à divers scandales financiers et à l'effondrement de grandes entreprises multinationales.

** Communication de F. Mer au Conseil des ministres du 5 février 2003.*

MIRIS (Maîtrise Interne des Risques et Sécurité) :

Pour amener le changement en matière de Contrôle Interne d'une entreprise, la méthodologie dite MIRIS basée essentiellement sur la technique de l'autosuggestion permet l'acquisition d'une meilleure connaissance des risques liés aux activités exercés et la recherche en commun de solutions adaptées.

Observatoire des risques :

Un système de gestion centralisé des risques permet de collecter la connaissance des événements survenus ici et là dans l'organisation, de les analyser pour en généraliser les enseignements et renvoyer en retour ces enseignements dans le réseau des acteurs de l'organisme. Ce système repose, en général, sur l'existence de coordinateurs locaux dans les différentes fonctions de l'entreprise pour assurer le rôle de courroie de transmission entre les acteurs et l'observatoire des risques.

Questionnaires de Contrôle Interne :

Les questionnaires sont l'outil idéal de sécurité pour mesurer la sécurité (et donc son complément : la vulnérabilité) à un moment donné afin d'en donner une représentation graphique pratique pour orienter le plan d'action.

Risque :

Un risque est estimé comme tel si une conséquence d'une menace sur une activté ou un objet de l'organisation est reconnue significative. Les deux attributs essentiels d'un risque sont sa gravité (l'amplitude de la conséquence) et sa probabilité (chance de survenue ou plutôt la reconnaissance qu'il ne serait pas raisonnable de le considérer comme quasiment impossible).

***Sarbanes-Oxley Act* (SOX) :**

Le « Sarbanes-Oxley Act » (SOX), voté en juillet 2002 par le congrès américain, est la plus grande réforme législative dans le domaine financier depuis la crise économique de 1930.

Cette loi est guidée par trois grands principes :
- exactitude et accessibilité de l'information,
- responsabilité des gestionnaires,
- indépendance des vérificateurs/auditeurs.

Scénario :

Un scénario est une situation hypothétique (ou déjà réellement produite) d'application d'une menace sur une activité. L'imagination des scénarios est fondamentale dans l'analyse de risques, car c'est elle qui permet de gérer le risque en le prévoyant.

SEC (*Securities Exchange Commission*) :

SOX implique que les présidents des entreprises cotées aux États-Unis certifient leurs comptes auprès de la *Securities and Exchange Commission* (SEC).

La SEC a commenté cette Loi d'une manière très détaillée en lui donnant un caractère pragmatique d'application dans son document « Management's Reports on Internal Control Over Financial Reporting and Certification of Disclosure in Exchange Act Periodic Reports ».

Séparation des tâches :

Le principe de la séparation des tâches repose sur la recherche d'une obligation de co-responsabilité. Ce principe vise la malveillance (obligation de complicité), mais aussi l'erreur (probabilité qu'un défaut de vigilance ne se répète pas de la même manière chez deux collaborateurs différents).

Solvabilité II :

Afin d'harmoniser les pratiques d'assurance au niveau européen, le projet appelé Solvency II, vise à fixer pour tous les organismes d'assurance vie/non vie (y compris les sociétés de réassurance) un nouveau cadre prudentiel qui devra prendre en compte les risques auxquels ils sont soumis : risque de crédit, risque de marché, risque de souscription, risque de liquidité et risque opérationnel.

Pour mener ce projet d'envergure, la Commission Européenne a créée, en mars 2003 le CEIOPS (Commitee of European Insurance and Occupationnal Pension Supervisors). Ce comité a pour objectif de formuler des conseils et recommandations à destination de la Commission Européenne pour la rédaction de sa future Directive de gestion des risques, prévue en juillet 2007 et pour une application opérationnelle en 2010.

Schématiquement, Solvency II est décomposé en trois grands piliers :

- Le pilier 1, concerne les exigences financières quantitatives. Elles recoupent notamment, les risques d'actif et de provisionnement et fixent les nouvelles règles de marge de solvabilité.
- Le pilier 2, concerne les activités de Contrôle Interne. Il impose en particulier, une connaissance exhaustive et une maîtrise totale des risques et aborde cette maîtrise en imposant la mise en œuvre de procédures de Contrôle Interne et de Gestion des Risques opérationnels : gouvernance, gestion des procédures et des processus, systèmes d'information, flux financiers, sécurité physique, événements externes...
- Le pilier 3, concerne l'information et la communication financière à destination du marché et des autorités de contrôle.

Supervision :

La supervision correspond au contrôle effectué par la hiérarchie sur le contrôle réalisé au niveau opérationnel.

Tableau de bord de gestion des risques :

Un tableau de bord est un instrument d'action à court terme mettant en évidence toute anomalie en fonction de la valeur des indicateurs qui y sont recensés. Le tableau de bord de gestion des risques a pour objectif de suivre la façon dont sont maîtrisés les risques.

BIBLIOGRAPHIE

Les Dispositifs de gestion des risques et de contrôle interne : cadre de référence de l'AMF 2010.

CBA Management : **Méthodologie sur la Gestion des Risques et l'application du Cadre de Référence de l'AMF**.

CLUSIF (Club de la Sécurité Informatique) : Dossiers techniques et site www.clusif.asso.fr

Institut européen de cindyniques « Une vision historique des cindyniques ».

Management et qualité : « le développement récent des politiques de motivation des salariés ».

Robin, Guy (cabinet Parme Conseil) : principes de mise en œuvre d'un dispositif de Contrôle Interne, concepts Odefiaca et Rica

Journal of Accountancy
- « Fraud commission makes suggestions », juin 1987
- « Six common myths about fraud », février 1991.

Challenges : « Les grandes arnaques », 2 juillet 1992.

Committee of Sponsoring Organizations of the Treadway Commission (COSO) : *Internal Control – Integrated Framework*, New York, AICPA 1992.

Internal Auditor (août 1992)
- « Fighting fraud »
- « Thinking like a thief »
- « Favorite frauds »
- « Using dud to detect fraud »

Bulletin of Fraud and Risk Management, december 1994.

Renard, Jacques : *Théorie et pratique de l'Audit Interne*, Les éditions d'organisation, 1994.

L'Entreprise : « 10 méthodes infaillibles pour motiver vos collaborateurs », février 1995.

PWC, 6e édition « Global Economic Crime Survey 2011 ».

Revue Banque (janvier 1995 et juin 2005)
- « Déontologie : les incorruptibles »
- Dossier sur la lutte contre le blanchiment
- « La lutte anti-blanchiment dans la fonction conformité »

Revue Française de l'Audit Interne (février 1995)
- « Numéro spécial fraude »
- « La fraude : réflexion sur quelques cas concrets »
- « Réflexion sur la fraude interne et les moyens de l'éviter »

Lemant, Olivier : *La conduite d'une mission d'Audit Interne*, Dunod, 2e édition 1999.

ECIIA : « Le rôle de l'auditeur interne dans la prévention des fraudes », *les cahiers de la recherche*, IFACI (Institut Français de l'Audit et du Contrôle Interne), septembre 2000.

Association of Certified Fraud Examiners – ACFE, étude « la détection des fraudes commises en entreprises au Canada depuis 2004.

Pons, Noël et Vidaux, François : *Audit et fraude*, coll. « La fraude dans tous ses états », IFACI (Institut Français de l'Audit et du Contrôle Interne), février 2004.

CNAMTS, Dossier de presse « Contrôles et lutte contre les abus et les fraudes à l'Assurance Maladie », 23 février 2006.

REMERCIEMENTS

Nous tenons à remercier toutes les personnes qui nous ont aidé de leurs conseils et les entreprises rencontrées lors de la réalisation de cet ouvrage. Nous avons été particulièrement sensibles aux remarques et suggestions que le cabinet Parme Conseil et les experts du contrôle interne que nous avons pu rencontrer, ont bien voulu nous donner.

Nous voulons également remercier toutes les personnes que nous avons rencontrées dans les entreprises et qui, en nous recevant, ont rendu ce travail possible.

Enfin, nous exprimons notre plus vive gratitude à nos épouses respectives qui ont su faire preuve de patience lors de la rédaction du présent ouvrage.

www.ingramcontent.com/pod-product-compliance
Lightning Source LLC
Chambersburg PA
CBHW061159240926
51846CB00006B/1064
* 9 7 8 2 8 4 0 0 1 7 5 7 8 *